賀昌群譯文集

國家圖書館出版社

圖書在版編目（CIP）數據

賀昌群譯文集/賀昌群譯 . —北京：國家圖書館出版社，2009. 12
ISBN 978 - 7 - 5013 - 4212 - 9

Ⅰ. 賀… Ⅱ. 賀… Ⅲ. 社會科學 - 文集 Ⅳ. C52

中國版本圖書館 CIP 數據核字（2009）第 205430 號

書名 賀昌群譯文集
著者 賀昌群譯

出版 國家圖書館出版社（100034 北京市西城區文津街 7 號）
（原北京圖書館出版社）
發行 010 - 66139745 66175620 66126153
66174391（傳真），66126156（門市部）
E - mail btsfxb@ nlc. gov. cn（郵購）
Website www. nlcpress. com → 投稿中心
經銷 新華書店
印刷 北京漢玉印刷有限公司

開本 787 × 1092（毫米） 1/16
印張 11. 25
版次 2009 年 12 月第 1 版第 1 次印刷
印數 1 - 3000

書號 ISBN 978 - 7 - 5013 - 4212 - 9
定價 35. 00 圓

1942年攝於三臺東北大學

1929年在上海寶山路靈生坊寓所

目 録

宋刊《大唐六典》及《通典》

（日）玉井是博

一、《大唐六典》之纂修與頒行

關於《大唐六典》纂修之歷史，尤其纂修之年代，加藤繁博士《唐宋時代金銀之研究》分册第一第二章注中，已詳論之，謂："《六典》纂述之年代，雖未明記，然據其他記録，知爲開元十年着手纂修，至二十六七年頃始成。"其主要論證，蓋據韋述《集賢記注》佚文，及《新唐書·藝文志》史部職官類《六典》條文。但《新唐書》之言，實亦不過隨意摘録《集賢記注》之文而已。《集賢記注》一書，《直齋書録解題》（卷六）及宋程大昌《考古編》（卷九）均作《集賢記注》，而《舊唐書·經籍志》、《新唐書·藝文志》、《郡齋讀書志》（卷七）、《直齋書録解題》（卷六）、《玉海》（卷五一），則皆作《集賢注記》。疑當作《集賢注記》爲是。《郡齋讀書志》（卷六）著録《集賢注記》二卷云：

右韋述撰。述在集賢四十年，天寶丙申，摭院中故事修撰書史之次及孝明時學士各氏，頗善敘事。

是知此書爲玄宗天寶十五載集賢院學士韋述所撰。述爲參預《六典》撰修官之一，今本《六典》體裁，仿於《周禮》六官，蓋出於韋述之力也（《新唐書》卷一三二《韋述傳》）。故《集賢注記》之言，最足可信。此書今已亡佚，惟《書録解題》（卷六）《職官類》《唐六典》條引其佚文云：

開元十年，起居舍人陸堅，被旨修《六典》，上手寫白麻紙，凡六條，曰理教禮政刑事典，令以類從撰録以進。張説以其事委徐堅，思之歷年，未知所適。又委毋煚，余欽韋述，始以令式入六司，象《周禮》六官之制，其沿革並入注，然用功艱難。其後張九齡又以委苑咸，二十六年奏草上，至今在書院，亦不行。

而《新唐志》《唐六典》條所據，當亦出於《集賢注記》：

開元十年，起居舍人陸堅被詔集賢院修《六典》，玄宗手寫六條，曰理典、教典、禮典、政典、刑典、事典。張説知院，委徐堅，經歲無規制，乃命毋煚余欽咸廙業孫季良，韋述參撰，始以令式，象《周禮》六官爲制，蕭嵩知院，加劉鄭蘭，蕭晟，盧若虛，張九齡知院，加陸善經。李林甫代九齡，加苑咸。二十六年書成。

此多可以補《書録解題》引《集賢注記》之缺。

第一，纂修《六典》之總裁官，張説之後，有蕭嵩，張九齡之後有李林甫。陳振孫蓋隨意摘録《集賢注記》，而誤遺蕭嵩李林甫二人。張説曾代元行冲爲麗正殿修書使（《大唐六典》卷九集賢院書院條），據《舊唐書》（卷百九十中）賀知章傳，此事在開元十年：

開元十年，兵部尚書張説爲麗正殿修書使。奏請知章及秘書員外監徐堅監察御史趙冬曦皆入書院，同撰《六典》及文纂等，累年書竟不就。

則張説爲麗正殿修書使時，亦嘗總裁《六典》之撰修。開元十三年四月，麗正殿書院改稱集賢殿書院，以學士及直學士代修書使（《舊唐書·玄宗本紀》)。故張説爲最初之集賢院學士知院事，而徐堅副之（《大唐六典》卷九集賢殿書院）。則張説奉命改纂陸堅撰修之《六典》，當在開元十年至十三年之間。集賢院隸屬中書省，中書令爲集賢院學士者，則知院事（《大唐六典》卷九集賢殿學士）。今據《舊唐書·玄宗本紀》張説以下爲中書令者，列示於後：

開元十一年正月—十四年四月張説
開元十四年四月—十七年六月（空位）
開元十七年六月—二十二年五月？蕭嵩
開元二十二年五月—二十四年十一月張九齡
開元二十四年十一月—？李林甫

中書令得爲集賢院學士知院事，得爲《六典》纂修之總裁，故張説、蕭嵩、張九齡、李林甫爲《六典》總裁官之時次，可以無疑。

第二，《書録解題》所引《集賢注記》之佚文，所舉《六典》撰修官，僅徐堅以下五人，《新唐志》則有徐堅、毋煚、余欽、咸廙業、孫季良、韋述、劉鄭蘭、蕭晟、盧若虛、陸善經、苑咸十一人。上據《舊唐書·賀知章傳》，當補賀知章與趙冬曦二人。是《六典》撰修官共爲十三人。

《六典》之成書在於何年，《書録解題》、《玉海》及《考古編》引《集賢注記》皆言在二十六年。今本《六典》，無開元二十六年之題記，惟見奏上者李林甫官銜。林甫爲兵部尚書在開元二十四年七月，同年十一月兼中書令，二十七年四月遷吏部尚書，仍兼中書令（《舊唐書·玄宗本紀》），則開元二十六年，李林甫爲兵部尚書兼中書令甚明，《大唐六典》每卷之首皆標“御撰”“集賢院學士兵部尚書兼中書令修國史上柱國開國公臣李林甫等奉勅注上”，與此正相符合。故《六典》奏上之年爲開元二十六年，殆無疑義。但於此尚有一異説，《唐會要》卷三十六修撰條云：

> [開元] 二十七年二月，中書令張九齡等，撰《六典》三十卷成，上之，百官稱賀。

然《玉海》卷五十一《六典》條引《會要》此文，則“七”作“六”，可知現行本二十七年二月，蓋爲二十六年二月傳寫之誤。惟此言尚有可疑之點。《六典》卷十著作局條“著作佐郎四人從六品上”，下注云“開元二十六年減置二人”，又“校書郎二人正九品上”，下注云“開元二十六年減置一人”。按《舊唐書》玄宗本紀，開元二十六年三月己巳朔“減秘書省校書正字官員”，則《六典》所記著作佐郎及校書郎之減員，恐爲二十六年三月之事。著作局固屬秘書省也。此層容當後考。

《大唐六典》本冠有玄宗御撰序，北宋曾鞏《元豐類稿》卷三十四《乞賜唐六典》，狀云：

> 臣向在館閣，嘗見此書，其前有序，明皇自撰意。而其篇首皆曰御撰李林甫注。及近得此書不全本，其前所載序同，然其篇首不曰御撰，其第四十一篇則曰集賢院學士知院事中書令修國史上柱國始興縣開國子臣張等奉勅撰。蓋開元二十二年張九齡實任此官，然則此書或九齡等所爲歟？不敢以疑說定也。

曾鞏所見館閣本及不全本，皆有明皇自序，但不知何時此序始亡佚，今日吾人所見刊本，皆不載之。

《大唐六典》因何之故，久不頒行。仁井田、牧野兩氏《故唐律疏議製作年代考》（下）（《東方學報》東京第二册）已略言之。如《玉海》卷五十一引《集賢注記》云“至今在書院，亦不行用”，此語亦爲《書録解録》及《考古編》所引用。據此，《六典》至天寶末年猶未頒行，仍藏集賢殿書院。而宋晁公武程大昌以爲《集賢注記》之言爲誤而論駁之，其實不然。晁氏云：

> 雖不能悉行於世，而諸司遵用，殆將過半，觀《唐會要》請事者往往援據以爲實，韋述以爲書雖成而竟不行，過矣。（《郡齋讀書志》卷七《唐六典》）

程大昌云：

> 然白樂天詩：陽城不進矮奴日，城云臣按《六典》書，任土貢有不貢，無道州水土所生者，止有矮民無矮奴。吾君感悟璽書下，歲貢矮奴宜悉罷。即是陽城嘗援《六典》爲奏，得罷貢矮奴，豈是成而不用耶。桑維翰傳，晉天福五年，詔廢翰林學士。按《唐六典》歸其職於中書舍人，而端明殿與樞密院學士皆廢。則《六典》之書五代猶遵用之，不知韋述何以言不用也。（《考古編》卷九）

晁氏程氏皆以天寶末年以後之事，非難韋述《集賢注記》之語，其誤自不待言。但據二氏所舉之例，德宗憲宗時，《六典》固已頒行無疑，程氏引樂天詩雖不知其作詩年代，然樂天固貞元元和間人。晁氏雖謂觀《唐會要》，請事者注：援據以爲實。但據今所傳自《永樂大典》抄出之《唐會要》中援用《六典》之處早見於德宗建中二年六月六日門下侍郎盧杞奏文，其次爲貞元二年勅文，又三年裴佶之奏，又四年勅文，又九年太常之奏，又十年勅文，皆曾引據《六典》。此後元和長慶太和會昌之勅奏，皆有援據《六典》之處。是則德宗建中二年之時，至少《六典》已見頒行矣。吕温《吕和叔文集》卷五《代鄭相公請删定施行六典開元禮狀》（《四部叢刊》本）有云：

> 玄宗承富庶之後，方暇論思，爰勅宰臣，將明睿旨，集儒賢於别殿，考古訓於秘文，以論材審官之法，作《大唐六典》三十卷，以道德齊禮之力，作《開元新禮》一百五十卷，網羅遺逸，芟剪奇邪，亘百代以旁通，立一王之定制，草奏三復，衹令宣示中外，星周六紀，未有明詔施行。（中略）臣請於常參官内，選學藝優深，理識通敏者三五人，就集賢院各盡異同，量加删定。

文中所謂“星周六紀，未有明詔施行”，以上文論《六典》之成在開元二十六年，以六紀（七十二年）算之，自此以後至憲宗元和五年，而開元新禮之成，在開元二十年，六紀之後，當德宗貞元二十年。然建中二年《六典》既已頒行，當與上文考證不符，故吕温六紀之言，必爲傳寫之誤，此外無他理由可以解釋也。

二、《大唐六典》之刻板

《大唐六典》最古之刊本，恐以北宋之元豐板爲最早。王應麟《玉海》（卷五十一）《唐六典》條：

> 宋朝熙寧十年九月，命劉摯等校《六典》，元豐元年正月成，上之。三年禁中鏤板，以摹本賜近臣及館閣。

此言元豐三年《六典》初於禁中上梓。又據曾鞏（《元豐類稿》卷三十四）《乞賜〈唐六典〉狀》：

> 右臣伏見，聖恩以新雕印《唐六典》頒賜近臣，以及館閣。（中略）伏惟皇帝陛下，神智聖性，夙成自天，方革敝興壞，以修太平之業，總唐虞之跡，而稽古不倦，旁及此書，迺自禁中鏤板傳之，以賜在位。

此言元豐三年《六典》板刻之事亦甚明，蓋神宗校正《六典》於元豐三年初之以賜近臣及館閣爲元豐官制改革之準備也。此事《宋史·職官志》載之：

> 神宗即位，慨然欲更其制，熙寧末，始命館閣校《唐六典》，元豐三年以摹本賜群臣，乃置局中書，命翰林學士張璪等詳定。八月下詔，肇新官制，省臺寺監領空名者，一切罷去，而易之以階。

神宗改革煩冗之官制，而以《六典》爲依歸。陳振孫謂：

> 本朝裕陵，好觀《六典》，元豐官制盡用之。中書造命，門下審覆，尚書奉行，機事往往留滯，上意頗以爲悔。（《直齋書録解題》卷六《唐六典》）

元豐官制準據《六典》而失敗，神宗亦有後悔之意云。

《六典》元豐板經北宋末之擾亂，罹於兵火，遂多亡失。南宋紹興四年始於温州覆刻。今通行本《六典》卷末載知温州永嘉縣主簿勸農公事詹棫之題詞，即紹興本之跋也。跋云：

> （上略）比緣兵火，所在闕文，棫承乏永嘉，通本於州學。（中略）因命張公校其訛闕，而棫募工鏤板，幾年有成，乃丐藏諸學，以傳久遠，資其直以養士類云。紹興四年歲次甲寅七月戊申朝。

詹棫得之於温州州學以爲重刊之底本，恐即北宋元豐板也。

元代翻刻《六典》之事，無所聞。明代有二種刻本。一正德本，一嘉靖本。正德本首冠正德乙亥夏四月光禄大夫柱國少傅太子太傅兼户部尚書武英殿大學士王鏊序，其序有云：

> （上略）而世無刻本，間於中秘得其書，伏讀玩釋，手録以

歸，而儀中格，亦會還官以去，乃藏之篋笥，考於今殆無所用之，淛江按察使潼川席君文同，不知何自得之，而意獨嘉焉。捐奉命工，刻之蘇郡，未竟，陞任去，繼其任者爲嘉魚李君立卿，實成之，且以序屬鏊曰，《六典》自公而傳，非公則誰序之。（下略）

據此，正德本實爲王鏊以手録内閣所藏之鈔本爲底本，而重刻於蘇郡即吴郡者。王鏊所見内閣藏本知爲紹興本，蓋正德本末尾猶載紹興四年詹棫之題辭也。《明史》（卷一八一）《王鏊傳》，鏊去官歸里（吴郡）在正德四年，作《六典》序在乙亥（十年），已爲六年前之事也。正德本行款，如《郎園讀書志》及《雙鑑樓善本書目》皆誤記爲十一行二十字，實爲半葉十二行二十字，注爲雙行二十字之白口本。嘉靖本半葉十一行二十字，注爲雙行二十字，較正德本板框長大。卷末有“嘉靖甲辰長至浙江按察司校録重刻”之墨記。故知嘉靖本爲嘉靖二十三年之重刻本。卷首載王鏊序，末載詹棫序，蓋覆刻正德本者也。

清代有二種刻本，一爲掃葉山房本，一爲廣雅書局本。掃葉本嘉慶庚申（五年）重刻，半葉十行，行二十字，注則雙行二十字之白口本，係覆刻嘉靖本而補其缺脱者。廣雅書局本係光緒二十一年覆刻掃葉山房中，行欵不同，半葉十一行，行二十四字，注則雙行二十字之白口本。

《大唐六典》在唐時已流傳於日本寬平中（唐末昭宗之世），藤原佐世撰《日本見在書目·職官類》已著録“大唐六典（李林甫注）”。德川時代，有二種和刻本，一爲享保九年攝政大臣近衛家熙考訂本，益以正德本爲藍本而參照嘉靖本，夾注校語。一爲天保七年官板，行欵與掃葉山房本同，當爲覆刻掃葉本無疑。

以上所述《六典》諸刊本之系統，以圖表之如後：

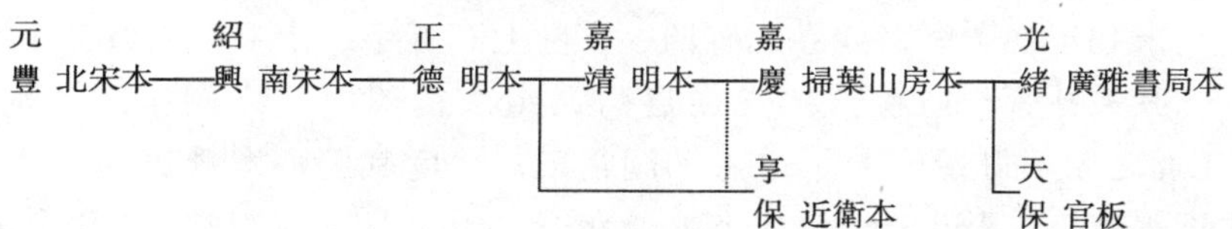

三、紹興刊《六典》殘本與其價值

今日所見《六典》最古之刊本，以正德最爲珍貴，然其中譌字不少，缺脱極多。掃葉山房本廣雅書局本及日本官板譌字尤多，其補正德本缺脱之處，往往不注明出處，貽誤學者，不堪卒讀，最爲惡劣。近衛家熙考訂本，博徵群書，訂明本之譌誤，補其闕脱，積二十年之苦心而成，王國維氏已盛稱其價值，並全録其校語於正德本（《觀堂外集》卷一《大唐六典》）。但若將正德本之闕脱悉爲補正，則正德以前之古刊古抄，又未嘗出現，殆爲不可能之事。楊守敬訪書日本時，雖獲得七八百年前之古鈔本，而終不可得此，深以爲憾（《日本訪書志》卷五《唐六典》）。北平圖書館藏傳爲宋刊《六典》三十卷，有咸豐六年劉惇福跋云："予近得南宋紹興本《唐六典》三十卷，遺去序文，即朱竹垞太史跋語抄補卷首，俾好古者得以考證"，而不知此北平圖書館藏本，實正德本，所以誤爲宋刊者，大約因卷首王鏊序文缺佚之故。

余於昭和五年（民國十九年）遊學北平時，聞諸内藤（虎次郎）博士言，彼邦有《六典》宋刊殘本。入其地，即先訪國立歷史博物館，見其陳列室中展覽蝴蝶裝宋刊《六典》一本，始知其書之體裁。次得於北平傅增湘氏雙鑑樓觀其珍藏宋刊《六典》殘本（《雙鑑樓善本書目》卷二著録），據傅氏手校，知現存《六典》宋刊殘本之卷數，驚喜交集。殘卷所存者爲卷一至卷三第十葉，卷三第十二葉至同卷第二十二葉，第七至卷十一，卷十二至卷十五，卷二十八至卷三十，共計存十五卷，達全書三十卷之半。

宋刊殘本今分藏於四家，本同一部，不知因何分割。傅氏雙鑑樓本之行欵，板框横九寸九分，高六寸九分，左右雙線，半葉十行，一行大字多者二十字（稀者十九字或二十一字），小字雙行二十三字，白口本，原爲蝴蝶裝。卷三十末尾有紹興四年詹棫題記。《雙鑑樓善本書目》謂爲宋乾道刊殘本，實爲紹興刊殘本之誤。

此紹興刊殘本，板面已磨損，多難判讀。因而致正德本之誤讀或闕脱處頗多。例如卷一令史書令史條下，磨損殊甚，不可辨讀者十一二字，而正德本則闕五十八字，脱二十一字。

宋刊本之闕字，如卷二有四字，卷七有五字，皆未刻，譌字亦不少，其最甚者，如卷三"先從邊州爲定次從關内"之關字誤作開。"工商之家不得預於士"之工字誤爲二。"度其肥瘠寬狹以居其人"之度誤廣。"凡道士給田三十畝，女冠二十畝"之冠誤官。"國公若職事官二品四十頃郡公若職事官從二品。三十五頃"之三誤作五。"若襲爵者祖父未請地"之請誤爲諸。僅五葉之間，便有六字之誤。此蓋當時州學教授張希亮校正之疏漏也。

然紹興刊殘本價值之大，固不能因此瑕瑾而掩。第一，正德本以下諸刊本之誤字，得此而校正之者不少。試舉一例，卷二朝議大夫條下，宋本爲“漢官儀大夫以上得奉朝儀”，正德本以下諸本誤官爲班。司封員外郎條下之注，宋本“龍朔咸亨光宅神龍開元並隨曹改復”，正德本以下開元二字皆作間，即近衛家熙亦未能考訂，宋刊殘本始得訂正之。

第二，尤爲重要者。明本多數之闕字脱字，據宋刊殘本可得而補。如上舉卷一令史書令史條，明本闕字五十八，脱字二十一，其中近衛本補其闕字二十六，脱字十二，然十之三四皆不當，而宋刊本雖有十一二字不能辨讀，然大部分可補明本之闕脱。至掃葉山房本以下，則取《通典》（卷二十二）職官四尚書上之文補之，極爲武斷，且多不當，其中如“梁陳後魏北齊雖頂品秩益”下七字，明本闕，近衛本亦未補，掃葉山房本則採《通典》之文補“見卑冗文案繁屑”，而宋刊本則爲“又？矣其革選已”，則掃葉本所補一無當也。此不過一例耳，其實每卷幾有之。

第三可特書者，明本卷三闕葉一，卷七脱葉一，據宋刊殘本可補之。卷三闕文，全部郎中員外郎條自“若雜綵十段則絲布二匹”下至“從三品三百六十石”之前，宋本卷三第二十一葉全部可補之，大抵王鏊所見内閣藏紹興本已闕此一葉矣，近衛本以《舊唐志》及《通典》之文所補，僅得其十之四五。掃葉以下諸本僅依《舊唐志》之文補之，而不明記出處，一無是處。宋本雖存此一葉，不幸板文磨損頗多，有二十五六字不能辨讀，然終可得補正德本以來之闕葉，誠屬可慶之事也。

卷七脱葉，屯田郎中員外郎條“凡天下諸”以下至小注“子右春坊各五頃”上，適亦與宋本卷七第十葉之文相當，蓋亦王鏊見於中秘之南宋本所原闕也。嘉靖本於“子右春坊”上補“七”字，以與大字“天下諸”相接，而掃葉本則復於“天下諸”下補“侯”字，爲

天下諸侯（七子右春坊各五頃）云云

近衛本始指摘其必有脱文，而以《舊唐志》及《通典》之文補之，十得四五。今有此宋本一葉爲之訂正，此闕文遂成全璧矣，宋刊殘本價值之大，不言可知矣。

紹興刊殘本共十五卷，若以之與通行本校其異同，而作一校勘記，是則有待他日也。

四、《通典》之撰述與流傳

《通典》通行本亦與《六典》同，皆未記載其撰述之年次，自宜有探究之必要。《通典》成書之年，有以下三説：（一）貞元十年説，（二）貞元十七年説，（三）貞元十九年説。今依次論列之。

第一，貞元十年説之根據，爲杜佑《進〈通典〉表》與《玉海》引《中興舊目》。杜佑《進〈通典〉表》，今通行本已闕佚，而鐵琴銅劍樓、舊雙鑑樓、宮内省所藏宋刊本，則卷首皆有之。此表末云“貞元十年月日表上”。王應麟《玉海》（卷五十一）《唐通典》條：

> 貞元十年表上（《中興舊目》云《通典》貞元十年撰，以事分類）

按《中興舊目》蓋指南宋孝宗淳熙五年所上之《中興館閣書目》三十卷（《直齋書録解題》卷八目録類）。

第二，貞元十七年説，見《舊唐書·德宗本紀》及《杜佑傳》，《德宗本紀》貞元十七年十月庚戌條云：

> 淮南節度使杜祐（佑）進《通典》，凡九門，共二百卷。

《杜佑傳》云：

> 書成二百卷，號曰《通典》。貞元十七年，自淮南使人詣闕獻之。

王應麟《玉海》（卷五十一）：

> 舊紀，貞元十七年十月庚戌，淮南節度使杜佑進《通典》，凡九門，二百卷。

此當據上舉《舊唐書·德宗本紀》之文所引。

第三，貞元十九年説，見《唐會要》（卷三十六）修撰條：

> （貞元）十九年二月，淮南節度使杜佑撰《通典》二百卷，上之，其書凡九門。

《玉海》(卷五十一)引《會要》之文，亦與此同。

以上三説，究以何説爲可採？第三貞元十九年二月之説，蓋誤以杜佑節約《通典》而成《理道要訣》十卷表上之年月爲《通典》撰上之年月，内藤(虎次郎)博士擬策一道(載狩野教授還曆紀念《支那學論叢》)中已辨其誤。内藤氏更以爲第一貞元十年之説亦非，而採第二貞元十七年之説，其論斷之理由，雖未明記，然《通典》卷首唐李翰序云：

> 淮南戎元之佐，曰尚書主客郎京兆杜公君卿，雅有遠度，志於邦典，篤學好古，生而知之。以大曆之初，實纂斯典，累年而成。

可知《通典》之起稿當在大曆元年(公元766)，更檢杜佑《進〈通典〉表》(表文亦見《舊唐書·杜佑傳》及《全唐文》卷四百七十七，惟字句略有異同)：

> 自頃纂修，年涉三紀，識寡思拙，心昧詞蕪，圖籍實多，事目非少。將謂功畢，有愧乖疎，固不足發揮大猷，但微臣竭愚盡慮，凡二百卷。(《留真譜》第四影印宋本《通典》)

是《通典》起稿以來，經三紀三十六年成而表上之，蓋自大曆元年起稿經三十六年正貞元十七年(公元801)也。此事王鳴盛《十七史商榷》(卷九十)杜佑作《通典》條已詳論之，最爲有力，余當隨貞元十七年《通典》成書表上之説。

《通典》所冠唐左補闕李翰之序，王氏《十七史商榷》以爲係初稿之序。其序有云“淮南元戎之佐曰尚書主客郎京兆杜公君卿”，所謂淮南元戎即淮南節度使韋元甫也，主客員外郎，據舊書佑傳蓋即檢校官，爲韋元甫所奏署者也，王氏謂其時杜佑尚在元甫幕下。若然，則李翰序當在韋元甫在淮南節度使之職時所作。檢《舊唐書·代宗本紀》，韋元甫被任淮南節度使在大曆三年閏六月庚申，六年八月乙卯卒於官。舊書韋元甫傳亦云“在揚州三年，政尚不擾，事亦粗理，大曆六年八月以疾卒於位”。是《通典》初稿之脱稿，蓋在大曆三年至六年間也。自大曆初年起稿，遲遲亘六年之久，故李翰謂“累年而成”也。

李翰序中，明刊大字本殿本皆僅謂“凡有八門，號曰《通典》”，而不記其卷數，雙鑑樓舊藏北宋本記之，謂“凡有八門，勒成二百卷，號曰《通典》”，《玉海》（卷五十一）唐《通典》條所引與此同，蓋明本殿本脱“勒成二百卷”五字也。據此，《通典》一書八門二百卷，體裁具備，起稿以來，六年之間而成二百卷之鉅著，誠堪驚歎 。王鳴盛於此頗有微詞：

> 九門中禮居其一。禮共一百卷，自四十一卷起，至一百五卷止，既已歷叙吉嘉賓軍兇五禮矣，而於一百六卷以下至一百四十卷共三十五卷，俱撮取大唐開元禮之文，鈔謄入之，仍以吉嘉賓軍兇爲次，何其繁複乎。既以劉秩書爲藍本，乃自序中隻字不及，復襲取官書，攘爲己有，以佑之事力，撰集非難，而又取之他人者若是之多，則此書之成，亦可云易也。

王氏之言，蓋極致貶毁之意。

李翰序謂“上自黄帝至於有唐天寶之末”。杜佑自序末尾小注亦云“本初纂録，止於天寶之末，其有要須議論者，亦便及以後之事”。是《通典》初稿蓋迄於天寶末而止筆，然現行《通典》所記天寶以後之事不少，當爲初稿以後所補入。天寶以後之記事，多補以夾注，但初稿以後補筆，不加於本文，而附加於夾注。本文中屢見天寶後之記事，其天寶後之年號見於本文者，有至德、乾元、上元、寶應、廣德、永泰、大曆、建中、貞元，是天寶後迄於貞元之年號悉有之，貞元最後之記事爲：

> 貞元十二年二月，御撰《廣利方》五卷，頒天下。（下略）（卷三十三職官十五州郡下醫博士）

然則初稿以後之補筆，所加者迄於何年？如上舉貞元十二年二月之記事，見於本文中，而注文中亦見之，如：

> 貞元十三年勑，郊壇時祭燔柴瘞埋，並依天寶十三年制，自今以後，攝祭南郊。（下略）（卷四十三禮三吉二郊天下）

此雖爲貞元十七年進書以前所補，然《通典》成書以後，似亦曾多少有所增補，如卷一百八十四州郡十四：

> 巒州（今理永定縣）秦屬象郡，大唐置淳州，天寶元年改

爲永定郡，乾元元年復爲淳州，永貞元年改爲巒州，領縣三，定定、武羅、靈竹。

永貞元年去貞元十七年四年，此明爲進書後所加之筆。又卷一百八十四州郡十四峯州下列嵩山（《舊唐志》同，《新唐志》作高山）、珠緑二縣，據《新唐書·地理志》此二縣下各注“元和後置”，此亦當爲進書後之補筆。然此增補之筆，果爲杜佑所自施，抑爲後人所攙改，不得而知也。惟現行《通典》明爲後人所改竄者固有之，如卷一百七十八州郡：

鎮州（今理真定縣）（中略）漢高帝置恒山郡，後避文帝諱，改曰常山郡，亦屬真定國，後漢屬常山國，晉復爲常山郡，後魏因之，後周置恒州，領常山郡，隋初廢，煬帝初州廢，復置常山郡。大唐乾元［元］年復爲恒州，或爲常山郡，天寶十五載改爲平山郡。元和十五年改爲鎮州，領縣九。

據《舊唐書·憲宗本紀》、《杜佑傳》及權德輿《杜公墓誌銘》（《權載之文集》卷二十二），杜佑卒於元和七年十一月辛未，則何以元和十五年改鎮州之事得以記入，是明爲後人所增加。《舊唐書·地理志》鎮州條云：

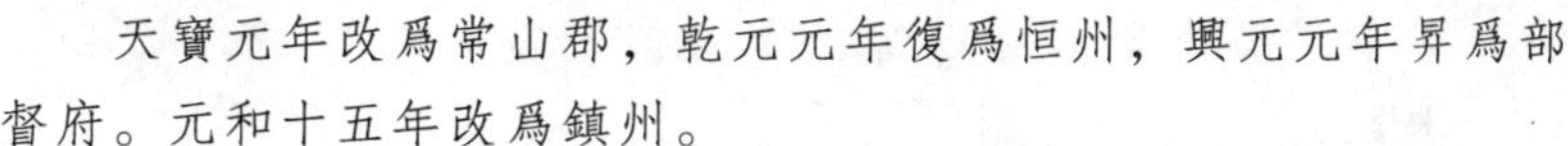

天寶元年改爲常山郡，乾元元年復爲恒州，興元元年昇爲部督府。元和十五年改爲鎮州。

又《新唐書·地理志》鎮州常山郡條：

天寶元年更郡名，十五載曰平山，尋復爲恆山，元和十五年避穆宗名更。

自《通典·州郡門》之體例推之，此文大唐以下“大唐爲恆州或爲常山郡”，必係他人從《舊唐志》取“乾元［元］年復”數字插入於“大唐”句下，又採《新唐志》“天寶十五載改爲平山郡”之句加入，而復以《舊唐志》“元和十五年改爲鎮州”之文附於後。且將乾元元年置於前，反將天寶十五載改置於後，體裁乖亂，足見改竄之跡。北宋本既已如此，則必爲北宋人所爲。再者，宋本及明刻大字本，屢見稱咸通年號者，咸通爲懿宗年號，杜佑自所不知，似爲後人所增補，惟此係杜佑避肅宗之諱，而將高宗年號咸亨改爲咸通者，故殿本咸通悉改爲咸亨矣。

欲尋初稿以後增補之跡，則《通典·州郡門》爲最適宜之資料。蓋唐代地名常有改稱，《州郡門》中所載地名爲初稿以後所補訂者，其所以補訂之故，可得而知也。如武德元年五月，改郡爲州，玄宗天寶元年二月復改州爲郡，於是地名又大加更改。然至肅宗乾元元年又改郡而復舊時州名，故《州郡門》中，天寶元年所改正者，固可知之，而天寶後所改正者，亦屢屢有之，於是知天寶元年所改正之部分爲初稿之筆，天寶元年以後所改正者爲後來所增補，自無差誤。但天寶元年所改正者，或記或不記，體裁亦不一致。例如《新唐書·地理志》隴右道條臨州狄道郡下“天寶三載析金城郡之狄道縣”（《舊唐志》卷四十同），而《通典》（卷一七四）將狄道縣置於蘭州金城郡下，而不別立狄道郡。是以一則於天寶三載所改正者並不爲之補記，一則如上所舉自至德、乾元、寶應、大曆、永貞更下至元和所改正者，則又記之。此其故蓋由全書屬稿至完成之時，經三十年左右之歲月，其間隨時追記或改正，每不一致也。

《通典》一書大爲當時人所稱贊，流行甚廣。杜佑爲淮南節度使時，劉禹錫在其幕下，其許州文宣王新廟碑（《四部叢刊》本《劉夢得文集》卷二十九）有云：

> 公悰，字永裕，故丞相岐國公之孫。岐公弼諧三帝，碩學冠天下，嘗著書二百餘篇，言禮樂刑政古今損益，統名曰《通典》，藏在石室，副行人間。

又權德輿《杜公淮南遺愛碑銘》（《權載之文集》卷十一）云：

> 又博極書術，詳觀古今，謀王體，斷國論，其言有章，聽者皆竦，作爲《通典》，以究理道，上下數千百年間，損益討論而折衷之，佐王之業盡在是矣。

又同書（卷二十二）《杜公墓誌銘》亦云：

> 至若閱天下之義理，究先王之法志，著《通典》二百篇，誕章閎議，錯綜今古，經代立言之旨備焉。

而符載《淮南節度使灊陵公杜佑寫真贊》（《全唐文》卷六九〇）稱

述尤甚：

> 公之爲學也，冠冕六籍，衣裳群史，履屨百氏，每讀書，取其實而不取其華。深研著述，號爲《通典》，大抵自開闢旁行，至乎歷代，有兵食財賦職官禮樂，交關於當世者，莫不摘拾其英華，滲漉其膏澤，截煩以趣約，裁疏以就密。其有覽之者，如熱得澤，如饑得食，五車萬卷，盡爲冗廢，得不謂立言乖範歟。

雖放辭稱贊，要非過言。爾後《通典》之價值，與時俱增。其刻本歷宋元明清，代有刊刻，流行之廣，與《六典》大異其趣。

五、江安傅氏校宋本《通典》

《通典》之北宋本，世所知者有三，一爲鐵琴銅劍樓本，一爲舊雙鑑樓本，一爲宮内省圖書寮本。惟宮内省本有謂爲高麗覆刻本（《古文舊書考》卷四）者，今姑從北宋本之説。雙鑑樓本，聞今歸東京田中慶太郎處，《雙鑑樓善本書目》（卷二）著録：

> 《通典》一百七十三卷。
>
> 北宋本，十四行二十六七字，白口雙闌，有薛玄卿印晉府印。缺三十六至四十，一百四十六至一百五十，一百八十四至二百，共二十七卷。

據余於北平傅增湘氏許所見雙鑑樓本，亦如鐵琴銅劍樓本及圖書寮本，半葉十五行，書目誤爲十四行，又記所缺卷數亦誤。傅氏以北宋本對校明本，查其所缺卷數爲：

> 三十六至四十，一百四十七至百五十，一百五十六至一百六十，一百八十四至一百九十二，一百九十六至二百，共二十八卷。

據此宋本以考訂通行本之譌誤，今尚無其人，良以卷帙浩繁故也。然傅增湘氏以前後亘九年之努力，成就此校勘事業，洵爲學界之盛事。其苦心孤詣，可見於傅氏《校宋本〈通典〉》跋（《圖書館學季刊》第三卷第一二期合刊本，民國十八年出版）：

> 庚申夏南游，獲北宋本《通典》於寶應舊家，凡二十八册，爲卷一百四十，半葉十四（五）行。行二十六字，蝶裝古式，每葉紙背鈐進齋白文鼎式小印。收藏有元人薛玄卿明代晉府各印，嗣書（?）宋翻殘本，行欵同前。凡七册，爲卷三十三，先後共得一百七十三卷，視海虞瞿氏日本圖書寮所庋，卷帙爲多，意世間宋刊本無過此者矣。爰取明刻大字本對讀，自庚申歲展卷，至甲子只畢十卷而輟。丁卯入秋，人事稀簡，乃發憤從事，自仲秋以至歲暮，程功殆已過半。今夏猝遭凌夫人之戚，意緒摧傷，無以遣日，乃銓志復理丹鉛，起自六月之杪，訖於冬月初，於是全書一百七十五（三）卷，乃得竣功。朔庚申迄於兹，時閲九年，時事之變遷劇矣，外而朝政之翻復，内而家族之喪亡，所歷駭心怵魄勞神摧志之境，殆非人世所堪，而余一身蝨處其間，摩挲卷帙，傳徙山林，幸得粗完此願。日盡一二卷，多至五六卷，少或數十得一卷。（下略）

昭和五年（民國十九年）余留滯北平，請於傅氏，過録其手校本，慨然見許。所幸對校之底本亦爲同種之明本，專過録其校語，僅以二旬之力，遂完全蕆事。

此校勘底本爲明刻大字本，例有序跋，然其載有明方獻夫之序似不多覯，葉德輝《郎園讀書志》（卷四）著録云：

> 《通典》二百卷目録一卷（明嘉靖戊戌方獻夫序刻本）
>
> 唐杜佑《通典》並目録二百一卷，明嘉靖戊戌巡按廣東御史王德溢提學僉事吴鵬刊行，方獻夫爲之序。每半葉十行，行二十三字，白口本，版心上刻門類，黑魚尾下書名，下刻刻工姓名。（中略）則此本之可貴，一在留本書原式，一在校刻無訛誤。宋本既不易見，當以此爲第一善本矣。余從子定侯藏一本同，但爲白綿紙印者，此則黄繭紙印，前有稽古館圖書五字朱文篆書方印，似是日本人圖書，蓋曾流入海外復歸本土者。前序文已失，據定侯藏本，知爲此本也。

定侯藏本，有方獻夫序，其序所言大約記嘉靖戊戌（十七年）巡按廣東御史王德溢提學僉事吴鵬共刊之原委。

此方獻夫本，非如葉德輝推賞爲校刻無訛誤之善本，傅氏《校宋本〈通典〉》跋，指其脱誤甚多：

然以宋刻勘之，脱誤乃不可勝計，每卷或改數字，多者至二三百字，如一百二十八，二十九，三十各卷，視它卷尤甚。此三卷中增訂，竟有六百六十餘字，尤異者第九十四卷山前二十行，宋本行間有小注凡十五處，凡三百一十一字。而明本皆失去，未審其傳刻源出何本也。

如傅氏所指摘宋本與明本異同最之處爲卷九十四禮五十四奔喪及除喪而後歸制最初之部分，明本不僅脱佚夾注十五處三百一十一字，而本文之異同，亦復不少。殿本雖多少有出入，而此等夾注則有之，據此點言之，殿本似較明本爲近於宋本。以下略舉宋本明本殿本互異之處，以示其例。本文從宋本，其下所記爲明本與殿本之異同。

（一）取一償二爲倍稱，稱舉也，今俗所謂舉錢。（卷一食貨一田制上亡者取倍稱之息下注）

明本殿本倍下皆脱稱字，“錢”亦誤作“債”。此文蓋據《漢書·食貨志》注“如淳曰，取一償二爲倍稱，師古曰，稱舉也，今俗所謂舉錢者也”。

（二）其後漸加，至天寶十載，滿二百五十萬石，每遞用車千八百乘，自九月至正月畢。天寶九載九月河南尹裴迥以遞重恐傷牛。（卷十食貨十漕運條注）

明本殿本“十載滿”，皆作“七年運”，又“九載”作“九年”，亦非。

（三）三十斤爲一鈞。（卷十一食貨十一平準銅器千鈞注）明本殿本“三”皆作“二”。《漢書·律曆志》“三十斤成鈞者，一月之象也”。《説文》“鈞三十斤也”，則一鈞爲三十斤也。

（四）所以劉毅云，下品無高門，上品無寒士。（卷十四選舉二歷代制中魏代注）

明本殿本皆作“上品無寒門，下品無勢族”。《文獻通考》（卷二十八）選舉考採録《通典》之文與宋本同。

（五）時群臣議，五帝即天隨時王而殊號耳，各雖有五其實一神，南郊宜除五帝座，五郊同稱昊天，從之。（卷四十禮二郊天上晉代條注）

此三十八字宋本作夾注，明本殿本皆作明文。

（六）於是後以瑶爵酌壺罇醍齊以獻屍，謂之，再獻，凡八獻也。（鄭玄注司罇彝云，王酳屍之後，後酌亞獻）屍乃酢后，後飲酢酒，次諸臣爲賓，酌壺罇沈齊以備卒食三獻，凡九獻。（司罇彝注，王及后各四，諸臣一，祭之正也）（卷四十九禮九祫禘上）

明本殿本均脱“屍乃酢后”以下本文二十七字，注文十六字。

（七）六年又令删定律令格式，名爲開元後格。（卷一百六十五刑三刑制下）

明本殿本皆脱“元年”“令”“格式”共五字。按玄宗開元之世律令格式之删定凡三次，即開元三年七年二十五年所奏上。《大唐六典》（卷六）令下原注云“開元初姚崇，四年宋璟並刊定”。此四普通多以爲係第二次勅命删定之年，然據《舊唐書·刑法志》（《册府元龜》卷六百十二定律令四所引亦同）：

> 六年，玄宗又勅吏部侍郎兼侍中宋璟（中略）等九人删定律令格式，至七年三月奏上，律令格式仍舊名，格曰開元後格。

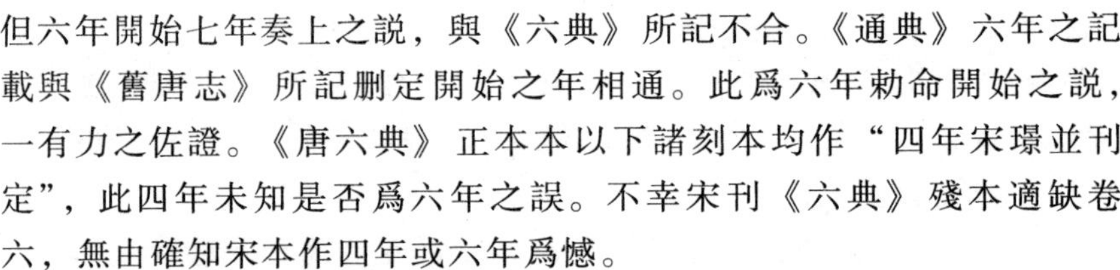

但六年開始七年奏上之説，與《六典》所記不合。《通典》六年之記載與《舊唐志》所記删定開始之年相通。此爲六年勅命開始之説，一有力之佐證。《唐六典》正本本以下諸刻本均作“四年宋璟並刊定”，此四年未知是否爲六年之誤。不幸宋刊《六典》殘本適缺卷六，無由確知宋本作四年或六年爲憾。

以上爲明本殿本皆誤之例。

（一）穆帝時頻有大軍，糧運不繼，制王公以下十三户共借一一人，助度支運。（卷十食貨十遭運東晉條）

明本“共借”作“昔借”非。殿本與宋本同。

（二）一一經及第人選日請授中縣尉之類，判入第三等及蔭高授上縣尉之類，兩經出身授上縣尉之類，判入第三等及蔭高用緊縣尉之類。（卷十七選舉五雜論議中舉人條例）

明本“判入第三等及蔭高授上縣尉之類”一句，置於“兩經出身授上縣尉之類”下，且脱“判入第三等及蔭高用緊縣尉之類”十四字。殿本除“用”作“授”外，皆與宋本同。

（三）又陳寵爲司空，府故事以計吏至時自以下督屬籍，不通賓客，以防交關。（卷二十職官二司空條注）

明本脱“以計吏至時自以下”八字，殿本不脱。

（四）神龍初復爲尚書省（亦謂之南省）。（卷二十二職官四尚書省）

明本“南省”作“省臺”，殿本與宋本同。陸游《老學庵筆記》云“唐人以尚書省在大明宫之南，故謂之南省”，則作“南省”爲是。

（五）課績以考之，北黜以勵之，拯斯刓弊，其效甚速，實爲大政，可不務乎。（卷十八選舉六雜議論下之末）

明本於此評語之下，附加小注云：

遂寧王氏曰，士爲四民之首，有關世教大矣。詩不云乎，濟濟多士，文王以寧，但當崇其實用汰其浮，文士正患其不多也。今此論欲俾士寡而農工商衆，吏員可省，黎庶可安，因噎廢食，不思甚矣。

宋本殿本皆無此七十四字小注，殆爲後人所攙入。所謂遂寧王氏未必即宋之王灼耶。

（六）“各内豎言疾，則親齋元而養”，至“旨甘柔滑，孺子餕之，在父母舅姑之所，不敢噦噫嚏”。（卷六十八禮二十八天子諸侯大夫士之子事親儀）

明本“各内豎言疾，則親齋元而養”至“旨甘柔滑孺子餕之在父母舅”，恰脱去一葉，檢其頁數，“前四”“後四”相續，則似最初已脱去此葉矣。殿本不脱。

以上爲明本誤，殿本不誤之例。

（一）大唐置安（東）都護府前上元中移於所（今府於遼東城）。（卷一百八十州郡十安東大都護府條）

明本與宋本同。殿本此文如下：

後魏時高麗國都其地，大唐總章元年李勣平高麗，得城百七十六，分其地爲都督府九州二十四，縣一百，置安東都護府於平壤城以統之，用其酋渠爲都督刺史縣令，上元二年徙遼東故城，儀鳳二年又徙新城，聖曆元年更名安東都護府，神龍元年復故名，開元二年徙於平州，天寶二年又徙於遼西故郡城，至德後廢，領羈縻州十四。

查《新唐書》（卷三十九）《地理志》安東山都護府條，其文全與此同：

安東上都護府，總章元年李勣平高麗國得城百七十六，分其地爲都督府九州四十二縣一百，置安東都護於平壤城以統之，用其酋渠爲都督刺史縣令，上元三年徙遼東郡故城，儀鳳二年又徙新城，聖曆元年更名安東都督府，神龍元年復故名，開元二年徙於平州，天寶二年又徙於遼西故郡城，至德後廢，土貢人葠。（有安東守捉，有懷遠軍，天寶二載置，又有保定軍）

殿本大唐總章元年以下，恐係採《新唐書》之文補改。而最後“領羈縻州十四”一句，則採自《舊唐書》卷三十九《地理志》也。

（二）汀州（今理長汀縣）歷代土地舊與長樂郡同，大唐開元二十六年分置汀州，或爲臨汀郡，領縣三，長汀，龍巖，寧化（卷一百八十二州郡十二）。

明本與此同。殿本“領縣三”之“三”作“二”，龍巖二字删去。蓋宋本明本龍巖縣皆置漳州之下，重複叠見，故殿本據《新唐書·地理志》在汀州下删去龍巖。《舊唐書》卷四十《地理志》龍巖係汀州領縣，但《新唐書》卷四十一《地理志》則置之於漳州，漳浦郡下，附注云“中下，開元二十四年置，隸汀州，大曆十二年來屬”。

（三）左右司郎中（隋煬帝三年於尚書都省，初置左右都郎二人，品同諸曹郎，從五品，掌都省之職，大唐貞觀二年改郎中，龍翔二年改爲左承務，咸通元年復舊，今掌副左右丞所管諸司事，省署抄目，勘稽失，知省内宿直，判都省事，若右司不在則左併行之，左司不在，右亦如之）員外郎（武太后永昌元年置與郎中分掌曹務，神龍元年省，二年復置）（卷二十二職官四尚書上）。

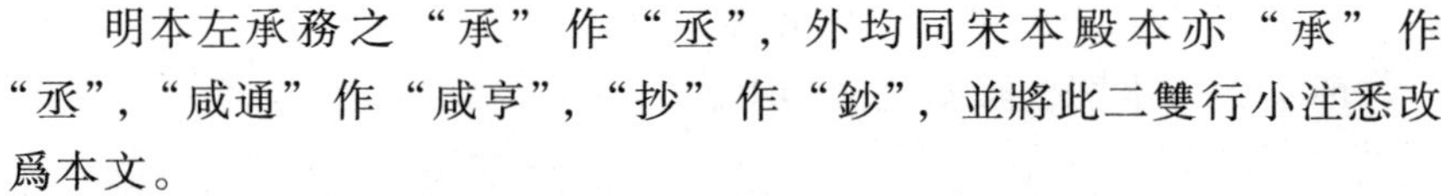

明本左承務之“承”作“丞”，外均同宋本殿本亦“承”作“丞”，“咸通”作“咸亨”，“抄”作“鈔”，並將此二雙行小注悉改爲本文。

以上爲明本同宋本，殿本異於宋本之例。

僅據以上所舉諸例觀之，明本與殿本之間互有長短，大體殿本較明本爲近於宋本。明本脱文頗多，而殿本則大多爲之補録。殿本因何可以補訂明本之脱誤，雖不得而知，大約當依據北宋本而補訂其脱誤者，是殿本可謂有善本矣。本篇結論，能得幾分明瞭於諸本之優劣者，實全爲傅氏校勘之功。傅氏校勘全書目録二百一卷中，僅得一百七十三卷，其殘闕未校之二十八卷，當可據圖書寮本爲之補校，此則尚有待於他日也。（完）

譯者按：前代官制，史多著録，然其書恒不傳。《南唐書·徐鍇傳》稱，後主得齊職制，其書罕覯，惟鍇知之，今亦無擧其名者。世所稱述《周官》外，惟《唐六典》最古，顧其書繁重，每爲人所倦觀。宋神宗元豐變法，官制全祖是書，范祖禹《唐鑑》雖病其官多重複，殆有所激而云然。此書歷來傳刻甚少，即清代二種刻本，近亦不易得，明本更無論矣。日本近衛與天保官板二種刻本，亦殊難覯，去歲京都帝國大學文學部重印近衛本，始稍稍易求。國内出板家倘有能將宋刊殘本與正德本近衛合校，著其異同，重刊以行世，使此一代典章不致久而放失，誠莫大功德也。

本文作者玉井是博君爲京城帝國大學助教授，頗留意於吾國之中古史。文中引證，大抵已見於前人之説，惟考訂《六典》本之源流，多清晰可取。至論《六典》經進歲月與編著之人則稍覺言之未詳。程大昌《雍録》卷一據《唐會要》以爲此書係九齡所上，而李林甫所注，蓋九齡以開元二十三年（當作二十四年）罷中書令，林甫代之，則注成而上，或在二十七年，而書之進御，當在二十四年。朱彝尊《曝書亭集》卷二十四《唐六典》跋極贊程氏之説，謂“後學所當考正，去小人之銜名，而特書文獻所上，可也”。其實《六典》自陸堅被詔纂修而後，張説蕭嵩皆嘗爲中書令知集賢院事，經修《六典》，九齡繼張説之後，林甫又繼九齡之後，而書適成於林甫知院之時，若爲九齡不平，則於張説蕭嵩又何説也。宋陳騤《南宋館閣録》卷四，載書局有經修不經進，經進不經修之例，張説九齡等皆所謂經修不經進者，固不必因君子小人而有好惡之分也。此猶晉天福間詔趙瑩監修《舊唐書》至開運時書成上之，而首列劉昫之名，蓋昫爲相時，唐書適修畢，遂由昫表上，其實非昫私修，故薛歐二史劉昫傳，俱不載其有功於唐書之處，但書其官銜監修國史而已。

本文載《支那學》第七卷第二號，分上下二篇，本期所譯爲上篇，專論《唐六典》。下篇專論《通典》，載該志第七卷三號。文中第三節論紹興刊《六典》殘本，謂：“宋刊殘本，今分藏於四家，本同一部，不知因何分割”，所謂“四家”，原文未明言，或有所諱，據所聞，大約即雙鑑樓傅氏，木齋李氏，歷史博物館，内閣大庫四處，此四處之物，不知何日可以延津劍合，影印行世，嘉惠士林，又文中引《考古編》載白樂天詩，斷句屢屢錯誤，且有誤植，今爲改正。彼邦人士讀漢籍，每不善於點讀，此蓋一例也。

玉井氏此文，論宋明清《通典》刻本一節，頗有疏誤，近仁井田陞氏作《〈通典〉刻本私考》一文，專補正此文之失，載《東洋學報》第二十二卷第四號，讀者如讀過此文，必請參閲仁井田氏之作。今略舉其補正玉井氏文中疏誤之處如下。一、現存宋刊《通典》除本文所舉三種外，尚有《東方文化事業總委員會圖書部書目》［未刊］宋刊《通典》卷百九十四及百九十五兩卷。二、元刊《通典》有北平圖書館藏本静嘉堂文庫藏本，玉井氏文中未言之。三、明本《通典》有（1）方獻夫刻本，《天一閣書目》，《故宫善本書目》，《郎園讀書志》等皆著録。（2）李元陽刻本，《北平圖書館善本書目》，《北京大學圖書館善本書目》，《八千卷樓書目》等皆著録，

(3) 明刻别本，一般書目皆記爲“《通典》明本”或“《通典》明板”，此本無刊行年次及刊行者名氏，除李瀚序而外，别無序跋，《郘亭知見傳本書目》及《雙鑑樓善本書目》皆著録。此即傅氏與玉井氏文中所謂明本或明刻大字本，而二氏皆誤認爲方獻夫刻本者也。據仁井田氏之説，方獻夫本及李元陽本與殿本反多相同或近似之點。其實殿本蓋校刻者當時參考各種傳本而成，必不止一種，一本有脱落則以他本補之，故殿本非如玉井氏所言係據北宋本，而可認爲善本，因其集諸本而參考之，故較明刻别本（即所謂明刊大字本）爲優，執是故耳。四、傅氏以九年之力校《通典》，而日本尚有竹添光鴻氏亦嘗據圖書寮北宋本以校同治學海堂重刊本，較傅氏早四十餘年，其手校本今藏静嘉堂文庫，可謂後先媲美也。

藏雲譯記

編者注：譯文原分上下篇載《大公報》圖書副刊
193？年

唐長安之春

（日）石田幹之助

一

長安二月多香塵，
六街車馬聲轔轔，
家家樓上如花人，
千枝萬枝紅艷新。
簾間笑語自相問，
“何人占得長安春”？
長安春色本無主，
古來盡屬紅樓女，
如今奈無杏園人，
駿馬輕車擁將去。
——韋莊《長安之春》[①]

陰曆正月的元旦，隨着百官公卿的朝賀，長安的春意動了，不過到元宵觀燈的時節，這大唐之都的春色還淺呢。立春後約十五日，雨水節到來，菜花開了，杏花紅了，李花破綻了。這時花信風漸暖，到了驚蟄，一候桃花，二候棠棣，三候薔薇；到了春分，一候海棠，二候木蘭，各種花卉草木次第開放，撩亂人意。帝城之春意漸酣，花香四溢，東西兩街一百十坊的上空，籠罩着渭水的流霞，終南山像裙裾似的立於艷陽中。連綿着溟濛的春雨之日，清明節過了，桐花現紫，郊外隴畝麥苗青秀，御溝的水邊，如雪的柳絮，繽紛起舞，這時已入穀雨時節。春漸老，春陽增輝，晴空澄碧。滻、灞二橋之岸，柳絲千條，隨風撫拂，薰風吹着爽氣渡來。牡丹花占斷帝城的春色，誇耀如王者。城中仕女家家空巷而出，尋花訪柳，日暮始歸。這時楝花正開，香氣濃溢，而春色已到了綠肥紅瘦。九街十二衢的條坊盡没於新綠之中，覆天的槐樹和榆並道而立，枝葉成蔭，掩映着驕陽[2]。爽快而微覺疲倦的都人士，和穿着新的春衫，肌上微覺香汗的仕女，這時如想暫時休憩，三五參差隱見於樹蔭，又是初夏了。這時節長安春盡，詩人唱着春去之歌，寫着惜春之賦。

京城東壁的中門，便是春明門，遠處西北角是三省六部的甍甍，掩映着皇城，北面是最早的宮城，可以遥望那殿角之頂，更向東北面，其後有天子之居，那龍宮樣的屋頂便是東内諸宮的九重深處。盛唐時玄宗新造以爲起居的興慶宮一角，那黄瓦丹墀與勤政殿，花萼樓的畫棟珠簾相映發，都近在眉睫。西南沿朱雀大路有薦福寺的小雁塔，峭拔聳立於民家屋舍之間，南方遥遠處，慈恩寺的大雁塔，高樓雲霞，煙靄四繞。東都的洛陽，北都的太原等地與上都的長安往來出入的孔道，都在京城東西，所以車如水，馬如龍。赴各地任所的官吏，也率領駱駝隊由長安東門出發。銀鞍白馬的貴公子，臂載着東海名産的鷹也在城東的郊野作一日遊狩之樂。東方島國的日本使者藤原清河等一行，亦遥遥梯山航海而來，那驊騮的行列緩步向西行，迎接的是唐廷的儀仗。新羅、渤海諸國的行人，山河萬里，負笈而來留學或求法的都打從這東門而入。日本的入唐八大家空海、圓仁、圓珍、宗叡等名僧，都曾到長安行脚。鬈髮高鼻，紫髯碧眼的胡人，往來於長安的也不少。春明門會西域胡人的逸話，成了唐世珍傳的舊聞[3]。熱鬧之區在東市一帶，其實還輸西市一籌，流寓的外國人在西市的却不少[4]，所謂拓跋之都的 Khumdan 城[5]（長安城之胡名），大唐天子天可汗[6]的所在地，萬商雲集，這中間就有不少的西域胡人。——往來輻輳之盛，不止陸上，春明門之南有叫做龍渠的運河繞着，漕運而來的江浙的米和南海的奇珍異物如山一般堆積在各種船隻中，桅檣林立，錦帆孕風，水上舟楫往來不息。王貞白的《長安道詩》有：“曉鼓人已行，暮鼓人未息，梯航萬國來，争先貢金帛”[⑦]之句，可説正是詠的這樣的景色。

北斗的柄夜夜指着卯方，黄昏時的鶉火星在正南時，便是春半的時節，日暖花明，花光隱没了滿街行樂之人，“十二街如市，紅塵咽不開”，“鞍馬和花總是塵”[⑧]可以想像那塵埃和花的情景。長安人從來就好出遊，他們不待春深，漸寒梅在枯野中綻白的時分，就早出郊原探尋春影了，《開元天寶遺事》説[⑨]：“都人士女，每正月半後，便各跨馬乘車，設帳園圃，或於野中作探春之宴”。又到二月二日中和節（德宗以前爲一月晦日），都城之内外名勝，都是長安人民成群集隊的尋春遊樂之所。到三月初上巳節，寒食清明之時，都人行樂之地多在曲江的水邊和樂遊原的丘陵地。曲江在帝城之東南隅，秦時稱爲豐洲，是一低窪沮洳之地，開元年間乃疏鑿成一勝地，歷唐朝之大半世，爲長安繁華之區，遊春的樂土。其南有紫雲樓、芙蓉園之勝，西接杏園、慈恩寺，“花卉環周，煙水明媚”[⑩]，杜甫詩“三月三日天氣新，長安水邊多麗人，繡羅衣裳照暮春，蹙金孔雀銀麒麟”[⑪]，正是詠的曲江池畔的風物。更有樂遊原位於北方，雖是一小丘，却是城中惟一的高地[⑫]。唐初長安年間，太平公主置亭遊賞之處，此後漸爲都人士曳杖行樂之所，據云：“此地四望寬敞，每三月上巳，九月重陽，士女就此戲樂，登高祓禊。幄幕雲佈，車馬填塞，虹彩映日，馨香滿路。朝士詞人賦詩，翌日即傳於京師”[⑬]。杜甫《樂遊原歌》：“樂遊古園萃森爽，烟綿碧草萋萋長，公子華筵勢最高，秦川對酒平如掌。”[⑭]曲江的附近，和秦川（樊川）之流，在樂遊原上遠眺，自然都可在望。

看花的人群不獨在曲江和樂遊園，“長安春時，盛於遊賞，園林樹木無閑地”[⑮]，這是説有花木的地方，便是有遊人的地方。他們“遇名花則設席藉草，以紅裙遞相插掛，以爲宴幄”。[⑯]若遇雨時，貴家子弟則備“油幕”出遊[⑰]。或則學士“與親友結宴於花圃中，未嘗具幃幄，設坐具。使童僕聚落花，鋪於坐下”，“吾有花裀，何銷坐具”云[⑱]。進士鄭愚、劉參以下十數輩，甚不拘禮節，“每春游時，選妖妓三五人，乘小犢車，指名園曲沼，藉草躶形，去巾帽，叫笑喧呼”，自謂“顛飲”[⑲]。然春之景物，不僅止爲此輩，天寶年間，如極盡豪奢的楊國忠一門，“每春遊之際，以大車結彩帛爲樓，載女樂數十人，自私第前引聲樂，出遊園苑之中”[⑳]。長安的貴戚豪門，皆競仿效之，所謂樓車載樂之趣，今幸有斯坦因氏從敦煌石室所得的一幅古畫[㉑]，猶可見仿佛。而楊國忠車上置花壇，所謂“移春檻”[㉒]，移植名花異木，隨處賞觀，今存唐代遺物中，不幸雖無可徵，但“長安俠少，每至春時，結朋聯黨，各置矮馬，飾以綿韉金絡，並轡往來於花樹之下，僕從執酒器，遇好園囿即駐馬而飲”[23]，謂之“看花馬”，則斯坦因發見之鳴沙遺寶中仿佛可見之[24]。

春遊之盛，蘇頲所詠“飛埃結紅霧，遊蓋飄青雲”[25]之句，正是牡丹花盛開，及時行樂之日。

二

帝城春欲暮，
喧喧車馬度。
共道牡丹時，
相隨買花去。
貴賤無常價，
酬直看花數。
灼灼百朵紅，
戔戔五束素。
上張屋幕庇，
旁織笆籬護。
灑水復封泥，
移來色如故。
家家習爲俗，
人人迷不悟。
有一田舍翁，
偶有買花處。
低頭獨長歎，
此歎無人喻。
一叢深色花，
十户中人賦。

——白居易《秦中吟》十首之一“買花”[26]

“牡丹濃艷亂人心，一國如狂不惜金”[27]，當時對牡丹的觀賞，已成了長安的風氣，可見帝城之人對此花之特別愛好。杏園[28]的春色與曲江池那邊，稍稍顯得閑寂的時候，長安的市民正流連着牡丹之花，從朝到晚，舉都賞花如狂如醉。宫庭中自然栽着幾多的名花，以供帝王宫嬪玩賞。天寶年間，那有名的沈香亭北賞牡丹的故事，還有流風餘韻呢。文宗時“暮春殿内賞牡丹花”，帝問侍臣：“今京邑傳牡丹花者，誰爲首出？”[29]權豪之家，亦恣意愛玩此花。玄宗賞賜楊國忠牡丹數本，國忠植於家，“以百寶粧飾欄楯，雖帝宫之内有所不及”[30]。又，國忠“以沈香爲閣，檀香爲欄，以麝香乳香篩土，和爲泥以飾壁。每於春時木芍藥（牡丹）盛開之際，聚賓客於此閣賞花，禁中沈香亭遠不及其壯麗”。[31]可見豪門奢侈之一斑。然牡丹之重，不獨在王侯將相之間，長安城人亦酖醉於此。

長安的牡丹花期，以三月十五日前後約二十日間爲中心[32]。“花開花落二十日，一城之人皆如狂”[33]，“三條九陌花時節，萬馬千車看牡丹”[34]，“花開時節動京城”[35]，“長安牡丹開，繡轂輾晴雷”[36]，滿城中“牡丹花際六街塵”[37]，街巷幾乎都看不出了。“看徧花無勝此花”[38]，“萬萬花中第一流”[39]，説不盡的牡丹，無怪乎白居易説，一叢花的價要當“十户中人賦”[40]，柳渾嘆息着“近時無奈牡丹何，數十千錢買一窠”[41]。至於“以種求利，一本有值數萬錢者”[42]，可見一時之風尚是不容易衰歇的。長安士女春時“鬬花”之際，戴插奇花以相誇勝，“皆以千金市名花，植於庭苑之中，以備春時之鬬”[43]，此中必有可與牡丹之名品相頏頡的。

長安城中牡丹之名所，自亦不少。但最有名的，當推街東晉昌坊的慈恩寺，街西延康坊的西明寺。而西明寺的牡丹，通唐一代，最膾炙人口。慈恩寺的屬院元果院的花，是京中諸家之魁，亦最名高，同寺太真院的花，則“後諸牡丹開半月”[44]，以供每年春時都人士最後之觀賞。西明寺的牡丹，諸家多有題詠，今不必一一記述[45]。兩寺之外，街東靖安坊的崇敬寺[46]。其北永樂坊的永壽寺[47]，離曲江不遠在修政坊的宗正寺的亭子[48]等（宗正寺非佛寺，乃九寺之一的官衙）。街西長壽坊的永泰寺（萬壽寺）[49]，永達坊度支部的亭子[50]，都是屈指可數的。崇敬寺内的牡丹，散見於詩句，相當見重於時，又《霍小玉傳》中説小玉的舊情人李益與同輩數人曾在此賞牡丹[51]。私家邸宅有大寧坊街東之北部的渾瑊家[52]，毗鄰薦福寺的開化坊内令狐楚家[53]，——都是專以牡丹花著名的大宅。

當時都人士所專賞的花有紅紫兩種，白的似爲一般大衆所不重。白氏有“白花冷澹無人問”[54]之句，盧綸詩“長安豪貴惜春殘，争玩街西紫牡丹，别有玉杯承露冷，無人起就月中看”[55]，指白牡丹雖有如玉杯承露之姿，却是無人特地賞觀。——如果花色别緻而簇大，“徑尺千餘孕”[56]，那便“能狂綺陌千金子，也惑朱門萬户侯”[57]，“破却長安十萬家”[58]，這都有事實的根據，不可認爲單是誇張之詞。這樣的奢侈之風，自易招人心之頽廢，這是不是促成了唐朝衰勢的一原因，非今所欲論，我們這裏只想叙述李唐一代繁華的世相之一面罷了。

牡丹芳，牡丹芳，
黃金蕊綻紅玉房。
千片赤英霞爛爛，
百枝絳焰燈煌煌，
照地初開錦繡段，
當風不結蘭麝囊。
仙人琪樹白無色，
王母挑花小不香。
宿露輕盈汎紫艷，
朝陽照耀生紅光。
紅紫二色間深淺，
向背萬態隨低昂。

遂使王公與卿士，
遊花冠蓋日相望。
庳車輭轝貴公子，
看衫細馬豪家郎。
衛公宅靜東院閉，
西明寺深開北廊[59]。
戲蝶雙舞看人久，
殘鶯一聲春日長。

——白居易《新樂府》三十首之一《牡丹芳》[60]

注釋

①《全唐詩》卷二十六（以下所引《全唐詩》是依據光緒丁亥上海同文書局刊行的所謂老石印的卷數）。

② 春秋戰國之際，道路街衢的兩旁，種植樹木，已經發達。唐都長安的街道，兩旁植樹甚多，常見唐人詩句。新舊唐書的《五行志》中，記大風吹伐街樹的事亦多。當時道旁樹以槐樹與楊柳爲習見，榆亦相當多。自宮城南門之承天門至南方之朱雀門，所謂天門街兩畔，大概都是種的並栽槐樹（見唐尉遲偓中朝故事）。開元二年六月大風時，城中街樹吹倒了十之七八，隋高熲所植的百年槐樹，定是扶疏老幹，當時亦被風傷折（見朝野僉載，《寶顏堂秘笈》石印本卷一，又參閱《新唐書》卷三十五《五行志》等）。關於楊柳的

種植，韋應物《擬古詩》十二首中第二云："京城繁華地，軒蓋凌晨出，垂楊十二衢，隱映金張室。"又《陪元侍御春遊》詩："何處醉春風，長安西復東，……往來楊柳陌，猶避昔年驄"，可見其趣。榆樹原不種道旁，德宗貞元十二年，官街缺少道旁樹，乃以榆樹代補，時京兆尹吴湊言，"榆非九衢之玩"，令以槐易之（《新唐書》卷一五九《吴湊傳》，《舊唐書》卷一八三《吴淑傳》附）。但實際上榆樹之種植相當多，温庭筠的乾𦠆子載竇乂致富譚，説長安城中榆筴散亂，乂拾得斛餘，可知榆樹之多（《太平廣記》卷三二四，石印本）。又關於道旁樹的歷史，參閲顧炎武《日知録》卷十二官樹條。

③ 春明門附近遇西域胡人的故事頗多，如張讀《宣室志》載馮翊人嚴生，得一清水珠，在春明門賣給了胡人（《太平廣記》卷四百二引）。

④ 長安東西二市，爲城内繁華之中心，而西市尤爲熱鬧，宋敏求《長安志》明記之，因西市附近有許多居康人，波斯人，大食人的商賈，都麕集於此，唐人小説及雜記之類的書，提到西市胡人的不少。西市附近有火祆教、景教的寺院。東市附近，西域賈胡想來亦不在少數。

⑤ Tamrac，Tamraj 之名，是六朝以迄唐，自塞北以至中亞、西亞及東羅馬帝國的各種人，指中國之稱。當初還只限於中華北部，入唐而後，便泛指中華全部而言。其語源乃謂北朝鮮卑種族拓跋（Tabrac）部之名，白鳥庫吉，伯希和（P. Pelliot）兩博士主此説。桑原隲藏博士則别有説（《蒲壽庚之研究》，一三七頁，岩波書店版）。Khumdan 之名，又訛爲 Khubdan，Khomdan 等，乃唐代中亞細亞、波斯、大食以至東羅馬的各種人指長安之稱，漢語譯何音，還是一個聚訟紛紜，久未能决的問題。夏德（Hirth）與桑原兩氏的主張，以爲此字是"京城"一音之訛轉，其説雖最穩當，但無確證（參閲桑原氏的《隋唐時代往來中國的西域人》，載内藤博士還曆祝賀《支那學論叢》五七八頁。A. C. Moule, Christians in China before the Year 1550, London, 1921, p. p. 15－18 等）。當時印度稱中華爲 Maha Cina（莫訶支那），Khumdan，梵語語形變化爲 Khumdana，或與此有關係（參閲《梵語雜名》等）。

⑥"天可汗"之名，是初唐聲威遠播四裔，突厥種族崇拜唐太宗之尊稱，漢語與突厥語複合而成，"天皇帝"之意，原語恐爲 Tangri Qaran。當時唐天子非僅中國民族之皇帝，乃塞外諸民族與西域諸國之大君主。《資治通鑑·唐紀》貞觀二十一年條稱：突厥部族内附，請於回紀以南突厥以北開闢一道，曰参天可汗道，以便來往省視大唐天子如父母，於是置六十八驛，各驛備馬及酒食以供過使，歲貢貂皮充租税，云云。此可注意者，回紀等自稱可汗而稱中華之君爲天可汗，今鄂爾渾河畔所獲突厥毗伽可汗（Bilga Qaran）碑，可以爲例（Charannes et Pelliot, Un traite manicheen retrouve en Chine, Tiragea part, p. 202－3）。

⑦ 王貞白詩《長安道》。《全唐詩》卷二十六。

⑧ 都是盧延讓的詩句。上句是"寒食日戲贈李侍御"云：十二街如市，紅塵咽不開，灑啼驄馬汗，没處看花來。下句是"樊川寒食"二首之一：鞍馬和花總是塵，歌聲處處有佳人，五陵年少驫於事，栲栳量金買斷春（《全唐詩》卷二十六）。

⑨《顧氏文房小說》本下葉十六表。

⑩ 杜荀鶴《松窗雜記》云：曲江池本秦事豐州，唐開元中疏鑿爲勝境，南即紫雲樓、芙蓉園，西即杏園、慈恩寺，花卉環周，烟水明媚，都人遊賞盛於中和、上巳節，即錫宴臣僚，會於山亭，賜太常教坊樂。池備綵舟，惟宰相、三使、北省官、翰林學士登焉。傾動皇州，以爲盛觀（據《唐人說薈》本。《長安志》卷九南昇坊條曲江下注謂此爲《康駢劇談録》之文）

⑪ 麗人行之句，據仇兆鰲《杜詩詳》注本卷二。

⑫《長安志》卷八昇平坊條云：其地居京城之最高，四望寬敞，京城之內，俯視指掌，每正月晦日，三月三日，九月九日，京城士女咸就此登高祓禊。

⑬《杜詩詳注》卷十二《樂遊園歌》注引吴筠（?）《西京記》。

⑭ 遊賞樂游原（園）與曲江，唐代詩歌詠之者最多，而以杜甫《樂遊園歌》最爲有名，今所引見詳注本卷二。

⑮《開元天寶遺事》，《顧氏文房小說》本下，六表一裏。

⑯ 同書下，十一表。

⑰ 同書下，十一表云：長安貴家子弟，每至春時遊宴，供帳於園圃中，隨行載以油幕，或遇陰雨以幕覆之，盡歡而歸。

⑱ 同書上，十一裏。

⑲ 同書上，十四表。

⑳ 同書下，十三裏。

㉑ Sir A. Stein, Serindia. Vol. Ⅲ, Pl. LXXVI.

㉒《開元天寶遺事》上，十五表。

㉓ 同書上，十一表。

㉔ Stein, Op. Cit., Vol. Ⅲ，松本榮一氏“燉煌畫之研究“（昭和十二）附圖，七八 a, b 此雖佛傳畫，亦可作唐代的風俗畫看。

㉕《全唐詩》卷三。

㉖《白氏長慶集》卷二。唐以前，是否以牡丹供賞玩，不得而知。號爲畫聖的北齊楊子華詩，晉謝靈運詩中，都曾提及牡丹。唐劉禹錫云：“世謂牡丹花近代始有，蓋以前朝文士集中無牡丹歌詩”，“然楊子華有‘畫牡丹處極分明’，子華北齊人，則知牡丹亦久矣”。(見唐韋絢編《劉賓客嘉話録》，今據《顧氏文房小說》本葉十一，而以他本補一二句)。唐段成式《酉陽雜俎》卷十九云：“牡丹前史中無說，惟謝康樂集中言‘竹間水際多牡丹’，但成式檢隋朝《種植法》七十卷中，初不記說牡丹，則知隋朝花藥中所無也”。似牡丹之栽培，當時並不盛（所云“隋朝《種植法》七十卷”，恐是《舊唐書·經籍志》農家“《種植法》七十七卷，諸葛穎撰”）。入唐而後，牡丹之鑑賞實際到盛唐以後纔大流行，最初似亦只限於北方。白居易在長安看渾瑊家的牡丹詩，有“歸到江南無此花”之句（參閱注 52)。再者，居易在杭州作刺史時，才種植開元寺，那是當時開元寺僧惠澄由京師得來的（見唐范攄《雲溪友議》卷四，稗海本）。此中消息可知（據此書云：其時徐凝見此，有詩詠之：“此花南地知難植”）。至於蜀地，五代時尚不知之，孟氏始種植於宣華苑，因名牡丹苑（參閱清計楠《牡丹譜》，《昭代叢書》本）。花蕊夫人宮

詞之一，有“牡丹移向苑中栽，盡是藩方進入來”之句（《全唐詩》老石印本卷二十九。但説者謂此詩非夫人之作）。嶺南之地，五代之季，猶不知此花，南漢劉鋹到洛陽，見牡丹之美艷，爲之驚倒（宋陶穀《清異録》）。

㉗ 王叡《牡丹詩》，《全唐詩》卷十九。此詩或云王轂所作，見卷二十六。

㉘ 杏園位慈恩寺之南，通善寺之中，其東曲江，皆長安城之勝景（《長安志》卷八。通唐一代，詠杏園春色之詩甚多，今不備舉）。

㉙ 錢易《南部新書》甲（學津討原本）。

㉚《開元天寶遺事》卷下。十六表一裏。

㉛ 同書下，十七表。牡丹之名木芍藥，詳鄭樵《通志略》卷七十五《昆蟲草木略》第一。

㉜《南部新書》丁云：“長安三月十五日，兩街看牡丹，奔車走馬”。參閲注㊷。

㉝《白氏長慶集》卷四，《新樂府・牡丹芳》中之句。

㉞ 徐凝《牡丹詩》之句，凝又有“何人不愛牡丹花，占斷城中好物華”之句。《全唐詩》卷十八。

㉟ 劉禹錫《賞牡丹》詩有“惟有牡丹真國色，花開時節動帝城”之句。《全唐詩》卷十三。

㊱ 崔道融《長安春》云：長安牡丹開，繡轂輾晴雷，若使花長在，人應看不回。《全唐詩》卷二十六。

㊲ 徐夤憶薦福寺南院詩中之句。《全唐詩》卷二十六。

㊳ 同上《牡丹花二首》之一，“看徧花無勝此花，剪雲披雪蘸丹砂”。《全唐詩》卷二十六。

㊴ 同上《牡丹花二首》中句。此與皮日休詩之稱“百花王”，又“獨占人間第一香”，其意皆同。按皮詩不見集中，《淵鑑類函》四百五引。

㊵ 見注㉖。

㊶ 柳渾詩。《全唐詩》卷七。

㊷ 李肇唐《國史補卷》中云：（學津討原本）“京城貴遊尚牡丹三十餘年矣，每春暮車馬若狂，以不耽玩爲恥，執金吾鋪官圍外，寺亂種以求利，一本有直數萬者”。

㊸《開元天寶遺事》卷下，葉十一表鬬花條。

㊹《南部新書》丁云：慈恩寺元果寺牡丹，先於諸牡丹半月開，太真院牡丹後諸牡丹半月開，又見康駢《劇談録》下（學津討原本）“慈恩寺牡丹”條。

㊺ 例如，白居易有《西明寺牡丹花時憶元九》詩（《白氏長慶集》卷九），《重題西明寺牡丹》詩（同書卷十六）。元稹有《西明寺牡丹》詩。（《元氏長慶集》卷十七）。

㊻《長安志》卷七《靖安坊》條。此是尼寺。關於牡丹，見下面注㊿。

㊼《長安志》卷七《永樂坊》條。《南部新書》戊説是尼寺。元稹有《與楊十二李三早入永壽寺看牡丹》詩（《元氏長慶集》卷五），此寺也是看花的名所。

㊽《長安志》卷八《修政坊》條。宗正寺亭子下注引“輦下歲時記（唐李綽撰）曰：新進士牡丹宴或在於此”。關於牡丹宴，又見王定保《唐摭言》卷三《譏名》條（《雅雨堂叢書》本）。

㊾ 永泰寺會昌五年一度被廢，六年復置，改稱萬壽寺，據《長安志》卷十《長壽坊》條，可見其位置與沿革之一斑。又改廢之事，見卷八《晉昌坊》條，慈恩寺注。翁承贊詩有“萬壽寺牡丹”一首（《全唐詩》卷二十六）。唐末宰相張濬嘗率朝士於此寺看牡丹。其事不見於新舊唐書張濬傳，而見同遊之伶人張隱詩，參閱《全唐詩》卷二十七“萬壽寺歌詞”。

㊿《長安志》卷九《永達坊》條度支亭子下注云：“輦下歲時記，新進士牡丹宴或在永達亭子”。

51 白居易“代書詩一百韻寄微之”中，有“唐昌玉蘂會，崇敬牡丹期”之句。（《白氏長慶集》卷十三）。白氏的“自城東至以詩代書戲招李六拾遺崔二十六先輩”詩中，亦有“崇敬牡丹時”之句（《長慶集》卷十三）。關於李益的傳説見唐蔣防《霍小玉傳》（《太平廣記》卷四百八十七引）。以上諸寺之外，大寧坊東南隅的興唐寺，靖善坊的興善寺等，皆栽有此花，見《酉陽雜俎》卷十九《牡丹》條之末。

52《長安志》卷八雖記渾瑊宅在晉昌坊，但《唐書》卷八十瑊傳則稱在大寧坊。畢沅於此志本條下注以《唐書》所記爲是。白氏“看渾家牡丹花戲贈李二十”詩中有“香勝燒蘭紅勝露，城中最數令公家；人人散後君須看，歸到江南無此花”（《長慶集》卷十三）。

53《長安志》卷七《開化坊》條，尚書左僕射令狐楚宅項下畢沅注引《酉陽雜俎》云，“牡丹最盛”，今檢《雜俎》無此説。又其他如裴士淹（長興坊），韓愈（靖安坊），竇易直（新昌坊），元稹（靖安坊）諸人之家，牡丹似著名。官廳則有翰林院之北廳（興慶宮金明門内），大約亦有名花（《酉陽雜俎》卷十九，《白氏長慶集》卷十四“惜牡丹花”二首，“微之宅殘牡丹”，並參閱注55。

54《白氏長慶集》卷十五“白牡丹”。

55“裴給事宅白牡丹”（《全唐詩》卷十），此詩或稱裴潾作，載《全唐詩》卷十九。又諸本字句上有異同，今不及論。可見一部人亦賞愛白牡丹，特形於詩歌者不多。唐末王貞白、韋莊都有“白牡丹”詩（《全唐詩》卷二十六），吴融有“僧舍白牡丹”二首（同書卷二十五），可以爲例。中唐張又新“牡丹”詩云：“牡丹一朵值千金，將謂從來色最深，今日滿欄開似雪，一生辜負看花心”（同書卷十八）。白居易有“白牡丹”之頌（《長慶集》卷一）。

56 劉禹錫“渾侍中宅牡丹”詩有：“徑尺千餘朵，人間有此花”之句（《全唐詩》卷十三）。

57 注39引徐夤詩有“能狂綺陌千金子，也惑朱門萬户侯”之句。

58 注38引徐夤詩有“破却長安十萬家”。

59“衛公宅”，或指李衛公（靖）之宅，在平康坊，以牡丹著名，白氏之時想已時移世變。或者李衛公是指李德裕而言，但亦無確證。

60《白氏長慶集》卷四。

原載《讀書通訊》一三六期

1947 年 7 月

崑曲的演變與皮黃調的繁興

（日）青木正兒

本篇譯自内藤還曆紀念《支那學論叢》。作者青木正兒爲狩野直喜之高足，現爲東北帝大教授，曾數度來我國，搜羅戲曲小説甚富；前年成《支那近代戲曲史》（東京弘文堂出版）一部，頗稱巨製，日人研究中國戲曲者後起之秀也。稿譯擱置篋中已三年餘，初擬送交《小説月報》，譯事未完，旋即去國；近三四年來，個人注意力又集中於他方面，此道久不復操。適《朝華》徵文，而國内猶未見有此譯文發表，遂檢出以應之，略誌鴻爪云爾。

二十一年，四月，一日。昌群

明末，當嘉靖隆慶間（公元1522—1572），魏良輔以大才崛起於江蘇崑山一帶，集南曲之大成，世稱爲崑曲，崑曲遂爲南曲的正宗。到清中葉—乾隆末年，崑曲整個的獨佔舞臺，稱霸南北，簡直没有别的戲曲可與之比肩，争一日之長；忽而西蜀（四川）的伶人，西秦（陝西）的土音流傳到北京，無端欲問崑曲王朝鼎之輕重，隨着又是徽（安徽）班的勃興，於是皮黃調（即今所謂京戲）便把崑曲從高高的尖塔上推下來，巍然代之而獨立。這其間演變的痕跡，要是研究起來，實很饒興趣，本文所論便是想探究這個演變的過程。

一、花部的各種腔調

乾隆年間，戲曲有花部雅部的分别。雅部即指崑曲，花部指市井間流行最爲世俗所欣賞的戲曲，如京腔、秦腔等。《燕蘭小譜》乾隆五十年刊的凡例中解釋這兩個名詞説："元時院本，凡旦角之塗抹科諢而取其妍者爲花；不傅脂粉而歌唱者爲正，即唐雅部樂之意也。"其實曲之有雅、花，猶之優伶之有正旦花旦的區别一樣。雅部最重唱曲，花部最重科白，一主優雅的美，一主華麗的美。

欲考那時花部腔調的種類，最好是檢查當時流行的戲曲集《綴白裘》乾隆三十五年至三十九年間陸續刊行的第六集及第十一集所載的雜曲：

梆子腔，弋陽腔，高腔，京腔，亂彈腔，秦腔，西調，吹調的八種腔調。

其次是《揚州畫舫録》乾隆六十年刊卷五所載的：京腔，秦腔，弋陽腔，梆子腔，羅羅腔，二簧調。

"統謂之亂彈"，這是以亂彈爲花部的總稱。現在我們將上邊所舉各種腔調的淵源追述一下。

〔弋陽腔〕起於江西的弋陽，也是南曲的一種，比較崑曲的存立時期還要早些；在明嘉靖間便已絶調，以後亦無人繼續傳習，後起的海鹽腔便是從此脱化而成的。湯若士《玉茗堂全集》卷七《宜黄縣戲神清源師廟記》説，此事發生於明萬曆年間。

〔高腔〕的起源，亦出於弋腔。《天咫偶聞》光緒二十九年編卷七説："後弋腔盛行，俗呼高腔，仍崑腔之辭而僅變其音節，内城（北京之内城）尤尚之，稱爲得勝歌。相傳國初出征得勝歸來，軍士（清軍）於馬上歌之，以代凱歌，故《請清兵》等劇中尤喜演之。"此説雖不詳其所自，但似乎頗近理。如果這説是對的，那末，高腔便是弋腔，都是屬於同一系的腔調。

更從兩腔演奏時的情狀比較之，如上舉湯若士的《宜黄戲神清源師廟記》中説弋陽的演奏時，"其節（拍子）以鼓，其調諠"，較湯氏《玉茗堂集》更爲晚出的《嘯亭雜録》卷八則説："弋腔不知起於何時；其鐃鈸喧闐，唱口囂雜，實難供雅人之耳目。"這話宛如説現存的高腔的情狀一樣。辻聽花翁的《中國劇》頁八十三説，高腔所用的樂器，文場則用夾板、單皮鼓、大鈸、手鑼；武場則有堂鼓、單皮鼓、大鑼、小鑼、大鈸、小鈸、嗩吶。用絲竹的地方，簡直没有，這正與湯若士説弋陽腔“其節以鼓”的話完全符合。且高腔的囂雜，我們看上邊所列它所用的各種樂器便可知道；并且據曾經親自去聽過的人亦説，高腔實在比其他各腔喧闐得多，這話亦與上文所舉的記事符合。凡此諸點，都足以證明《天咫偶聞》之説的不謬。

可是，辻翁説兩腔的關係，却以爲弋腔出於高腔，他的《中國劇》頁廿四説：“明季政綱廢弛，滿人之勢猖獗，此時有一種新曲盛行於世，謂之高腔，其曲本爲直隸高陽之腔調，其歌詞多出於崑曲，聲高調鋭。後流行於江西之弋陽，遂謂弋陽腔。然而，弋陽腔實是明末從南方海鹽腔演變而來，我在上文已經説明了，而高腔又是弋腔流傳到北方後纔興起的，上舉《得勝歌》的傳説，大概已可以明白。辻翁此説，恐有所誤。但他説高腔發生於直隸之高陽（保定附近），則又似乎近理。或者弋腔轉入北地之後，爲了或種原因，此腔遂最盛行於高陽，乃因其地名而稱爲“高腔”，亦未可知。

高腔在一二年前，北京雖仍有優伶唱演，但以不投時好，今已絶跡。有人對我説，今保定石家莊猶可聽得此腔，不禁爲之心喜，及至保定，居停主人則説：“此地從前有唱演此腔者，如今都星散了”我乃悄然而歸。

〔京腔〕蓋由高腔演變而來，稍變其聲調。《金臺殘淚記》道光八年著卷二説：“京班舊多高腔，魏長生以來，始變爲梆子腔。”魏長生之入京在乾隆末年（此事當在下章詳説），在他以前，北京土著的戲班，都以高腔爲主，因此推想那時他們或許根據高腔而多少改變其聲調，别成一種新調羼入京班奏演，故稱之爲京腔吧。更以一事考之，楊掌生《長安看花記》道光十七年著載：當時有稱爲和春部的戲班，爲乾隆時王府班（王公養用者）的嫡傳，當時猶習唱“高腔”見蘭香條；但楊氏所著《辛壬癸甲録》道光二十年中又説：乾隆以後，王府班漸次衰微，“京腔”亦隨之寖衰，今和春部已漸不能保持其傳授之力。據這兩條記事考之，同是一人的著作，又同是一事的記載，前則爲“高腔”，後又説“京腔”，簡直無從區别，我想兩腔的關係必極爲密切，纔得這樣的混用。

〔秦腔〕明末已有了。《陳圓圓傳》見《虞初新誌》記：歌妓圓圓爲李自成唱崑曲，自成甚喜，自唱秦腔。而其盛行，則是乾隆末期以後的事。《燕蘭小譜》乾隆五十年刊卷五云：“蜀伶新出琴腔，即甘肅調也，名西秦腔。其器不用笙笛，以胡琴爲主，月琴副之”，可知其調之大要。

然，今北京一帶，猶流行梆子腔，當即一般所謂秦腔。那末，本來的秦腔如《燕蘭小譜》所記，伴奏的樂器，以胡琴爲主，月琴副之，而不用笛，爲其特徵。這與現今所謂秦腔，全然異趣，現時所流行的秦腔，所用樂器，以碗琴（俗名呼呼）爲主，碗琴較胡琴長約二倍，胴部置椰子實，而以笛副之。這說與《燕蘭小譜》所言完全不同，胡琴與碗琴雖同用弓拉擦發音，但碗琴用椰子實，則此器産地，似乎與南方頗有關係（南方亦有與此類似的樂器，德川末期，始傳入日本，稱明清樂，福建亦有一種樂器名提琴，造法與碗琴略同，胴部亦用椰子實）。如此說，那末秦腔主要樂器，確帶着南方的色彩，若說此腔是從甘肅、陝西的西北部傳來的音樂，我却很難承認。且此腔當初流行京師時，窺其情狀，愈覺其與古之秦腔迥異。光緒年間無名著的《粉墨叢談》說“癸酉甲戌按光緒十二十三年十三旦之艷名盛噪燕臺，旦秦人也。能作秦聲按當指梆子腔……初不尚都門山陝之雜劇，故有以“弋陽梆子出山西，粉墨登場類木鷄”之句嘲之者。至是遂“靡然從風，争相傾倒”。又同時之《天咫偶聞》云：“光緒初忽競尚梆子腔，其聲至繁急，聞之悲泣，多增哀感。余初自南方歸來時，聞之不禁大駭。”這話假如是指從前的秦腔的話，那末至道光末年專唱秦腔的西班還並未衰歇，而徽班中亦有演唱秦腔的事，所以當時都門人士，纔得如是其驚異，而嘲之爲“木鷄”，“聞之不禁大駭”。但，我以爲現在的秦腔，自那時傳入都門以來，已不是從前的秦腔了。

然則古來的秦腔雖絶跡於都門，到底埋没到那裏去了，果有蛛絲馬跡可尋麽？不，我以爲却並未消滅，而且現今全中國仍舊盛行，娓娓動民衆的觀聽，讀者幸勿以我這話爲狂言，實在的它就是現今民衆所醉心的西皮調。我這個論斷，且聽下回自有分解。

附考　〔西皮〕咸豐以來，二黄調盛行，同時西皮調亦盛行，並稱“皮黄”，爲在北京的安徽優伶所組織的所謂“徽班”所專唱，故又稱徽調，一般都以爲起源於同一個地方，但我以爲其間却有顯著的差異。王夢生《梨園佳話》頁八說：“徽調者，皮黄是也。皮即黄陂，黄即黄岡也，皆鄂（湖北）之地名。此調實創興於此，亦稱漢調。以其介於兩黄之間，故曰二黄。”該書第九頁又說：“西皮則僅流行於黄陂一縣而已。”辻翁的《中國劇》頁六十九亦說：“二黄西皮起於湖北。”但此說却有通不過的地方：二黄起於黄陂、黄岡二地之間，嘉靖時張祥珂已有此說此事下文論二黄時再及之雖可承認，然西皮僅流行於黄陂一縣，這名稱的解釋，未免失於附會。黄陂與黄岡二者地域相近，二黄調既在兩地都曾流行，則在音曲的性質上兩者自然有沆瀣一氣的傾向，那末，西皮怎樣會得流行於黄岡呢？若說起源於黄岡的爲黄岡調，故呼黄調，起於黄陂爲黄陂調，故呼西皮調，以兩者對稱，也未嘗全無理由。但何以一則兼兩個地名，一則僅於有其一而得西皮之名呢？再據地理上説，黄陂是在黄岡的北方，何得謂爲西陂呢？也許有人要疑心這個理論太嫌穿鑿了，可是這是本着事實推論的。

大凡藝術都帶有地方的色彩，這是大家公認的。音樂亦然，有南方的音調，有北方的音調，有西方的音調，有東方的音調，異地而情亦自異。現在我們仔細聽二黄與西皮的樂調，實大相異趣。二黄的曲音，甜甜地媚人耳鼓，西皮的調子，則激而痛人胸臆，要是批評的話，二黄是温雅的，西皮是悲凉的。復次，從那主要樂器——胡弓的兩根弦綫相配而成的各種音調説來，二者根本上也是不相同的，因其旋律根本相異，所以音階亦異，故一般多稱西皮爲“吕聲”，很難看出他們相互的共通點。單僅驟然聽到兩者的樂調時，實在極其相似，無怪容易使人想到兩者或許是起源起於同一地方的。我初時亦信前輩諸人之説，乃少聽戲曲，便生兹疑，其後又獲得下舉幾種文獻，自己覺得很快意。如今記道光初年京師劇界的情狀的書，有張亨甫的《金臺殘淚記》卷三説：“亂彈即弋陽腔，南方又謂下江調。謂甘肅腔曰西皮調。”其文甚簡，頗難明其裏細，繹其意是説：“亂彈便是弋陽腔，在南方稱爲下江調。至於甘肅調在南方則稱爲西皮調。”《金臺殘淚記》的著者張亨甫是福建建寧人，他這裏所謂北方或與他所居的南方爲對稱的呼謂，若然，則西皮是甘肅的曲調了。但僅據此一説，我們還不敢遽然深信。恰好《燕蘭小譜》卷五中記有乾隆末年著者曾目擊當時京師盛行甘肅調即西秦腔之事，上文秦腔條下曾引用其言“其器不用笙笛，以胡琴爲主，月琴副之”。又《聽春新詠》約嘉靖十五年著亦云：“秦腔之樂器，以胡琴爲主，助以月琴”西部秀宫條。這層與現在的西皮全然同一情狀，而與現在稱秦腔的，却大異。原來胡琴之名如其名所示，是北方夷狄的樂器，這種樂器之輸入北京，徵諸上文所引記載，似以秦腔爲嚆矢，而現在劇場中用它的地方僅爲西皮與二黄，可知這二腔與秦腔不無若何的關係。今綜合以上三書所記，以觀察現在的西皮調，我們可以説乾隆嘉慶道光年間流行於京師的秦腔的遺音，即今之西皮調，這個論斷，必不能視爲臆測。現在我們且把這個論斷擱置一邊，再回頭來聽西皮的音調，其曲情之激越悲凉，令人不能不首肯那是帶有西北邊塞地方的濃厚的色彩，那末，西皮之“西”的命名似乎不難解釋了。

然則，何以安徽的優伶，二黄之外又兼演西皮腔呢？《揚州畫舫録》卷五記乾隆末年安徽優伶高朗亭之初率徽班來京師時，“安慶之

花部中，以京秦兩腔合而名其班曰三慶”。此時秦腔最盛，他們因爲投合時好之故，始與秦腔接觸。其次《金臺殘淚記》卷二亦記有秦腔之事説：“此腔當乾隆之末始於蜀伶，其後徽伶盡習之，道光三年御史奏禁。”由此可見徽伶於其自家本來的專業以外，又兼演秦腔的事，可明白了。此外關於嘉慶道光間，徽班兼習秦腔的事尚有二三種文獻，可以佐證其事實。固然。嘉道間所稱爲“西班”或“西部”的秦腔專門戲班，當時尚有，可是其勢已衰微，到底不能與徽班比擬，徽班把他們逐漸壓倒之後，遂從他們的手中將秦腔奪去，一變而爲自己的籠中物了此事下章尚須細説。其間自然改變一下秦腔的調子而與自己家傳的二黄調相近。或許又爲了要與本來的秦腔有所區别，所以給它一個南方通用的異名——西皮調吧。這個演變的完成，大概在咸豐同治之間。

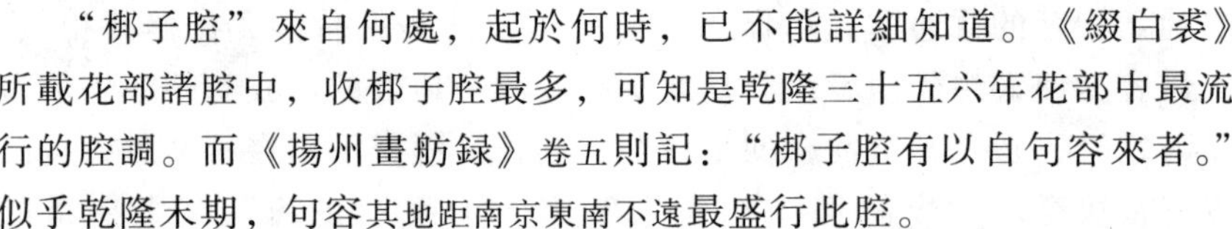

“梆子腔”來自何處，起於何時，已不能詳細知道。《綴白裘》所載花部諸腔中，收梆子腔最多，可知是乾隆三十五六年花部中最流行的腔調。而《揚州畫舫録》卷五則記：“梆子腔有以自句容來者。”似乎乾隆末期，句容其地距南京東南不遠最盛行此腔。

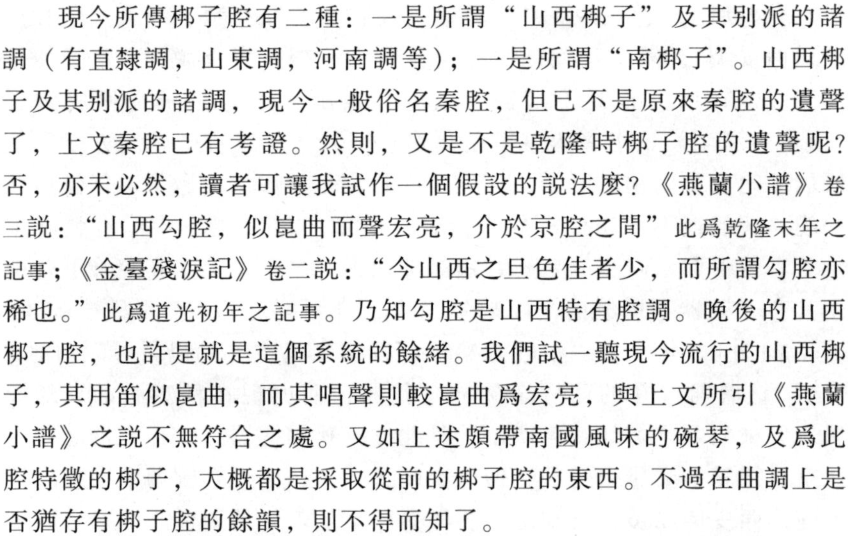

現今所傳梆子腔有二種：一是所謂“山西梆子”及其别派的諸調（有直隸調，山東調，河南調等）；一是所謂“南梆子”。山西梆子及其别派的諸調，現今一般俗名秦腔，但已不是原來秦腔的遺聲了，上文秦腔已有考證。然則，又是不是乾隆時梆子腔的遺聲呢？否，亦未必然，讀者可讓我試作一個假設的説法麼？《燕蘭小譜》卷三説：“山西勾腔，似崑曲而聲宏亮，介於京腔之間”此爲乾隆末年之記事；《金臺殘淚記》卷二説：“今山西之旦色佳者少，而所謂勾腔亦稀也。”此爲道光初年之記事。乃知勾腔是山西特有腔調。晚後的山西梆子腔，也許是就是這個系統的餘緒。我們試一聽現今流行的山西梆子，其用笛似崑曲，而其唱聲則較崑曲爲宏亮，與上文所引《燕蘭小譜》之説不無符合之處。又如上述頗帶南國風味的碗琴，及爲此腔特徵的梆子，大概都是採取從前的梆子腔的東西。不過在曲調上是否猶存有梆子腔的餘韻，則不得而知了。

復次，所謂“南梆子”，今亦非獨立之調。西皮的《花田錯》，《得意緣》第二本等、曾經採入。近來流行的程艷秋新排的《碧玉簪》、《文姬歸漢》與徐碧雲新排的《虞小翠》等，亦多把南梆子雜入皮黄調中演唱。我曾聽過幾次，細察其腔實與皮黄調異趣，而又不類山西梆子。因此，我想《揚州畫舫録》所記從句容傳來的話，恐即乾隆時梆子腔的遺音。其所以稱南梆子者，或因取别於北方的山西梆子，以示其爲南方的樂曲吧。

若果如我的推測，那末，梆子腔是起源於南方而流傳於北方的山西，合勾腔而構成山西梆子，一方而攙入皮黃中僅僅保存着一點原音了。但這只是我個人的推想，以俟他日考證。

〔二黃〕張祥珂的《寓憶編》我的藏本無序跋未能詳其著作年代。張氏爲嘉慶間人說："戲曲之二黃，起於湖北，蓋指黄岡、黄陂二縣也。"《揚州畫舫録》說："二簧調有自安慶來者。"可知二黃起於湖北的黃岡、黃陂之間，而傳入安徽，其勢益盛。其後徽班在京師得勢，逐漸稱霸於天下。其詳待下章論之。

〔亂彈〕上文曾引《揚州畫舫録》稱亂彈爲花部之統名。此事《燕蘭小譜》卷四記雅部伶人吴大保事亦說："本習崑曲，與蜀伶彭萬官同寓，因兼學亂彈。"（此處所謂亂彈，似指秦腔）。《金臺殘淚記》卷一亦云："今都下之徽班皆習亂彈，偶演崑曲，亦不佳。"又《品花寶鑑》道光中葉的小説第四回云："你是一個雅人，如何倒不愛聽崑腔倒愛聽亂彈？"從上幾種記事推之，亂彈皆與崑腔對舉，雖各場合所指腔調有不一定者，但如《揚州畫舫録》所言，花部爲對雅部的普通稱謂，則亂彈與崑腔爲對舉可知。且又稱亂彈，則事實上當然是一種特殊的腔調，即《綴白裘》第十一集卷三所載亂彈腔的《擋馬》一齣與《磨房》一齣的曲牌，標用亂彈腔是也。此外尚有二三例，不俱引。蓋亂彈多響震的樂器合奏，其狀頗熱鬧，故云，以對崑曲之幽雅；其他花部之曲，亦喧雜，是以呼花部。而《揚州畫舫録》說："郡城之花部，皆係土人，謂之本地亂彈，此土班也。"這是呼揚州特有的地方的曲調爲本地亂彈。因此我們可以進而推測，此種稱呼，恐不限於揚州，大概凡指其他地方的固有的樂曲，亦可得稱本地亂彈，隨後便簡略而單稱爲"亂彈"了。《綴白裘》所收，究係那個地方的亂彈，固不得而知，據我的推想，這個稱呼，或許是由普通的命名變而爲特殊的命名的。關於此事我在保定時，曾聽到一個田舍郎對我說："如今我們這裏也有演唱亂彈的，許多樂器一齊合奏，異常熱鬧而有趣，詳細不記得了，但，笛、胡琴、三弦子、太鼓、銅鑼等都有，笙也有，這是確實的。"這話亦可爲考證亂彈的性質之一助。

那人又說：現在保定石家莊等地方，尚有"五腔班"，是合高腔、老梆子、亂彈、欒州影戲而演奏的一種戲班。又一友人說：新近旅行山西風陵渡（山西西南隅，近黃河岸），途中聽人說話，謂演劇皆稱亂彈。

以上略論花部諸調的淵源和演變。這裏再將它們的系統譜作一表如下（下邊有點的，都是現在的腔調）。

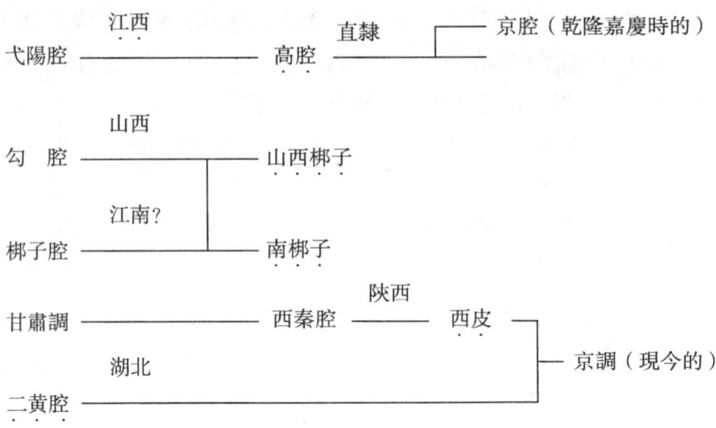

二、蜀伶的跳梁

乾隆末期以後的戲劇史，實在就是花雅兩部的興亡史。雅部好比王者，花部好比霸者，自明末至乾隆中期之間，爲西周時代，崑腔在戲劇界有如周室，君臨天下，克保其尊。到乾隆末期，便如春秋之世，崑腔的威令，漸漸不行，大權已落於西秦南弋兩霸之手，而崑腔的尊嚴，却猶未全墮。道光以還，便成戰國之世，花部梟雄，各樹旗幟，以相競奪，這時崑曲是有若無了。終至咸豐同治之間，皮黄一統之業成，在戲劇界奠定子孫萬世之基。但以後不知漢高祖將起於何時。

縱觀清代文化的發展，康熙之世，趁着新興的勢力，學術上藝術上雖亦有大規模的開展，但不免猶帶有明代的遺風。至乾隆時，清朝的基業，始達於極隆盛之境，文化漸呈新意，獨具特色，與明代大不同了。故戲劇界亦不能逃出這個趨勢，逐漸有厭舊迎新的傾向，就是説對於明代戲曲的崑腔有些厭倦了，要轉而迎合興新的花部各調了，這是時勢使然。總結説，這轉變的原因，可歸納爲三點：第一，缘於厭舊喜新的趨勢；第二，觀衆的趣味低落了；第三，北京人不大愛好南曲。

第一原因的厭舊喜新的傾向，固然是無論何時都有的民衆心理，可是當康熙之際，尚因循明代的文化餘勢尚强，求新的趨向，猶未十分顯著。第二觀衆趣味低落的原因是：清朝至乾隆時，宇内昇平，社會漸呈驕奢華美之象，宛如日本元禄時代的情形。這種趨勢，可以從各種藝術上看出來，例如，當時詩畫，雖清新纖細，但總難免靡弱之譏。又如將康熙乾隆兩朝的磁器陳列一堂，我們看乾隆的作品，雖很精巧美麗，但已無復有康熙的質實莊重的風趣了。這固然不能説就是墮落，可是，有易於陷入墮落的傾向，因爲文勝質爲靡弱之因，於是墮落便隨之而生，歷史上的事往往是這樣的。這時，戲劇界的“相公”之風極盛，但不能説就是劇界的墮落。所謂相公的名詞，《金臺殘淚記》卷三裏説：“京師梨園之旦色曰相公”，這話雖指男扮女裝而言，但我以爲是做賣色的勾當，與日本元禄時的“影間”相類，其弊不異於“若衆歌舞伎”。大約是康熙四十年左右著的《京師偶記》柴桑撰裏説：“今泣童割袖之風男色之事盛行，若無俊僕執役，皆以爲不韻，侑酒無歌童，便爲不歡。”可知康熙中葉此風已盛行於京師了。至乾隆時其風益熾，我們試檢《品花寶鑑》道光年間著書中描寫乾隆中期京師貴公子及文人等與相公糾纏的事情，不難想象當時這種風氣的猖獗。還有乾隆五十五年刊行的《燕蘭小譜》中有專評旦色而不論生净的旦色評鑑，亦不外爲相公之風盛行的反映。

因爲《品花寶鑑》中的人物，都是影射的，蕭静宜是江慎修，田春航是畢秋帆，侯石翁是袁子才，史南湘是蔣苕生，屈道翁是張船山；其他華公子，徐子雲亦皆實有其人，説詳《郙羅延室筆》。未見《小説考證》卷八引。

第三北京人不愛南曲的原因，可由當時《燕蘭小譜》卷一所記“崑曲非北京人所喜”知之。這種狎暱相公的惡風流行，在看劇者是從藝術的鑒賞而墮落於耽醉聲色的低級的趣味，蓋爲自然之數，於是由從前的着重於聽戲轉變而注重於看戲，也是當然的事了。所以花部諸腔，便得凌駕具有優美音樂的崑曲之上，但其音樂的價值雖遠遜於崑曲，而色旦的冶容妖態，却能召號一般社會趨之若鶩，無怪乎北京人嫌南曲太閒雅了，要求强烈的刺戟的音樂，花部的戲曲正可投合這種心理，以喧雜曲調誘之，如示饑者以食然。北京爲文物輻輳之地，戲劇界花雅兩部在這裏如逐鹿中原，他們在北京的消長，便可以推而决定天下的大勢，下文即論述他們消長的情狀。

乾隆末期，京師的花部，以京班即北京土著的俳優爲最有勢力，主要的奏演爲高腔京腔，這時八達子，天保兒，白二等最負盛名。《燕蘭小譜》卷五説：“昔京伶八達子，係旗籍在萃慶部。貌雖不甚妍，而聲容態度，恬雅安詳，大小雜劇，無不可人意，一時盛稱於都下。甲午乾隆三十九年不幸隕逝，今其名尚津津在人齒頰間。”又卷三説：“白二大興人，原係旗籍，旦中之天然秀也。昔在王府大部按即王家專養的戲班與八達子、天保兒一時擅盛譽。余乙未乾隆四十年入都時，渠春光爛熳，已開到荼蘼；然興猶未闌珊，聲名亦不減。”可知八達子在乾隆三十年以前曾顯震一時，其後白二獨承盛名。白二最得意的拿手戲是《潘金蓮葡萄架》，他自己扮潘金蓮，與黑兒其人扮侍女梅香合演，姿態極其嬌媚動人《蘭譜》卷三。《葡萄架》的事，見《金瓶梅》小説中，極淫靡，可見他們當時之所爲是如何的冶蕩。豈知乾隆四十四年，突然來一個妖艷無比的旦色，由四川入京，奪去其赤幟，這人是誰？魏三是也。

魏長生字婉卿，俗呼魏三。四川金堂人，唱演秦腔的花旦。以乾隆四十四年隨人入京師據《蘭譜》所載無名氏撰《魏長生小傳》。《嘯亭雜録》卷八魏長生條作甲午（三十九年），非是。那時都下只有雙慶部一班，却不爲世所欣賞，梨園亦少有齒及之者，當時長生語部中人，説：我如入班，不出兩月，即可增高諸君聲望，若不能，一任諸君科罰，甘受無悔。於是入班後，演《滚樓》一劇。此時楊五兒爲副色，一時魏楊並稱。即掀然名動京城，觀者日至千餘，其他六大班，頓形減色《蘭譜》卷五《長生小傳》。這時京中的弋腔即高腔，士大夫以其既不囂雜動聽，無聲色之娱，因此，長生遂投其所好，改唱秦腔。其辭雖鄙猥，然繁音促節，嗚嗚動人，自王公貴位以至詞垣粉署，無不傾擲纏頭數千百，無不欲得交識魏三《嘯亭雜録》卷八。於是京腔之舊本，束置高閣，其他六大班，幾無人過問，或至而亦散去《蘭譜》卷三魏三條因而京班之花旦白二爲之壓到，他的拿手戲《葡萄架》自魏三《滚樓》一齣不復再演。《蘭譜》卷三白二條。但此時彼自覺年事已長（《夢華瑣簿》謂“時已年二十七”，《嘯亭雜録》云“已逾三旬”，未詳孰是），因此物色陳銀官（時年十七）爲徒，傳其媚態以邀豪客。庚辛之際，乾隆四十五六年，徵歌舞者，無不以雙慶部爲第一《魏長生小傳》。

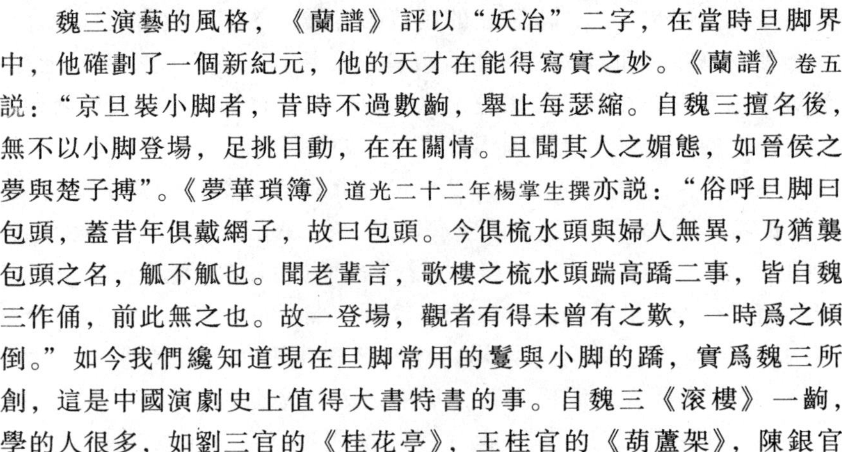

魏三演藝的風格，《蘭譜》評以“妖冶”二字，在當時旦脚界中，他確劃了一個新紀元，他的天才在能得寫實之妙。《蘭譜》卷五説：“京旦裝小脚者，昔時不過數齣，舉止每瑟縮。自魏三擅名後，無不以小脚登場，足挑目動，在在關情。且聞其人之媚態，如晉侯之夢與楚子搏”。《夢華瑣簿》道光二十二年楊掌生撰亦説：“俗呼旦脚曰包頭，蓋昔年俱戴網子，故曰包頭。今俱梳水頭與婦人無異，乃猶襲包頭之名，觚不觚也。聞老輩言，歌樓之梳水頭踹高蹻二事，皆自魏三作俑，前此無之也。故一登場，觀者有得未曾有之歎，一時爲之傾倒。”如今我們纔知道現在旦脚常用的鬢與小脚的蹻，實爲魏三所創，這是中國演劇史上值得大書特書的事。自魏三《滚樓》一齣，學的人很多，如劉三官的《桂花亭》，王桂官的《葫蘆架》，陳銀官的《雙麒麟》等。陳銀官的劇，也是最肉感的，未演以前，先在場上設帷榻花亭，揭帳裸裎，男女入而伏觀之《蘭譜》卷五。這樣的冶艷成風，自然多有敗壞風俗的地方，乾隆四十七秋年，官廳便禁止魏三入班了《魏長生小傳》。

魏三聲名顯震的時候，權相如和珅，亦有斷袖之寵，車騎列卿，常出入其府第《金臺殘淚記》卷三。嘗下揚州，在江鶴亭演唱，一齣之價，得贈千金《揚州畫舫録》卷五。身價這樣的高，自易致富，於是抽身還鄉里。其徒陳銀官繼師業，頻呈醜狀，後亦爲官方所忌，遂遣歸四川，其風稍息《嘯亭雜録》卷八。陳銀官返川事，當時《秋坪新語》乾隆五十七年著曾詳記之，今略爲述説：當時銀官與一孝廉李載園甚契，極傾心之，乾隆五十一年，載園得官，將赴保定，因從前恣意蕩遊，負債不少，難以拔足，銀官乃爲之大張筵宴，招賓客，演劇得千金，又出己貲，以償載園負債，方得赴任。自有此事，銀官聲名愈高，壓倒群伶，滿都人望，集於一身，衆深嫉之，遂有人譖之要津，以其妖淫惑衆，狂誕不法，適銀官誤觸巡城御史車，因被逮捕問罪，將謫戍，銀官求於要人，漸得減輕科罪，放還原籍該書西川海棠圖條。銀官還鄉年雖不詳，但此書著者己酉乾隆五十四年過保定得與載園晤面，談銀官舊事，因得記之，則銀官還鄉，恐在乾隆五十二三年左右載園赴保定在五十一年。魏長生返川猶在銀官以前，那末，自乾隆四十四年魏三入京至銀官被逐，其間尚不滿十年。在這短短歲月中，他們師徒兩人，竟能在京師的舞臺上掀然如獅子般的猖狂，揭破障幕，引起戲劇界一番革命的大旋亂，不能不令人驚異。

然，嘉慶六年，長生復入都，所蓄貲財蕩盡，年逾五十，猶復賣笑登臺。一般因其名重，雖多與之結交，然而，已是婆娑一老娘，無復見當年冶姿媚態矣《嘯亭雜録》卷八。《夢筆瑣簿》記有當時曾目擊此五十餘歲老人的話説："魏三年六十餘按《嘯亭雜録》所載爲五十餘，似較確復入京師理舊業，髮已鬑鬑如鬚矣。日日携其十餘歲孫赴歌樓，衆人屬目，謂老成人尚有典型。登場一齣，聲價十倍。盛夏月演《表大嫂背娃子》，下場即氣絶。"魏三卒時在其入都之翌年即嘉慶七年送春之日。貧不能葬，有嘗受其惠者，爲之經營後事，棺柩始得歸里《嘯亭雜録》。

魏三雖一介旦色，然其爲人豪俠，好赴人之難。相傳蜀人某孝廉，窮途落魄，偶然愁坐其門下，魏三問其故，憫其遭遇，遂留之家中，爲之求於要人之前，卒得縣令而去《金臺殘淚記》卷二。又乾隆四十五年京師南城發生火災，見者相其方位，謂西南有劍氣衝擊，長生因獨力建文昌廟以鎮壓之。又納蘭太傅之孫有安成者，初煊赫一時，後遇事謫戍，歸來已赤貧不能自立，長生因贈卹之《嘯亭雜録》。可謂爲伶界之俠。他在北京時，寓居前門外西珠市口，這裏，道光中已成了梨園館與士大夫讌會的處所《金臺殘淚記》卷三。我們可以想見他那時的奢豪的生活，而其末路如此可憐，真是伶界中日暮途窮的英雄！

魏長生初入京時，京師有宜慶、萃慶、餘慶、集慶、雙慶等各部，他以秦腔登臺，各部旦色無出其右者，《揚州畫舫録》所謂："色藝蓋宜慶、萃慶、集慶之上，於是京腔效之，而京秦不分也。"秦腔的流行，頓時興盛，這時長生的故鄉——四川的優伶來京師拜其後塵的却不少。徵之《蘭譜》所載花部四十四人中

京兆	十三人	直隸	五人
四川	十二人	陝西	三人
山西	二人	山東	二人

雲南、貴州、河南、湖南、湖北、江西、江蘇各一人

從上列看來，當時京伶與蜀伶，已成兩個對峙的大勢力，同執花部的牛耳。可是，京腔爲要投合時好，盡力摹效秦腔，以致京秦不分，花部的勢力，便終落於蜀伶的掌握中了。

這時雅部中獨保其盛的只有保和部，可謂集南方之菁英。《蘭譜》所載二十八人中

保和部	十人	永慶部	二人

宜慶、大和、端瑞、吉祥、慶春、萃慶諸部各一人

而伶人的産地

（江蘇）蘇州　十一人　無錫　三人　揚州、武進、常熟各一人

（浙江）杭州　二人　德清　一人

這僅是其中一斑而已，不足窺其全豹。雅部的伶人，技藝是古典的，他們的生産地，又是人文淵藪的江浙，所以人品文雅者多，最着重的第一是藝，第二纔是色；花部的伶人便不是這樣，趨舍標準亦不同。例如《蘭譜》評桂林官的話説："崑旦中之以韻勝者也。玉貌翩躚，温文閒雅，絶不似樂部中人。喜書史，能舉業。亦善畫蘭，駸駸乎有文士之風。戊戌春，予過友人之寓，與之同飲，而不知其爲伶也。友人言談間，頗以文士待之。"像這樣的崑伶，在花部中是絶難求得的。又韓學禮條下説："蓋南中梨園，不事艶冶，惟曲肖形容，取以使人怡情而已。"雅部既是不重色貌，故旦色之年老者亦不厭。那時保和部掌握崑曲的權威，"部中皆梨園父老，惟張發官年二十四爲最少"《蘭譜》卷四。可知當時崑曲的情形。

花部重色，雅部貴藝。在藝術上孰高孰卑，不待煩言，自有定論。雖然，黄鐘毁棄，瓦釜雷鳴；《陽春白雪》，自不能及《下里巴

人》易於取悦俗人之耳。舉南方的菁英與西蜀北燕的才秀相抗，不啻如孤軍奮鬥，南方只有敗衄的，大勢所趨，無可如何，於是崑曲大本營的保和部亦不得不雜演亂彈，如吴太保、四喜官均兼習亂彈《蘭譜》卷四，僅希倖博得看客之一顧，已經很可憐了。當時聊以差强人意的，只有蘇州——崑曲的策源地——的集秀部遠是碩果僅存，聲名轟動南北。《蘭譜》卷五説："集秀，蘇班之最秀者，其人皆梨園耆宿，不事冶艷，而聲律之細，體狀之工，令人神移目往，如臨其境。非第一流，不能入此。"可見大雅未全掃地，猶得供騷人詞客的清賞。

三、徽班的勃興

安徽的優伶，色藝上在南方花部中嶄然露其頭角的事，可於《揚州畫舫録》見之："安慶色藝最優，掩蓋本地亂彈，故本地亂彈間有聘之入班者。"但當魏長生全盛時代，徽班還没有入北京的機會。《畫舫録》又説："迨長生還四川，高朗亭始入京師。安慶之花部合京秦兩腔演奏，因名其部曰三慶部。而曩時宜慶，萃慶，集慶，遂灑没不彰矣。"此爲徽班入京之始。今考其入京之年，據《夢華瑣簿》云："三慶……於乾隆五十五年庚戌高宗八旬萬壽節，始入都參與祝釐。時稱三慶徽，蓋徽班之鼻祖也。"此説當可置信。而此時徽班傳習之調與傳入揚州者均同爲二黄調，不過還未曾獨立，上舉《畫舫録》的記事，知其尚與秦腔京腔合演。高朗亭之入京，從花部發達史上説來，實與蜀伶魏婉卿的入京，同爲劃時代的重要事件。可惜其人的行事不詳，《聽春新詠》嘉慶十五年左右著説："蓮官……得魏婉卿之風流，具高朗亭之神韻"，原注云："朗亭名月官，屬三慶部，最工《傻子成親劇》別集。以魏長生之風流，對朗亭之神韻，足以想見其藝風如何。他所最擅長的所謂"傻子成親"，究竟是怎樣的戲劇，雖不得而知，但望文生義，大概是具有滑稽意味的一種喜劇。若然，那末魏長生的《滚樓》是濃艷，這便是一種淡白的韻致了。

三慶徽（後省徽字，稱三慶班《夢華瑣簿》）之後，別的徽班亦隨之蜂起。嘉慶中葉，已經有五部成立了。此可於嘉靖十四五年左右品評吟詠京師優伶的一部《聽春新詠》此書序文無記年，正文中則散見有"己巳""庚午"干支字樣，而卷首舉有伶人小慶齡，據《燕蘭小譜》所記係張蓮芳的弟子，那末，這"己巳""庚午"，必去乾隆末年不遠，當在嘉慶十四十五年。見之，當時徽班中已成立了三慶、四喜、和春、春臺、三和五部。而同書又説："蓋徽部得人，以四喜最盛徽部慶元條下，又《夢華瑣簿》道光二十年著説："四喜在徽班中得名最先。《都門竹枝詞》有云：'新排一曲《桃花扇》，到處哄傳四喜班'，此嘉慶朝之事也。"可知當時四喜部最有聲名。

再考徽班各部的組織，如上述乾隆末年三慶班已於徽班之外合京腔秦腔演唱；但至嘉慶時，逐漸有把崑腔吞併的情勢。這層，《聽春新詠別集》載當時徽部伶工之前輩十五人中

○安徽　二人　皖江　三人　　（安徽人計五人）

○揚州　四人　蘇州　五人　太倉　一人　　（江蘇人計十人）

又當時徽部時新的伶工五十四人中

○安徽　七人　皖江　二人　　（安徽人計九人）

○揚州　三十二人　蘇州　七人　　（江蘇人計三十九人）

○北京　二人　直隸　一人　湖北　二人　湖南　一人

（外省人計六人）

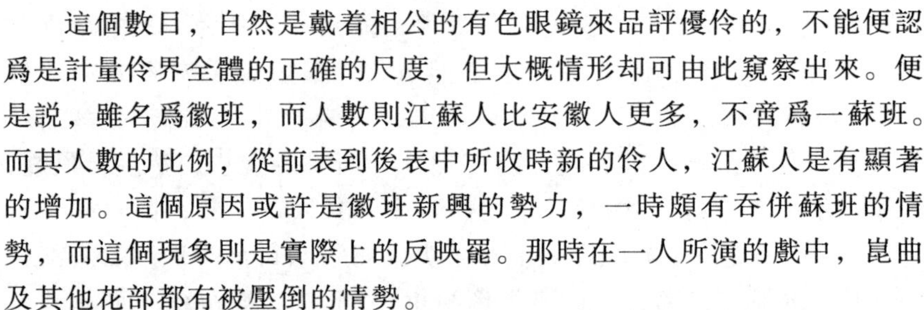

這個數目，自然是戴着相公的有色眼鏡來品評優伶的，不能便認爲是計量伶界全體的正確的尺度，但大概情形却可由此窺察出來。便是説，雖名爲徽班，而人數則江蘇人比安徽人更多，不啻爲一蘇班。而其人數的比例，從前表到後表中所收時新的伶人，江蘇人是有顯著的增加。這個原因或許是徽班新興的勢力，一時頗有吞併蘇班的情勢，而這個現象則是實際上的反映罷。那時在一人所演的戲中，崑曲及其他花部都有被壓倒的情勢。

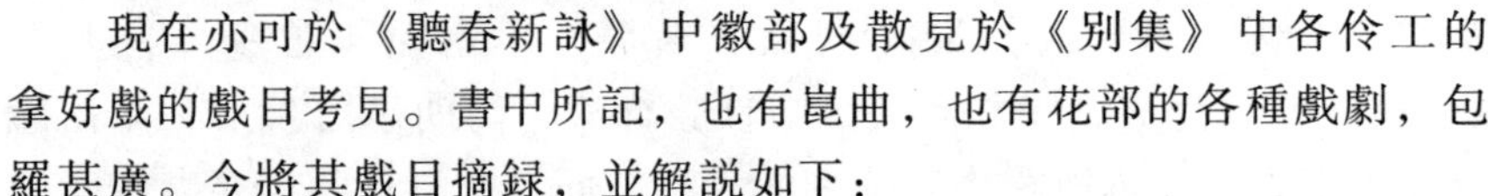

現在亦可於《聽春新詠》中徽部及散見於《別集》中各伶工的拿好戲的戲目考見。書中所記，也有崑曲，也有花部的各種戲劇，包羅甚廣。今將其戲目摘録，並解説如下：

○屬於崑曲者係摘《演傳奇》中的一齣而成

〔思凡〕按係《孽海記》中的一齣〔拷紅〕〔佳期〕〔寄柬〕三齣均《南西厢》〔醉歸〕〔獨佔〕二齣均佔花魁〔水鬬〕〔斷橋〕二齣均雷峰塔〔藏舟〕漁家樂〔盤秋〕紅梨記〔樓會〕西樓記〔園會〕衣珠記〔絮閣〕〔醉妃〕二齣均長生殿〔折柳〕柴釵記〔琴挑〕玉簪記〔寄子〕浣紗記〔捉姦〕〔戲叔〕俠義記〔殺惜〕水滸記〔相約〕釵釧記〔瑶臺〕南柯記〔借扇〕西遊記〔扇墳〕胡蝶夢

○屬於花部的戲

〔打麪〕綴白裘作打麪缸〔別妻〕〔胭脂〕綴白裘，《燕蘭小譜》等作賣胭脂〔戲鳳〕〔花鼓〕以上五齣，《綴白裘》載爲梆子腔脚本。〔背娃〕〔拷火〕〔小寡婦上墳〕〔買餑餑〕以上四齣，其名散見於《燕蘭小譜》花部諸伶小傳中。〔背娃〕本書載西部中有"背娃進府"的全部戲目。今皮黄有《背娃入府》。〔胭脂〕〔挑簾裁衣〕〔慶頂珠〕〔香山〕

〔贈鐲〕〔檀香墜〕〔殺四門〕，以上八齣與散見於本書西部所載拿戲戲目相同。所謂西部，乃專指秦腔。

其他如〔十二紅〕〔闖王廟〕〔盪湖船〕〔洛陽橋〕，最近在皮黄或山西梆子中還有演的。從這些脚本，可得略窺當時花部的各種戲劇；不過嘉慶以前的書中難尋到確實的論證，這裏姑且存疑。

這樣説，徽班不過是安徽人主持的戲劇團體，但他們本地特有的二黄調，决非安徽人所專演。不，這話無寧説，從上邊伶工的籍貫的差異和戲目看來，安徽與二黄的關係覺得還淺薄的很。即如上舉花部戲目中，較二黄先發達的梆子腔秦腔都很多。固然也有戲目同而腔調却改做二黄唱演的，這樣的腔調，却不在少數。例如：《聽春新詠》西部雙鳳條説："蓋西部之'香山'，與徽部稍異。徽部服飾莊嚴，西部則止穿馬甲。"可知同是一戲，而兩部所演各有不同。又徽部鄭三寶條云："工於崑劇，偶亦作秦聲，非其所好"。又徽部添慶條云："《絮閣》，《宗東》諸劇，歌喉圓亮。……間唱秦聲，亦委婉多風，娓娓動人。"可知徽部中往往有專唱崑曲而兼唱秦腔，却不用二黄的伶人。其他書中所記，屬於徽部而以崑曲見勝的伶人，却亦不少。如説"雙秀……崑腔諸劇，節奏俱工"，説"文林……名滿京華，藝工崑劇"這類話很多。泰山不擇土壤，所以徽部纔能成它那兼容並包的勢力。當初，崑部本屬西部，隨後有不少的伶人轉入了徽部，據《聽春新詠别集》所録，王桂林初隸金玉部，後轉入富華部，更又轉入三慶部。陸真馥始隸金玉部，經富華部而入三和部。羅霞林昔屬金玉部，後入三和部。飛來鳳初隸雙和部，復入三和部。按書中所指，金玉爲崑部，雙和爲西部，富華雖不確知，當亦爲崑部。這些人脱離崑部或西部而轉入徽部，可以推知當時大勢所趨，徽部實有席捲各方之慨。

蜀班，自魏長生陳銀官失勢後，其勢頓衰，而秦腔却因此在京師深深的置下基礎，而那些下種的人已漸次退歸鄉里去了。如上文所引《揚州畫舫録》的記事，自徽班入京後，蜀班的大本營宜慶、萃慶、集慶，都湮没不聞了。再據《聽春新詠》察其狀況亦如此，該書西部——即當時收汲蜀伶而以秦腔演唱的戲班，有大順寧、景和、雙和三部。其年長者，據《别集》西部所載：

四川　一人　　陝西　二人　　北京　一人

又該書西部載當時盛年的童齡大多十五六歲

揚州　四人　　北京　四人　　直隸，山東，山西，

陝西各　一人。

這個數目，不過是部局的記載，雖不能供正確的參考，但當

時秦腔的名伶，年長者中四川和陝西的只有三人，而揚州人却佔多數。這層，説是蜀伶末路的反映，未必全無理由吧。

再看雅部又如何。《聽春新詠》所載，崑部有慶寧、近福、金玉、彩華四部。這四部的伶工全是蘇州人，雖不能比徽部之盛，而風雅總未墜緒。回溯乾隆末年蜀伶起草莽之中，斬木爲兵，揭竿爲旗，彈筝搏髀，歌呼嗚嗚而入寇京師時，崑山的王氣已將漸呈復興之象。那時僅保和一部，死守着崑山孤城，但到了這時，慶寧以下四部，起義天下，挽回崑曲既倒的狂瀾，其强敵如徽部，但聞四面楚歌之聲，始來轅門請和盛行兼演崑曲，以迎合其意。徽班集花雅兩部之精粹，使雅俗共賞，而收漁人之利，次第推進其霸權。

及至道光年間，徽班的勢力，益形張大，在京師劇界中大有惟我獨尊之慨，極其專横，崑曲的命運，簡直在他們的掌握中左之右之。加以徽伶之入京者，日益增多，《長安看花記》所謂："嘉慶以還，梨園子弟多皖人，吴兒漸少。"又《夢華瑣簿》説："今按當道光二十二年左右樂部皖人最多，吴人亞之，維揚又亞之，蜀人絶無知名者。"其情形可知。自此戲劇界徽班之名，遂掩蓋一切。那末，徽班各部的消長，就是北京劇界的消長了。我們下文根據當時的記載，尚可以窺其大概。

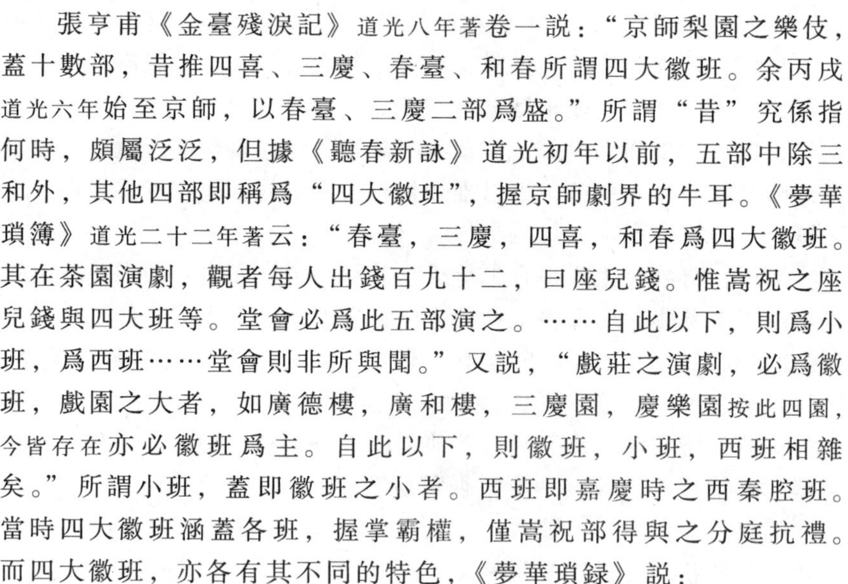

張亨甫《金臺殘淚記》道光八年著卷一説："京師梨園之樂伎，蓋十數部，昔推四喜、三慶、春臺、和春所謂四大徽班。余丙戌道光六年始至京師，以春臺、三慶二部爲盛。"所謂"昔"究係指何時，頗屬泛泛，但據《聽春新詠》道光初年以前，五部中除三和外，其他四部即稱爲"四大徽班"，握京師劇界的牛耳。《夢華瑣簿》道光二十二年著云："春臺，三慶，四喜，和春爲四大徽班。其在茶園演劇，觀者每人出錢百九十二，曰座兒錢。惟嵩祝之座兒錢與四大班等。堂會必爲此五部演之。……自此以下，則爲小班，爲西班……堂會則非所與聞。"又説，"戲莊之演劇，必爲徽班，戲園之大者，如廣德樓，廣和樓，三慶園，慶樂園按此四園，今皆存在亦必徽班爲主。自此以下，則徽班，小班，西班相雜矣。"所謂小班，蓋即徽班之小者。西班即嘉慶時之西秦腔班。當時四大徽班涵蓋各班，握掌霸權，僅嵩祝部得與之分庭抗禮。而四大徽班，亦各有其不同的特色，《夢華瑣録》説：

〔四喜〕曰曲子。先輩風流，尚存餼羊，不爲淫哇。……故至今堂會終無以易之。

（按《金臺殘淚記》載，四喜部原以崑曲立場，那末，所謂“曲子”尚含有古典的意義，爲士大夫賞鑑的一種評語。）

〔三慶〕曰軸子。……所演皆新排近事，連日接演，博人叫好，亦全在此。所謂《巴人下里》舉國和之，不免於俗。云云。

（按當時演劇，有散演、接演之别。散演是採摘長篇戲曲中的一段，仿佛如今的一幕。接演是連着演幾齣。接演謂之“軸子”。有早軸子，中軸子，大軸子之别，以演時之次第名之。散演與接演，常交互而行見《金臺殘淚記》及《夢華瑣簿》，三慶部以新排接演得觀衆稱賞，故觀衆以此呼之。

〔和春〕曰把子。每日亭午，必演《三國》《水滸》諸小説，名中軸子。武打工者，各演其技。云云。

（按把子是演戲時用的武器，此部專演武劇，故得此名。）

〔春臺〕曰孩子。……春臺童伶之夭姣者，咸萃聚於此。

（按春臺即今所謂科班，故名“孩子”。）

如上所述，《金臺殘淚記》的著者，道光六年到京師時，春臺、三慶二部最盛，其原因安在呢？原來春臺是科班，多是好的童伶，技藝之劣，固不待言，其能博得觀衆的稱賞，當然是那時相公的風氣盛行。這層可徵諸當時的記載，大約是嘉道間著的一部《燕京雜記》説：“優童之享盛名，不過數年。大約自十三四至十七八歲。迨二十歲，已爲潯陽之婦矣。”又説：“優童大半爲蘇揚之小民，從糧船至天津，老優買之，教以歌舞，爲媚人者。妖態艷妝，逾於秦樓楚館。”再看《品花寶鑑》第二回子玉與聘才的對話中説：“聘才道……京裏有四大名班。請了一個教師，又到蘇州去買十個小孩子，都不過十四五歲，也有十二三歲的，用兩隻太平船，從水路進京。……（我是禀知了師父，乘便來的），趁運河糧船，行四個多月，路上很熱鬧，天天見他們學戲曲，聽了許多。”這段話雖是小説，正可以做《燕京雜記》的注脚。《金臺殘淚記》卷三説：“《燕蘭小譜》所記諸伶，大半爲西北。有年齒垂三十尚爲名色者。餘皆弱冠上下，童子則少，今皆蘇揚安慶之産，八九歲時，其師以資償其父母，券其歲月，挾至京師，教以清歌，飾以艷服，奔塵侑酒，如營市利。券歲未滿者，若豪客爲之折券析廬，則曰‘出師’，昂其數至二三千金不等。蓋盡在成童之年，此後年至弱冠，則無人過問矣。乙巳按即《蘭譜》刊行之年至今，爲日幾何，人心風俗之轉變如此。”這種弊風，實不亞於乾隆末期的情形。試看《夢華瑣簿》春臺部所録童伶之多，便不足怪了。

其次，專演軸子的三慶班，所以能博觀衆的稱賞之故，即觀衆對於俳優的藝技的賞鑑，不及對於戲劇的題材尤感興味。這當然爲“戲迷”所不喜，但亦爲戲劇的重要元素，這是促進新排戲劇發達的原因。《夢華瑣簿》的著者雖歎其“不免於俗”，但從花部的發達上看來，當昔年崑曲勢力鼎盛之時，如《綴白裘》所載，亦不過一幕一幕的散演，而花部所演，多是長篇的全本，當然較崑曲的劇情更進一步。曠觀戲劇的發達，起初都是短篇的一幕劇宋代的雜劇，金代的院本是而至長篇全本劇的産生如元之雜劇明之傳奇是；由是在全本中摘取一二齣散演，已入嫻熟時期康熙乾隆時之崑曲是，成爲古典的保守的，新編戲極少見，終至衰頽不復振嘉慶以後的崑曲是。這樣看來，這時花部的軸子之所以受歡迎，連日接演一部全本戲，正是一種新興的趨勢，很有意義的。

嘉慶朝之世，徽班鼎盛之時，亦兼演崑曲，花雅兩部尚有調和的情形。至道光初年，隨着社會的好尚，崑曲始逐漸被排斥於舞臺，故《金臺殘淚記》説：“今約道光八年都下徽班，皆習亂彈，偶演崑劇，亦不佳”。這時獨四喜部尚有注重崑曲的伶人。此外還有新起的集秀班，以專演崑劇獨標異幟，想爲正聲的鼓吹。其事詳下舉文獻，《殘淚記》説：“梨園中，有三法司之目，謂法齡，法慶，法保也。三法司皆在四喜部。法保就婚南旋。法齡，法慶——四喜部之諸老曲師，因分立爲集芳部。所譜皆崑曲，無西秦，南弋諸陋習，顧聽者寥寥。以余所知，惟……數人耳。……今年秋按即道光八年（法齡）亦歸，集芳部遂散”。《夢華瑣簿》説：“吴中舊有集秀班，其中皆梨園父老，切究南北曲。……道光初，京師有仿此例者，合諸名輩爲一部，曰集芳部，皆一時教師故老，大半四喜部中舊人也。相約非南北曲不得登場搬演，力返雅聲，庶幾復追正始。先期遍張帖子，告都人士，都人士亦延頸翹首，争先聽覩以爲快。登場之日，座上客常以千計，聽者凝神攝慮。池中育育群魚，寂然無敢譁者。有訂約四五日而不得坐者，一時名譽聲價，無過集秀班，然不及半載，而集秀班之子弟散盡矣。”其盛况有如此，不可謂非崑曲之重光。然而大勢所趨，終莫可如何。四喜部亦隨即漸拜倒於花部的裙下了。《殘淚記》謂：“四喜部驟衰，始漸變崑曲而習秦弋諸腔矣。”但四喜部尚有崑曲的老成未謝，不過這些鶴髮鷄顔的老年人是不屑與那班後生小子爲伍的，更不願以龍笛檀板與靡靡之音的梆子胡琴對抗。《長安看花記》道光十七年著説的最詳：“近來部中之人按即四喜又多轉徙入他部，以故吹律不競。然猶多故老，而不屑爲新聲悦人。笙笛三弦，拍板聲中，按度刌節，韻三字七，新生故死，吐納之間，猶是先輩法度。二黄梆子靡靡之音，《燕蘭小譜》所謂“臺下之亂鴉作聲”，四喜部所無也。每於茶樓度曲，上下坐寥寥如晨星可數。然西園雅集，酒座徵歌，則聽者側耳，點頭會心而微笑。以視春臺、三慶之登場，四坐笑語喧闐，其情迥異也。部中人每言，我儕引歌之際，坐上無長鬚之奴，大腹之賈，偶有入座者，啜茶未竟一甌，聞笙笛三絃拍板之聲，輒逡巡引去。雖未敢高擬《陽春白雪》，即自貶爲《巴人下里》，固不可得。”四喜實在是崑曲的功臣，當時崑曲門面，僅有它艱辛地支持着，得以抒解僑寓京師的南方文人的渴望。當時刊行的《品花寶鑑》第四回，曾有這樣的暗示：“那美少年説道：‘我聽人説，戲班以聯錦，聯珠爲最，但我聽過這兩班盡是些老脚色，只唱崑腔，一個好相公也没有，在園子裏戲園串來串去的，都是這樣的殘兵敗卒。我真不解人家何以説好’蓉官道：‘我們這二聯班是堂會戲多，幾個唱好崑腔的相公總在堂會裏，園子裏是不大來的’……。”《看花記》中所謂“南園雅集”，《寶鑑》所謂“堂會”，可知天地之大，只有智識階級中纔有崑曲的餘地。

可是，亦有平地起風波的。當時文人如梁章鉅却曾嘲斥崑曲而左袒亂彈。他的《浪跡續談》説：“余不入金星命，於音律懵無所知。故每遇劇筵，但愛看聲色喧騰之劇。在京師之日，京官中有專嗜崑曲者，每觀劇，必攤《綴白裘》於几上，以手按板拍節，群皆目爲行家，最笑之。”又説：“比年余僑居邗水，就養甌江，時有演戲之局，大約專講崑腔者不過十之三，與余同嗜者，竟十之七。”崑曲的運命，大有日落西山之慨，卒至崑曲策源地的蘇州，亦漸有不能撑支的情勢。錢梅溪《履園叢話》藝能編説：“余七八歲時，蘇州有集秀，合集擷芳諸班，爲崑腔中第一部，今久絶響。……近則……《金叙》《琵琶》諸本，已視爲老戲，亂彈、灘玉、小調爲新腔，多搭小旦，雜以插科，多置行頭，再添面具，方稱新奇，觀者益多。如老戲一上場，人人星散，豈風氣使然歟？”其勢真有高山滚鼓之狀。（上文所舉吴中第一名班的集秀部之解散，事在道光七年。《金臺殘淚記》又記：“去年據是書著作年代推之，當在道光七年五月九月兩過蘇州，客招顧曲，問集秀部，則已於春夏之交星散矣。”卷二詩自注。崑曲衰微之象，誠不堪矣。

我們再回頭看北京的劇界。道光十七年四喜部中有伶人名小天喜，以崑曲登場，一時妙技頗能有挽回四喜的衰微之勢。《丁年玉笋志》道光二十二年著載其事，說：“小天喜字聽香，卮姓，……四喜部後起之秀也。近日崑腔歌喉，金麟按隸本書春臺部聽香出，遽掩其上。……四喜部之名園就荒，庶草繁蕪，得此一枝，翹然獨秀，悄然透露春消息。……丁酉按當道光十七年春，四喜部登場，座上客往往與春臺相埒，每日不下七八百人，視前一二年已倍之。天運循環，無往不復。……四喜部屯極而亨，或可返嘉慶之舊觀，則聽香其先聲乎？”然，這終是四喜部的回光返照，《玉笋志》的預言，雖不幸而未中，可謂爲崑曲的老臣，尚冀其捲土重來，維持四喜偏安的帝座。

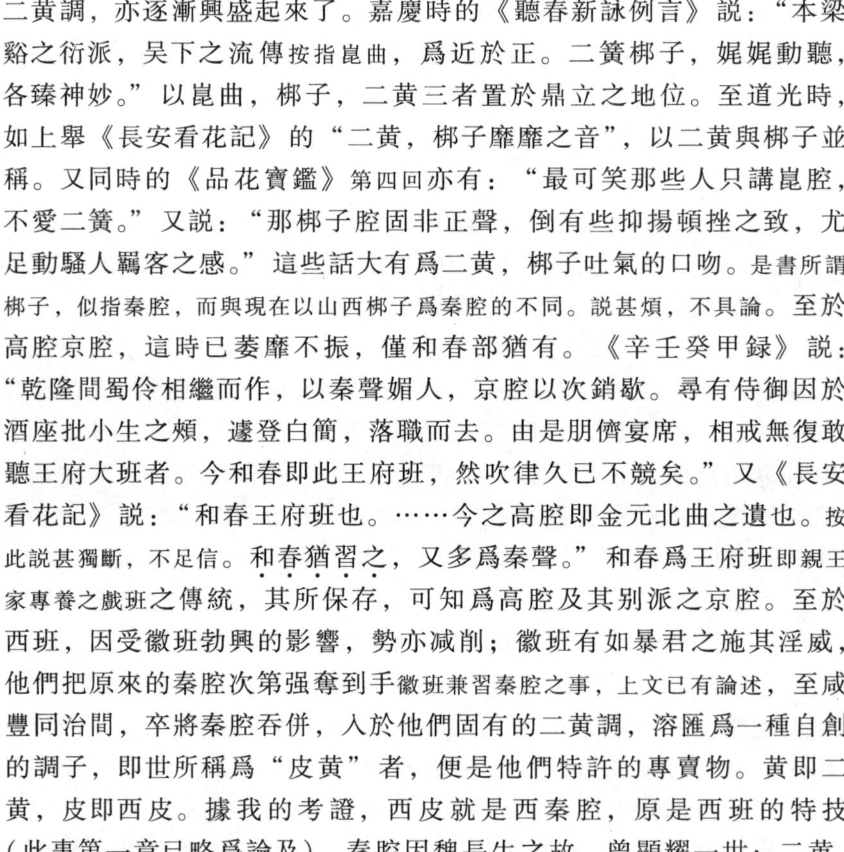

花部方面，嘉慶以來，隨着徽班的興隆，徽伶從他們本地齎來的二黃調，亦逐漸興盛起來了。嘉慶時的《聽春新詠例言》說：“本梁谿之衍派，吴下之流傳按指崑曲，爲近於正。二簧梆子，娓娓動聽，各臻神妙。”以崑曲，梆子，二黃三者置於鼎立之地位。至道光時，如上舉《長安看花記》的“二黃，梆子靡靡之音”，以二黃與梆子並稱。又同時的《品花寶鑑》第四回亦有：“最可笑那些人只講崑腔，不愛二簧。”又說：“那梆子腔固非正聲，倒有些抑揚頓挫之致，尤足動騷人羈客之感。”這些話大有爲二黃，梆子吐氣的口吻。是書所謂梆子，似指秦腔，而與現在以山西梆子爲秦腔的不同。說甚煩，不具論。至於高腔京腔，這時已萎靡不振，僅和春部猶有。《辛壬癸甲録》說：“乾隆間蜀伶相繼而作，以秦聲媚人，京腔以次銷歇。尋有侍御因於酒座批小生之頰，遽登白簡，落職而去。由是朋儕宴席，相戒無復敢聽王府大班者。今和春即此王府班，然吹律久已不競矣。”又《長安看花記》說：“和春王府班也。……今之高腔即金元北曲之遺也。按此說甚獨斷，不足信。和春猶習之，又多爲秦聲。”和春爲王府班即親王家專養之戲班之傳統，其所保存，可知爲高腔及其别派之京腔。至於西班，因受徽班勃興的影響，勢亦減削；徽班有如暴君之施其淫威，他們把原來的秦腔次第强奪到手徽班兼習秦腔之事，上文已有論述，至咸豐同治間，卒將秦腔吞併，入於他們固有的二黃調，溶匯爲一種自創的調子，即世所稱爲“皮黄”者，便是他們特許的專賣物。黄即二黄，皮即西皮。據我的考證，西皮就是西秦腔，原是西班的特技(此事第一章已略爲論及)。秦腔因魏長生之故，曾顯耀一世；二黄，昔年高朗亭曾藉它把蜀伶壓倒：二者並爲花部之雄。再將這兩者打成一片，另加些他們的與崑曲接近的音調，使之雅化起來，於是徽班的席捲宇内，囊括四海的大計劃，便在道光時完成了。

道光末年，長髮賊起事。這時崑曲愈現衰頹之象，皮黄正是黄金時代。近人著的《梨園佳話》説："道光末，洪楊之變起，蘇崑淪陷，蘇人至京者無多。京師最重蘇班，一時技師名伶，以南人占大多數。自南北隔絶，舊者老死，後至無人。北人度曲，究難合拍，崑曲由是衰微。"崑曲的衰微，在洪楊之亂以前，上文已詳論其情狀，非必因洪楊之亂而始衰微，但舊者老死，後至無人，卻又增一層重大的打擊，愈加速其寂滅之期，這是實在的情形。約咸豐同治間著的《懷芳記》説："自江南用兵，都中無復有販鬻蘇楊兒童者，故鞠部率以北人爲徒，聰俊狡獪，亦有可喜者，而體態終遜南人。"這話雖非直接關於崑曲，但南方童伶的來路斷絶了，京師戲場上崑曲的困厄，當不難想見。所以説，洪楊之亂是演劇史上一個大關鍵，換言之，就是洪楊以後皮黄是絶對的把崑曲壓倒，已到高枕無憂的時代了。

《天咫偶聞》光緒二十年著卷七説："道光末，二黄腔忽盛行，其聲則比弋腔高而急，其辭皆市井鄙俚之語，無復崑弋之雅矣。"可是，正當咸豐時，忽然三慶班的老生中出了一個偉大的優伶，這人便是安徽人程長庚。他本來就精於崑曲，又最工二黄。聲調絶高，登臺一奏，響徹行雲。資性穎慧，精通劇曲，種種研究，多所改良，戲劇之得以進步，他的力量不少。又能領袖伶界，一時名望無比，人稱之爲"大老板"，至今伶界尊之不啻爲劇神。同時有張二奎余三勝，亦皆老生中之翹楚，三伶鼎立。當時的批評有狀元張，榜眼程，探花余之説。程長於二黄而少花腔潤色節調的，余則長西皮，而以花腔著，張的唱工不甚奇，而做工極好。當時咸豐帝嗜好戲劇，屢命三大徽班（春臺，三慶，四喜）在圓明園演戲據《夢華瑣簿》，四大徽班的和春，於道光十三年解散，據説，那時正是程長庚總管三班。隨後繼起的老生有汪桂芬，譚鑫培，孫菊仙。汪學長庚，譚學三勝，孫無所宗，三家亦成鼎立之勢。文武老生裏有楊月樓，武生有俞菊生，正旦余紫雲，陳石頭（後改陳德霖）時小福，老旦有龔雲圃，净有黄三，丑有劉趕三，真是濟濟多士，造成了皮黄的黄金時代——這是光緒年間的事，皮黄調已登峰造極據《梨園佳話》及中國劇了。嘉慶道光之間，因受狎暱相公的惡習的影響，故戲園專重旦色，自程長庚以一老生的脚色號召天下，生旦遂易其位，戲劇漸歸於正道，這是皮黄之所以能成其大的原因吧。

但他方面自同治末年至光緒初年的當兒，山西梆子忽然在京師流行起來了。《天咫偶聞》説："光緒初，忽競尚梆子腔，其聲至繁急，如悲如泣，聞者生哀。余初自南歸歸北京，聞之不禁大駭，然士大夫人人好之，竟難以口舌争。”梆子腔以義順和，寶盛和二班最盛，其名伶則以元元紅，達子紅，楊麻子（以上老生），金相玉，油糕旦（正旦）想九霄，十三旦（貼旦），胖小生（小生）爲最著《梨園佳話》秦腔條。其盛况雖不及徽班，亦能與之如雁陣並行而飛。光緒十三年著的《朝市叢載》記當時的戲園及戲班，梆子有瑞勝和，源順和，慶順和三班，與三大徽班相對峙，他們演劇的戲園亦爲廣和樓，慶樂園，中和園，同樂軒，與三大徽班出演的場所同。所異者，徽班此外還在慶和樓，廣德樓出演，他們此外則在天樂園，裕興園出演（天樂園即今華樂園的前身，是梆子貼旦想九霄開創的戲園），其間所受待遇，與徽班毫無差别。這較之道光時，西班被徽班壓倒，僅在小場屋中徘徊，直不可同日而言。

至於崑曲，這時氣息淹淹，好像一個瀕死的病者，僅徽班中四喜部尚存先輩流風餘韻，其中亦有幾個能解崑曲的伶人，還保持了幾分風雅。據《朝市叢載》附録《鞠臺集秀録》所注，專唱崑曲和兼演崑曲的伶人，四喜部中有十五人，三慶部中五人，春臺部一人。四喜部到底是崑曲的忠臣，在近代戲曲史上實在不能不有一篇贊辭呵。

作者在本篇的意思就此完結了。我對於皮黄之旁若無人的横暴和崑曲已至衰殘的末期，言之實有所不忍。往年我過姑蘇，聽吴伶的演唱，全是皮黄調，工尺咿啞，難以爲聽，宛如亡國之子孫，得得然口操侏離的敵國之語，忘其乃祖乃父的既往的光榮，恬然不知轅門乞降之恥！去秋至保定，尋高腔之餘韻，亦縱跡杳然，不知去向何處，廢然而歸。又訪山西梆子於城南天橋，但見數間小房，老伶數人，豪華已去，而其音猶如怨如訴！

民國以來南人得勢，各方面都鼓吹着南方文化，崑曲亦漸有稍興的徵象，但近數年來，又復沈寂了。如今僅在皮黄中，間或插演《牡丹亭》的《游園驚夢》，《春香鬧學》及《風筝誤》的一部，《玉簪記》中的《琴挑》等數齣而已，只當皮黄的一種點綴，不足以解吾人之渴念，能不令人黯然。是篇之作，蓋亦爲憑弔崑曲的衰亡的碎瓦頽垣而已。（大正十五年一月十二日稿成於金臺客舍燈下。）

〔**譯者贅言**〕崑曲的衰亡，據本文所論，已成不可挽救的事實。在近代的各種戲劇中，惟崑劇是載歌載舞，還保存着宋元以前歌舞劇的遺跡，可謂爲古代戲劇的嫡傳，其他如皮黄、高腔等，都是草澤英雄，没有悠久的歷史。崑曲在音樂上的嚴格，正如張炎論宋詞所謂“板眼字音，一絲不苟”；明季青樓中以李香君（《桃花扇》中的女主人翁）之穎慧，初學唱《牡丹亭》《皂羅袍》的“良辰美景奈何天”時，還被蘇崑生反復叮嚀，總是不妥。一般人更不待說。大凡一種超高的藝術（無論空間的或時間的）是很難有普遍性的，此崑曲之所以就衰，皮黄之所以盛行也。

崑劇在南方，現在已没有舞臺了。民國十四年，上海留園曾正式演過崑劇，後來亦漸不能支持，不久也就停演了。民國十八九年，上海大世界復行組織，取名“新樂府”，以顧傳茗（小生）、朱傳介（正旦）爲其中佼佼者，但自去年大世界的主人黄楚九死後，經費無着，“新樂府”亦就瓦解了。去年天津《大公報》曾載某君一文，要想將崑曲扶起來做“國劇”，此君可謂與《丁年玉筍志》的著者，同是崑曲的忠臣。

現在蘇杭一帶中上人家的眷屬，大多仍能唱崑曲。崑曲在舞臺上的地位是完全破產了，而潛在力却不曾完全銷歇。可惜崑曲常演唱的脚本，並不如皮黄那様多，現在留聲機片中，據我所知，崑曲片子也不過二三十種而已。

譯文原載《朝華》第三卷第一期
1932 年

科兹洛夫發現南宋板畫美人圖考

（日）那波利貞

近三十年來西北考古新獲遺物中，有二事於我國或東方雕板史上最關重要者，其一即斯坦因發見敦煌石室之《金剛般若波羅蜜經》（A. Stein, *Serindia*, Vol IV. Ch. ciii. 0014; also *Desert Cathay*, Vol. II. 1. 191, 6.），其時代爲唐懿宗咸通九年（864），其一即本篇所論科兹洛夫於黑城發見之南宋板畫美人圖也。《金剛經》之考證，T. F. Carter 於其所著 *The Invention of Printing in China and Its Spread Westward* 一書中論之甚詳，而此幅南宋板畫美人圖，我國及西方學術界未見有論之者，日本那波利貞此文，雖尚爲一種假設，然一紙殘畫，竟能條分縷析，持之有故，所以難能也。按俄國科兹洛夫探險隊於1907—1909年入我蒙古旅行，1908年在甘肅寧夏北額濟納河畔掘得西夏時黑城（Kara Khoto 即元之亦集故地）遺址，於廢寺塔内發見我國古槧本及西夏字書甚多，此板畫即其中之一；古刊中如《易經》、《莊子》、韻書、《劉知遠諸宮調》、《番漢合時掌中珠》、《西夏字書韻説》等，此外有十五種佛經殘卷，共三十四種，皆爲極有價值之珍獲，今藏俄國人種博物館中。

昌群附誌

一

俄國東方學術團體，屢赴中國邊陲作大規模之考古發掘，每次所獲遺跡遺物，至多可珍者。蓋中國已佚亡之古代文化遺物，因此發見，吾人可以窺知當時文化之仿佛，而於中國本土周圍屬於其他系統之文化與中國文化之關係，吾人亦可藉此項資料而得想見當年亞洲大陸各種文化之交流，其於東方史學之貢獻，良非淺鮮，尤令吾人有志研究斯學者，贊嘆之餘，感謝不置焉。

其中以科兹洛夫（P. K. Kozlov）大佐之成績，最爲偉大，其功最爲顯著，固無俟贅言，吾人直謂科兹洛夫爲俄國東方學術團體之中堅人物，又豈得謂爲過譽之辭哉。如最近即 1924 年 3 月至翌年 2 月繼續於蒙古北部之探險發掘，俄國學士院（Russian Academy of Science）已發表報告書公佈於世界學術界矣。方今東方學上最新之問題，頗爲有識之士所注意者，厥爲月氏人（Scythian）文化之遺跡，蓋所獲此項新資料甚多，亟待於整理與研究也。

本文所論爲此項新資料中之一件遺物，即南宋時之一幅雕板美人圖，乃科兹洛夫 1908 年探險發見者，雖僅爲一幅翩翩多姿之墨印紙畫，然實爲科兹洛夫發見品中絶無僅有之物，其貴重可知。科氏前後數次探險所得，亦僅此幅，法國伯希和（Paul Pelliot）英國斯坦因（Aurel Stein）之發見品中，亦無此種資料，而現時中國内地亦未之見，則此畫實爲當時遺物之僅存於天壤間者也。

二

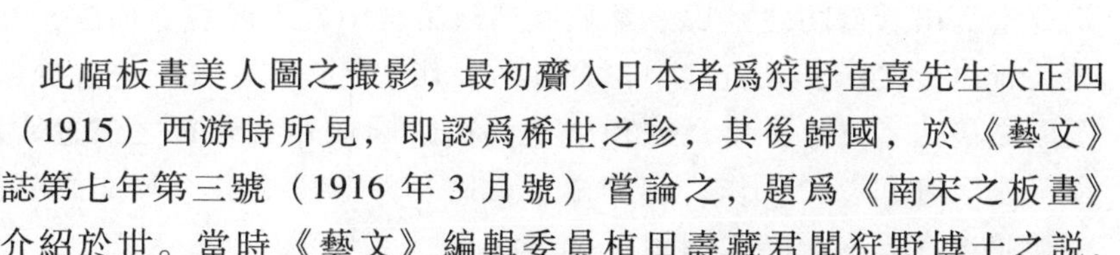

此幅板畫美人圖之撮影，最初齎入日本者爲狩野直喜先生大正四年（1915）西游時所見，即認爲稀世之珍，其後歸國，於《藝文》雜誌第七年第三號（1916 年 3 月號）嘗論之，題爲《南宋之板畫》始介紹於世。當時《藝文》編輯委員植田壽藏君聞狩野博士之説，嘗以其專攻美學之見地，而加以解釋批評，兹節録於後：

下刊美人畫，爲中國之板畫，南宋時物也。原圖爲科兹洛夫大佐於甘肅西夏時之黑水城掘得者，今藏俄國亞歷山大三世博物館中。前年狩野博士西游時見之，以爲稀世之珍，於彼得堡大學教授伊鳳閣（A. l. lvanov）處得其影本，持歸我國。博士謂自其圖上之題詞推之，蓋爲對偶句，而今僅存一葉，此圖之右葉，不知爲何，然觀畫中人物及上方如鳳凰之鳥，則皆右向，其構圖之形式，大略可知矣。博士之觀察良是。其畫端甚姣好，濃纖得中，而曲線之流麗優美，尤令人賞羡。又其人物之瑰偉壯麗，令吾人常感“今後中國不知尚有此種風格之畫像發見否?”因此而更驚異其已往文化之跡，不勝流連之慨。其人物佈置之適當，畫線輪廓之照應周全，與其下小草葉片之平行點綴，各人物之衣着與手之姿勢，無處不具匠心。各人之名亦並刊入，其文字之位置，常見於宋畫中，或刊於石山之陰影處，或刊於椽柱之端隅，而石紋皴叠之線則隨意寫之。凡此皆爲“古代”意識支配之美的思想，誠爲頗饒興味之事。其對於板畫研究之價值，固無待言，而於研究中國美人畫之變遷，實爲貴重之史料（下略）。

此幅板畫發見於古西夏時黑水城之廢墟，是爲宋代文化已普及於今甘肅一帶之明證，同時宋代板畫之盛行，亦可得而知矣。俄國亞歷山大三世博物館中所藏此種東方學上之貴重資料，其宏富可知，然俄國今日世變之極，未卜此幅板畫猶安然存於該博物館否也。

上舉《藝文》所載此畫之描述，兹更照插圖所示以解説之。畫幅之上下格配以蔦蘿與鳳凰爲其外圍之框飾，内圍上端由右而左大書“隨朝窈窕呈傾國之芳容”十字，其下畫欄杆，欄外繪置太湖石與牡丹，欄内廊下繪班姬，趙飛燕，王昭君，緑珠四佳人，大體均右向，蓋群芳圖也，其他一葉雖不存，亦可想見其結構。四佳人之姓名，楷書於一長方形内。記名之位置，植田君已言之，宋代山水畫中多有此例，以其於山石之陰處及欄杆之雕飾下，不易觸目也。上端偏右作書面題箋式之細長方格内，有“平陽姬家雕印”之字。平陽，蓋地名，姬家當爲出版書坊之姓氏。鄙見以爲徵諸畫中美人顔貌之描法，當爲唐天寶以後之作，又自其中書有各佳人姓氏之長方形及其位置於嚴陰等處之格式考之，亦當爲宋代之作，復以欄杆外太湖石之佈置觀之，蓋爲北宋宣和以後之作。其理由下文將一一詳論之。而本文之結論，則斷此畫當爲南宋時之産物。

三

此幅板畫美人圖，其價值之高，固無待言。而其最可注意者，厥爲板畫之産生。當印刷術尚未發明之時，凡畫皆爲親筆之真跡，印刷術發明流行後，一般鑒賞者對於真跡，當然仍珍重之，蓋物稀爲貴，理之常也。然入宋而後，印書之風雖盛行，猶未及於繪畫，吾人今絶未嘗一見。宋代之印刷畫即板畫，或當時板畫不盛行歟？抑或相對的流行而無遺品殘存於今歟？此層今則不能遽然論斷。從來中國學者對於繪畫印行之起源，皆未嘗深加討究，如近時《文藝叢刊》乙集《中國雕板源流考》所引清朱彝尊《經義考》中關於雕板一則，亦闕焉不詳，或以爲輕小不足道也。

雖然，吾人於此若加以調查研究，而欲從遺物中求得其他更爲確鑿之證據，其事固不可能。中國古來有門户之神曰神荼、鬱壘，受世俗之敬奉，近時每至正月猶必書楹聯與二神之像張貼於門扉，此已成中國社會上下通行之風俗，此種風俗之啓源，當在印刷術發明後，因應千門萬户之需要，乃不能不有多量之産物以供給之，因而板畫之製作乃創興，此蓋不難推想者也。如果神荼、鬱壘二神像之敬奉始於盛唐，則板畫之製作當亦同時，而繪畫之單獨印行，其起源甚古，明也；惟其遺品已不存於今日，吾人不可得而確知矣。

當時此種板畫之單幅縱未必有，但却有爲説明之故而插畫於文字之間者，或爲補充文字之不足，而畫於文字中隨附印刷者，此例今猶可舉示，如敦煌千佛洞中所發見，其圖版今見於斯坦因《塞爾印度》（*Serindia*）第四册《圖録》頁 100，編號 Ch ciii. 0014 之佛經雕板，其紀年爲公元 864 年即唐懿宗咸通九年，所繪爲“衹園給孤獨園”圖之雕板印刷，此爲今日發見紙本中國板畫之最古者。此種隨附文書而印刷之中國板畫，自唐五代以迄於宋元，時代遞降，其數似愈多，如董源、荆浩、關同之山水畫，徐熙、黄荃之花鳥畫，皆非單行之藝術作品，而附屬於典籍中者也。如日本鐮倉時代之古畫，即最可珍貴之《過去現在因果經》，一横卷全幅，其下半部爲墨書經文，上半部乃係表明經文意義之繪畫，此種格式，宋元時，中國最爲流行。余祖上家藏書中，有《孝經》一部，大概爲南宋末或元槧本，其格式與上述《過去現在因果經》殆完全相同。其版式爲卷葉裝之中號本，全部爲木版印刷，上部二分之一爲依照《孝經》本文文義而敷衍之繪畫，如繪孝子展墓等，便畫一人跪拜於墓冢之前。筆致既古拙，雕版亦幼稚，其情仿佛如後漢武梁祠石闕像畫。其下部二分之一，則爲《孝經》本文。以吾人狹淺之見聞較之，如大正十五年三月東京帝國大學文學部支那文學研究室中所陳列之内閣文庫藏元槧《至治新刊全相平話三國志》玻璃版影印本，其上明記“建安虞氏新刊”六字，正與上舉《孝經》爲同一版式。此本《至治新刊全相平話三國志》

亦爲卷葉裝，全幅上部三分之一爲繪畫，比較緻密，其下部三分之二則刊本文。大體下部之本文與上部之繪畫，其內容均互相照應。《過去現在因果經》係手繪之彩色畫，後二者皆爲墨印版本，然三者版式則均同。此處恕不一一製圖以明之。據鹽谷温氏跋文云，内閣文庫藏本《至治新刊全相平話》，全部共有五種，《三國志》其一耳，然其他四種，是否亦與此本《三國志》版式相若，即上部三分之一悉爲圖畫，以未嘗有獲覽内閣文庫本之機會，故吾人不得而知，然此種《三國志》既亦稱爲"至治新刊全相平話"，則《武王伐紂書》以下四種，其版式以意推之，或與此相同。

通宋元兩朝，插於書中隨本文印刷之繪畫，大抵多如上述之式樣。蓋當宋元之際，印書之風最盛，爲欲使本文易於瞭解之故，多插繪畫以補充本文之意，其後逐漸流行，尤以小説故事等用之彌廣，上截皆爲繪畫，下截悉爲本文，此爲宋元版本之一種特殊風格。葉德輝《書林清話》（卷八）"繪圖書籍不始於宋人"條中引徐康《前塵夢影録》云：

> 徐康《前塵夢影録》云：綉像書籍，以宋槧《列女傳》爲最精，顧抱冲得而翻刻，上截圖象，下截爲傳，仿佛武梁造象，人物車馬極古拙，相傳爲顧虎頭繪。元槧則未之見。明代最爲工細，曾見《人鏡陽秋》及《鄭世子載堉樂書》，《隋陽艷史》，元人《百種曲》首袠，《水滸傳》首本，《隋唐演義》首袠，皆有繪畫。……又云：松江沈綺堂所刻宋本《梅花喜神譜》，頗爲博雅君子賞鑑，沈氏家本素封，有池亭園林之勝，改七薌嘗居停其處，譜中梅花，皆其一手所臨，印本今尚有之。

文中末謂明改琦所臨《梅花喜神譜》之畫，即現行清鮑廷博《知不足齋叢書》中所收者也。且宋槧本《列女傳》之款式與今之影宋本，一望而知與余家藏《孝經》及内閣文庫藏本《至治新刊全相平話三國志》同爲一種版式，毫無疑義。葉德輝謂此種綉像之印刷，元槧本則未之見，然余家藏《孝經》，至少當爲元槧，正與吾人所知之宋槧《列女傳》及《至治新刊全相平話三國志》之綉像相類，惜葉氏未知之耳。

自綉像書籍之印刷歷史觀之，大體宋元時上截爲圖像，下截爲本文，明以後，則如葉氏所云元人《百種曲》之首帙，《水滸傳》之首卷及《隋唐演義》之首帙等，其卷首均有插畫，一頁以至於數頁，附麗於本文之首，比其故，固無足申述者，以時代潮流所趨而然也。

上所云云，不過就其大體而論，宋元刊本固有非盡上截爲圖像，下截爲傳者，但所存甚少，以吾人狹陋之見聞所及，殆凡屬圖像必皆與本文相附麗，至今尚未知有不依伴傳文而單獨印行之圖像，例如黄荃《花鳥圖》，是否純爲雕板畫，蓋不可知。據此以觀，是幅科兹洛夫所發現之南宋板畫美人圖，其原本當亦有正文，與此幅板畫同時製作無疑。惜其殘佚之部已不得考。狩野博士嘗謂自此畫上方之題詞推斷之，蓋爲一對偶句，今此圖僅存一葉，其右葉亦必有一圖，則此幅板畫，當原爲左右二葉，方稱完璧，其圖之版式恐甚大，而摺疊成爲左右兩幅，此幅則其左葉耳。

四

復次，此板畫美人圖之史料的價值，亦甚可注意，其發見地爲中國本土西陲甘肅之地，而爲西夏國古黑水城之廢墟。從來中國史傳，皆以此地爲化外夷狄之域，宋時西夏國當今甘肅省寧夏府，其都興慶，實爲軍國主義之中心，然而，《宋史》所記勿論也，即如中國人所撰述之《西夏記》，對於西夏之文化程度以及西夏國都興慶之繁昌情狀，絲毫未有所記述。通觀中國人之著述，記遼、金、西夏之事，皆以中華爲天朝之國，彼等不過夷狄之邦，對於周圍之新興國，動輒加以筆誅，然事實上則大謬不然。五胡十六國時，鮮卑，羯等入據中原，其文化已非低微，此固可得而徵者也；遼金摭取五京之制度而極力吸收中國文明，夷考金之海陵王崛起中都大興府，旋遷都南京、燕京，當時中土人士咸目之爲塞外人，其入中原之先，咀嚼中華文化，已至於相當之程度，而其所學之深淺，蓋猶之我日本之吸受中華文化然，不過五十步與百步之間耳。中國人以華夏自尊之偏見，史書中所在皆有，對於塞外各民族之生活，極漠然無所知，而遽一概皆認爲未開化之民族，其謬誤孰甚，吾人對此，當虛衷坦懷以公允之態度闡明其事實。雖然，吾人所謂塞外諸民族之開化程度，固非謂其較中華文化爲優越或與中華文化相伯仲之謂也。蓋中華爲先進之開化國，環繞其四鄰之諸民族，殆無不努力於接受中華文化之矩範者，其效學之結果，決非如中國史書中所記其程度極爲幼稚而已，如匈奴，如北魏之鮮卑族及金之海陵王，雖無獨立之文化，然其吸收中國文化之程度，實甚高邁，此種事實，固顯然不能抹煞者也。

此幅板畫美人圖之發見地爲古西夏國，當中華本土西陲之地。考西夏之建國，始於公元1032年李元昊，至李晛寶慶二年（1227）六月爲蒙古元太祖所滅，前後十世，得國凡一百九十六年，稱霸西陲，

國威頗盛，李氏復製作西夏文字以通行全國。西夏文蓋依據漢字重行組織之而成一種特異體裁，有如日本之“假名”然，而又無從辨別其所從出於漢字之處，亦猶之日本上古時之東西兩史紀（譯者按：即《古事紀》與《日本書紀》），皆同爲假借漢字而自成其國之一種獨立的文字系統者也。故西夏人之學習中國文化，其程度必甚深遠，始能以中華文化爲基礎而造成其獨立之文化。且西夏國之成立，在南宋理宗寶慶三年，亘南北兩宋之文化，皆不斷的蕩蕩而吸收之。

然考此幅板畫美人圖，雖發見於黑水城之廢墟，而吾人則不能遽認此項印刷物乃成於西夏人之手，何以言之，蓋自此畫本身印刷技術之巧緻觀之，當係宋人之作，而由中原流傳至西夏者，但如上文所論，此畫决非單獨印行之繪畫，必附屬於一書傳，至其所以傳入西夏之故，當係因其時有閱讀其書傳者，而此板畫亦附從而來，但其傳入之者究爲中國人或西夏人，今殊難考矣。假令爲中國人所傳入，則何以此畫得在西夏國内保存至今日，其故當何解乎？故寧謂當時有西夏人頗解中國文化，因愛讀此板畫所附從之書傳，翫味不忍釋，從而珍藏之，其事蓋未可知。考此幅板畫，既隨其本傳而流行於其發見地之甘肅省，吾人當可想見當時中國文化勢力之强，已遠及於邊陲之地，同時，尤令吾人對於今日西夏故地所遺留之史實，得以徵考西夏人之於中國文化，其憧憬之熱烈，理解之深厚爲如何，誠令人驚嘆不置也。

下文將先就此板畫美人圖所表現之諸點而論列之，其次始據吾人之推論而考證其本傳之爲何。

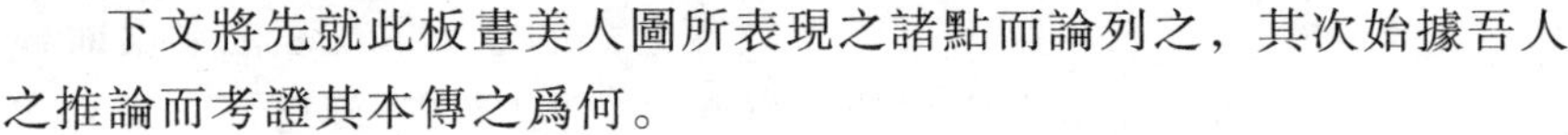

五

兹先論此板畫所繪各美人之容貌及體態。觀其豐潤之面容，肥腴之體態，斯大可注意者也。所繪皆爲女性，即前漢之王嬙，班姬，趙飛燕，晉之緑珠，均六朝以前之實在人物，更無覼縷之必要。王嬙者世皆知爲王昭君，前漢元帝之宫女也，以和蕃公主入嫁匈奴呼韓邪單于，相傳因畫家毛延壽之嫉妬而遭此遠戍。班姬即有名之班婕妤，前漢成帝之宫女，以賢淑知聞之女性典型也。後爲趙飛燕所譖，閉居東宫，作《團扇歌》以自傷。趙飛燕爲成陽侯趙臨之女，漢成帝宫人，善歌舞，以其體輕快如飛燕故名，初爲婕妤，許后廢，遂立飛燕爲后，相傳與其妹昭儀日事蠱惑成帝，帝因暴卒。緑珠爲晉石崇之愛妾，會孫秀欲迫之從己，緑珠遂自墜樓而死，得全其節。

此四人之容貌體態若何，今雖無詳細之記載，但關於趙飛燕者，有漢伶玄《飛燕外傳》，謂漢成陽侯趙臨之女趙宜主：

> 長而纖便轻细，举止翩然，人谓之飞燕。

又無名氏投《飛燕遺事》第二則云：

> 趙后體輕腰弱，善行步進退，女弟昭儀不能及也。……並色如紅玉，爲當時第一。

上舉二書，固爲小説，難憑爲正確之史料，然自戰國以迄於漢晉，士大夫多以輕瘦爲女子之美，《墨子·兼愛中篇》可以爲證：

> 楚靈王好士細腰，靈王之臣，皆以飯爲節，脅息然後帶，緣墻然後起。

《韓非子》中亦有楚王好細腰，一國皆有饑色之語。宋玉《美人賦》，寫美人當備之條件：

> 眉如翠羽，肌如白雪，腰如練素，齒如貪貝。

凡所謂細腰，其體態不能不輕瘦，凡輕瘦之體態，其面容不能不爲瓜實型，故細腰輕瘦之體與瓜之顔，爲美人應具之第一條件，此風自晉經南北朝以至初唐最流行，如魏曹植《洛神賦》形容河洛女神宓妃之句：

> 余告之曰：其形也，翻若驚鴻，婉若游龍，……修短合度，肩若削成，腰如約素，延頸秀項，皓質呈露，芳澤無加，鉛華不御。

《洛神賦》當然爲曹植之理想而寄託於文學以表現之，固無史之價值可言，然著者雖側重於文學之描述，其形容宓妃之容貌體態，固曹氏描寫其胸中理想之美人也，亦即可代表當時理想中之美人。與曹氏同時形容美人如宓妃之文，尚有王粲《神女賦》之“體纖約而方足”之句，與《洛神賦》合而觀之，可以察知當時一般之美人觀也。審如是，吾人相信趙飛燕大約爲一細腰輕瘦瓜實顔面之美人。

此層可徵諸現存繪畫遺物證之，如山東嘉祥縣後漢武梁祠之石闕畫像人物，與今日大英博物館所藏東晉顧愷之《女史箴圖》之女像，或唐閻立本《歷代帝后像》中陳文帝與陳廢帝身後侍立之二美人，大體亦皆軀體瘦削者。稗史小説中相傳趙飛燕瘦瘠而楊貴妃豐肥，所謂“趙瘦楊肥”，趙之所以爲瘦，如上述大概可信，而楊之所以爲肥，其理由亦可得考，據《舊唐書·后妃傳》：

〔楊〕太真姿質豐艷，善歌舞，通音律，智算過人。

此實爲肉體美美人之重要條件。唐天寶開元間，詩文中推賞美人之句極多，而最常見之一套形容辭，則爲“清聲”與“便體”。明楊慎《丹鉛總録》中論文字之肥瘠而涉及美人之肥瘠，曰：

大抵字之肥瘠，各有宜，未必瘠者皆好而肥者便非也。譬之美人然，東坡云：“妍媸肥瘠各有態，玉環飛燕誰可輕？”

蓋聲量之豐富，必先求之於肥滿之體態，肥滿之體態，其容貌必豐滿，而下頰亦必腴圓，此種豐滿之容顔，腴圓之下頰，乃開元天寶以來美人所具之重要條件，初唐以前所認爲細腰瘦體瓜實顔之美者，至盛唐以後則轉變而認豐腰肥體圓臉腴頰爲美人之標準也。此實爲時代精神所好對於女性美之變遷；復徵之於繪畫遺物，如中唐大曆貞元間，周昉所繪美人圖及羅振玉編《二十家仕女畫存》中所收周昉、張萱等之美人畫——尤以波士頓博物館所藏宋徽宗摹臨張萱《搗絹圖》，其中美女七八人，皆豐腰肥體圓臉腴頰，可以爲證。至於畫家固有天縱之才，亦可憑其主觀而作畫，然如周昉之美人圖，必爲盛唐以後一般對於美人理想之輪廓，不難推知，蓋天才畫家亦終不能擺脱時代精神之支配，而投合一般所好，或適應當時潮流所趨。尚有與上舉諸畫同時，如我國奈良之藥師寺東院堂所藏“《吉祥天女圖》”及正倉院御藏《鳥毛屏風下繪樹下美人圖》及西本願寺太谷探險隊之蒐集品《西域考古圖譜》卷上所收喀喇和淖出土之“《紙本唐畫樹下美人圖》”又吐峪溝出土之“《絹本彩色唐畫婦女圖》”，斯坦因《千佛洞畫集》中敦煌石室發見之“《引路菩薩圖像》”，勒柯克（A. Von Le Coq）《高昌集》中影印之高昌故地發見佛畫斷片婦女禮拜圖等，皆盛唐以後製作之美人畫或仕女圖，而無一非豐腰肥體圓臉腴頰者。

彼體輕腰弱瓜實顔之佳人，其風情凄惋有加，儼然難犯，反之，豐腰肥體圓頰者，必多艷冶姱麗，風情飄蕩之慨。前者爲骨格美，病態美，後者爲肉體美，曲綫美，二者所表現於繪畫，其風格判然，已無待言。宋郭若虛《圖畫見聞志》論仕女形相云：

> 歷觀古名士畫金童玉女及神仙星官中有婦人形相者，貌雖端嚴，神必清古，自有威重儼然之色，使人見則肅恭，有歸仰心；今之畫者，但貴其姱麗之容，是取悅於衆目，不達畫之理趣也。

此爲天寶以後對於美人觀念轉變之證，反觀此幅版畫中之美人，其姱麗之態，誠足令人傾倒。此類姿容，固不僅以美人畫爲然，雕刻塑像上亦多有之，如北魏佛像及日本推古佛像與晚近河南洛陽郊外北邙山陸續掘得之唐代女俑，若將其互相比較，不難知之。洛陽出土之唐俑，大多數皆爲盛唐以後之物，已無待言。六朝以前，體態瘦瘠，盛唐以後，轉而豐肥，風趣所趨，不獨美人或美人畫爲然，即動物畫以至於書法，皆有同樣之概，特此處無述説之必要，故略之耳。要之，此種風趣，蓋起於時代精神之差異而轉變爲嗜好上之差異者也。

準上所論，觀此幅版畫美人圖，趙飛燕以下四佳人之面容均豐頰圓顔，其體態莫不腴碩，可一望而知。然此四佳人之時代，美人所當具之重要條件，實爲細腰瘠軀瓜實顔，此蓋一般所贊美者也，今觀此畫反以豐腰肥軀腴頰圓顔爲四美之重要條件，明爲宋代之美人觀，以其與四美人原具之體貌完全違背也，則此畫必成於宋人之手，其本身已自證明矣。

六

其次，可注意者爲四美之人姓名皆書於長方形之框中，配置於石山陰處或欄欄上類似珠寶之間等。大體言之，繪畫上題記人物之姓名及地名等爲中國古代繪畫之慣例，如後漢武梁祠石闕畫像，皆此類也。其後此風流傳，自五代南唐亘北宋初期猶未斷絶，如相傳山水畫家釋巨然之《長江萬里圖》，即其一例。《長江萬里圖》爲一橫卷，端方氏之舊藏也，《國華》第二百五十二號曾揭載之，其天地幅一尺四寸四分，全長五十二尺，一巨大之絹本墨畫卷也，所寫之長江，起自四川之雪山，終於江蘇之鎮江，以朱筆小字記兩岸名勝古跡，如修覺山、玉壘關、新津縣、灘堆、六六峰等。有謂此畫爲宣和御府所藏，自其所加朱筆觀之，恐非釋巨然之真跡，不過相傳爲釋巨然之筆而已，但此畫姑無論其爲巨然真筆與否，此處不成問題，吾人僅就此朱筆所記地名之沿革考證之，斷其必爲南宋時所加，固不容否認之事實，或當時南宋人以爲有加此朱筆之必要，然則，究何爲而加添乎，此殆無足申述，大概不外使觀覽者易於明瞭地理的位置與古跡所在之關係而已。雖然，美術品上題記此種蠅頭小字，自甚有礙於美觀，宋代如董源、李成、范寬，皆一代名家，其畫幅皆題有作者姓名，又恐有損於其畫之美術的價值，故多以小字題記於樹枝陰處，或巖石之陰隱處，而不礙於整個畫面美觀爲度。但劃以長方形框格，格内題記文字，此固不能謂爲絶無特别之必要也。如武梁祠石闕畫像，其爲古美術品無論矣，《文選》所載後漢王延壽《魯靈光殿賦》，通篇以勸善懲惡爲總怡，故對於殿中所繪人物姓名自有説明與刻畫之必要也。相傳爲釋巨然筆之《長江萬里圖》固爲一種美術品，而其所繪又爲長江萬里之名蹟，揣其製作之意，與日本廣重"東海道五十三次"之畫，其藝術價值之高，蓋可媲美。然南宋人所以不憚有損此畫之美術的價值，添寫地名於其上，其意蓋不外如上述使觀覽者易於明瞭地理之位置耳。漢代及六朝之藝術的作品，則不如是。且宋代山水畫花鳥畫，盛極一時，在藝術的作品中，殆亦絶不如是。然則，此幅板畫美人圖何以竟如是乎？此當若何解釋。

試觀四佳人之姓名，皆刻於小長方形之框内，其位置隱約於巖陰之處，而不奪目。由此一葉方框内所記之文字以推，可知其全體必記有相當多數之文字，有損畫幅之美觀，固不待言，然則此幅美人板畫何爲而刻此小字，豈不類蛇足耶，果何所持而爲此耶？鄙意以爲此層初有不得不爾之必要。蓋不如是，恐觀者不解其爲何畫，若觀者不能大體瞭然此畫之旨趣，則讀其本文時，恐不能引起興味，故必不能以單獨之畫而隨附本文，以其爲一般民衆之讀物也。綜之此幅板畫美人圖，必有其附隨之本文，而其本文之内容，因須適合於一般普通讀者之興味，故以繪畫裝飾於卷首，得與本文之内容照應，殆無疑義。則王昭君、班姬、趙飛燕、緑珠，必皆爲本文中所表現之人物。雖然，對於一般讀者，於畫面上區别其個性，似無必要，但爲引起非知識階級大衆之閲讀興味，無寧直指明某也爲王昭君，某也爲趙飛燕，此種情形，正與日本德川時代之"軍書"及"講談物"之類通俗書同。例如《繪本太閤記》之卷首，即插入數葉人物像，而於其肩頂上端明記大臣信長，淀君，加藤清正等之姓名，惟此板畫之記其姓名，蓋亦爲當時雕板畫之風習，於樹陰巖凹隱約之處，則刻畫者姓氏，固不僅爲投合大衆之故者也。要之，此四佳人之姓名，刻於長方形框内之意，實自有其理由。據此可知此板畫製作之淵源及其所以附屬於本文之關係。至於方形之格，隱約刻於樹陰巖凹藥欄間，此板畫則已自證其爲宋代之製作，從可知矣。

七

復次，畫中藥欄外之巖石爲太湖石，亦堪注意。蓋整個之一塊巖石，其中央不應生孔洞。但此畫之巖石間，則有二個孔洞。此顯然表示其爲人工縫合之跡，蓋已自證其巖石爲太湖石也。

考中國園囿之興，自漢之上林苑，後漢之畢圭苑，以至隋代之西苑，其面積皆甚廣大，漢無名氏撰《三輔黄圖》卷四苑囿條載，漢之上林苑廣袤三百里，大抵周圍約合今日本三十一里（譯者按：日本一里約合中國之七里），其東南至藍田宜春鼎湖御宿昆吾，旁終南山而西，達長楊五柞，北繞黄山，瀕渭水，恐爲誇大之辭，大體南自終南山北麓，北抵渭水南岸，東南旁驪山山脈，及於銅人原白鹿原神禾原西北之裾野，西達豐水沿岸，相傳其間散築離宫七十座。此種規模之園囿，輓近日本人士頻爲倡道，有謂闢嚴島全部爲大公園者，有謂以富士山麓三保之松原田子之濱而包括富士八湖全部爲大公園者，此種大規模之園囿，蓋爲利用天然風景耳。然《三輔黄圖》所引《漢官舊制》之文，上林苑爲秋冬天子射獵之處，苑中闢有昆明池鎬池牟首池等大湖，寧以苑囿稱之爲妥。至若私家庭園，漢代有茂陵富民袁廣漢，所築庭園，據謂東西四里南北五里，大體東西今日本十五町（譯者按：一町六十間，間長六尺），南北約十八町半，可謂亦出於苑囿之系統。故中國北部之名園，規模豁達雄大，爲其特色。

然中國庭園，當南北朝之末，尤以南朝齊宋梁陳以來，漸分化爲另一系統，入趙宋而後，南方已成一獨立之系統矣。即儘量攬挹大自然之風物，儘量縮之成一小天地。重在閑寂幽深，所謂“别有天地”，而以巖石之叠法爲錯綜。宋李格非《洛陽名園記》所記大多爲北宋元祐中至建中靖國間洛陽之名園，自富鄭公以下，名園凡十有九，而富氏之庭園閑寂幽邃，迥然爲一新系統。《洛陽名園記》云：

> 洛陽園池，多因隋唐之舊，獨富鄭公園，最爲近闢而景物最勝游者。自其第東，出探春亭，登四景堂，則一園之勝景可顧覽。

其中有紫筠堂，蔭樾亭，重波軒等，極閑寂幽邃之致，而非豁達雄大之風，與隋唐之古苑囿全異其趣矣。《洛陽名園記》所記名園十九，尚存隋唐古苑囿豁達雄大之舊風，與宋以後幽深閑静之新趣，略有異致，其何故歟？此蓋因洛陽之地理的與地形的關係，故猶多少保存隋唐之舊風耳。

此種新式庭園之構造，其種種特色之中，主要者爲利用巖石皴疊之美。蓋江南本富於此項用途之巖石，故有此種新式庭園之發生及其發達，然巖石之爲用，其趣不宜苑囿系統之庭園。明謝肇淛《五雜俎》卷三云：

> 然石初不甚擇。至宋宣和時，朱勔童貫以花石娱人主意，如靈璧一石，高至二十餘丈，周圍稱是，千夫舁之不動。艮嶽二石，高四十餘丈，封爲盤固侯。石自此重矣。

北宋徽宗皇帝尤醉心奇花異石，詳見馮琦編《宋史紀事本末》卷五十花石綱條，又政和七年條有如下之記載：

> 宦者以獻大率靈璧太湖慈谿武康諸石，二浙奇竹異花，海錯福建荔枝橄欖龍眼，南海椰實，登萊文石，湖湘文竹，四川佳果木，皆越海渡江，毁橋樑，鑿城郭而至植之。

今安徽江蘇兩省之名石，如靈璧石，太湖石，慈谿石，可知當時輦往宋之東京開封府者甚多。太湖石産於今上海西面之太湖中，其所以名石者，因其凹凸屈曲變化無窮，恰如海花名，大者不易得，得之，市亦高其價，大抵爲貼合數十片而成，狀如油雲蟻塔，其間多孔洞，迂迴曲折，不可詰致。北平西郊萬壽山頤和園之萬佛樓，轉輪藏之近處皆是。故宫亦處處有之。又蘇州之留園亦甚多。

如上所論，江南之石，以太湖石最適於庭園之配置，其好尚之風，自北宋宣和以來已風靡於中國各地，則此板畫美人圖中藥欄外之小院内所配置之太湖石不能不認爲北宋宣和以後宫殿樓閣畫之流風，而此板畫必係北宋末期以後之製作也。

以上論此板畫必有其所隨附之書傳，而此畫則爲一卷引首綉像畫，及其繪法，已略陳鄙見矣。但此板畫果如何而隨附於書傳以製作歟？

八

此板畫美人圖，自科兹洛夫氏之發見，學術界皆知之，復經狩野博士介紹於日本，已經十四五年之星霜矣。其於中國板畫史研究，自爲稀珍僅有之資料，無待謳歌。西洋之漢學者與日本漢學者間，尚未聞於此板畫有若何研究發表。上文於中國板畫之雕刻，及何以須刻記四佳人姓名之故，已據已見略述其梗概，斷此板畫必係依據某種書傳而繪者，但其所據之書傳究爲何種，東西學者尚無人闡發之。吾人於此欲有所論述，文獻上既不得絶對的確證，即其畫者刻者之姓名及其製作年代，亦乏明確之論證。惟平素亂讀書籍，聊將所見，略爲考證之云爾。

考此板畫美人圖中各人物之時代，皆不相同，故此四佳人之時代的關係，可置而不論，蓋其題詞“隨朝窈窕呈傾國之芳容”，可見已故意置時代即歷史的觀念於不顧。是以此畫决非根據歷史上或種故事而演繪者。且明記各佳人之姓名，亦非如東晉顧愷之《女史箴圖》之類。故單就此畫之外表推想，此畫所隨附之書傳，大約爲中國歷代美人故事或美人傳奇之類，或抹去其時代關係而捏造之小説書：要不外乎此。

由此推論，當先考定此板畫所隨附之書傳，然其書既已佚亡，不存於人間，今自難知其底藴。果欲探究之，恐將徒勞無益。但學術之研究，固不以此而氣餒，知其不可而爲之，乃能精進。吾人對於其書之佚亡與否雖未可必，且冀將來尚有發見之日，然個人亂讀群書之際，此意常縈繞胸中，年來漸有所獲，而發見其關鍵所在，即唐牛僧孺著《周秦行紀》一書是也。

唐牛僧孺之《周秦行紀》，《欽定四庫全書》未收入，亦不見於清阮元《四庫未收書目提要》。今則入於蓮塘居士纂《唐人説薈》，《唐代叢書》及《太平廣記》卷四百八十九雜傳記類六之部，又見清順治四年浙江監察使王應昌《重校説郛序》文所引順治板陶宗儀《説郛》中。但近時涵芬樓藏影明鈔本《説郛》則無之。此書僅薄薄五六葉之短篇傳奇小説，其内容與晉干寶《搜神記》，唐鄭還古《杜子春傳》，閻選《再生記》，李公佐《南柯記》相似，即所謂傳奇小説也。

是書大概叙某年牛僧孺即牛秀才應進士落第，歸鄉，道經伊闕南道鳴皋山之麓，日將暮，欲投宿大安民舍，時已暮色蒼茫，尚須急行十餘里。而玉兔已東昇，忽一縷異香馥郁，籠襲其身，即覺彷徨不知身在何處。乍見一點燈光，急趨近之，至一大邸第之門，觀其輪奐宏壯，心知必爲富豪之家。於是有一黄衣閽者出而問之，彼自稱乃牛僧孺，因進士落第，遄歸故鄉，欲投宿大安民舍，迷路至此，願乞一宿。俄而來一青衣，頭上結小鬟，導之入邸内，亦不敢問爲誰家宅院，但隨之而進，經大門十餘重，乃至大殿。見殿上懸珠簾，有朱衣紫衣人一百餘並列階陛下，咸注目僧孺。僧孺匍匐拜於殿下。俄而，簾中語曰：妾漢文帝之母，薄太后也。此處爲吾之廟，汝何故敢來此。僧孺具道因落第歸鄉，天晚迷路，恐爲豺狼所害，不得已來此，請開恩救一命。太后怒始解，命登殿上。薄太后著練衣，狀貌瑰偉，年不甚老，復作二三問答，始具食事。時殿中笑聲盈盈。薄太后曰，今夜風清月朗，宜召二女來，况有嘉賓至此，不可不一會，乃命左右召二女出，薦之於僧孺。二女從者數百人。其一女纖腰長面，青絲垂垂，不施粉澤，著青衣，年僅二十歲，薄太后介紹之曰，此高祖愛姬戚夫人也。其一女柔肌隱身，貌舒態逸，光彩射遠近，年較薄太后爲少，太后介紹之曰，此元帝妃王嫱（王昭君）也。行禮應對如儀後，皆各還坐。坐定，薄太后更命紫衣貴人迎候楊家潘家降臨。俄而，空中五色雲下，笑聲寖近，車馬音相雜，羅綺煩耀，目不暇給，有二女自雲中下，降立僧孺之側，其一人纖腰修眸，容色甚美麗，著黄衣，被玉冠，年約三十歲。太后曰，此唐楊太真妃子也。其一人厚肌敏視，小質潔白，衣著寬博，太后曰，此齊潘淑妃也。行禮應對後，各各就坐。開宴張筵，合客牛秀才共六人之間，談笑隨情。酒環數巡，讌樂亦止，太后遂請戚夫人操琴，次祝福此佳會，讚揚僧孺之才。於是主客各授以箋筆，題詩詠懷。薄太后詩先成，詩曰：

月寢花宫得奉君，至今猶愧管夫人；漢家舊是笙歌處，烟草幾經秋復春。

次王嫱詩成，曰：

雪裏穹廬不見春，漢衣雖舊泪痕新；如今最恨毛延壽，愛把丹青錯畫人。

次戚夫人詩成，曰：

自别漢宫休楚舞，不能粉粧恨君王；無金豈待迎商叟，吕氏何曾畏木彊。

次楊太真詩成，曰：

金釵墮地别君王，紅淚流珠滿御牀；雲雨馬嵬分散後，離宫不復舞霓裳。

次潘妃詩成，曰：

秋月春風幾度歸，江山猶是鄴宫非；東昏舊作蓮花地，空想曾披金縷衣。

僧孺被再三勸誘，不獲辭，亦成一詩，曰：

香風引到大羅天，月地雲階拜洞仙；共道人間惆悵事，不知今夕是何年。

坐上有女子善吹笛，短髮麗眼，貌甚美，扈從潘妃來者，薄太后顧謂曰，知此女否？此石家緑珠，潘妃養妹也，故與潘妃同來。太后亦促緑珠成一詩，曰：

此日人非昔日人，笛聲空怨趙王倫，紅殘翠碎花樓下，金谷千年更不春。

詩成酒闌，太后徐曰，牛秀才遠來，今夕誰可慰其旅情？戚夫人即先立告辭，潘妃繼之，緑珠亦辭，皆各述其委曲。太后謂楊太妃不適，惟王嬙嘗嫁呼韓邪單于，又爲株纍單于之妻，久居塞胡，備嘗辛苦，心處逆境，今宵希有以慰客情，當不容辭。王嬙默然無所對，惟低眉含羞而已。少間，宴罷，導牛秀才入王嬙私室，扈從侍女皆默立左右，王嬙潸然淚下。忽有聲，傳太后之命。牛秀才即出王嬙私室，再謁太后，太后訓曰：此地非郎君久留之所，宜亟還，然先時歡會，情實難忘。於是更索酒交酌，戚夫人潘妃緑珠皆有依依惜别之意。牛秀才乃告辭，太后命朱衣奴送秀才至大安。至大安西道，牛秀才回首望送行之朱衣奴，已蹤跡杳然，時天漸明矣，僧孺不勝奇異。至大安詳詢里人，告所遭遇。里人謂距此十餘里有漢薄后廟，乃往尋其廟，見已荒毁不堪，而非向所見宏壯華麗之瓊樓玉宇矣。惟牛秀才衣上異香，歸來十餘日不散。此事究爲狐狸之戲弄耶，抑薄太后之靈所致耶，今皆不可究詰也。

九

牛僧孺《周秦行紀》一書，本爲韋瓘所作，而嫁名牛僧孺者。然著者究爲何人，此處無論證之必要。如上所述，本書所有人物，先爲男性牛僧孺，次女性爲漢之薄太后，戚夫人，王嬙，晉之緑珠，齊之潘妃，唐之楊貴妃，合計七人，而其組織毫不顧時代之關係，實爲一篇遊仙夢語之傳奇小説。

此種傳奇小説及詩文等，表現於繪畫者，自隋唐而至於宋，往往成爲風尚。例如張彦遠《歷代名畫記》中“述古之秘畫珍圖”條，晉戴安道畫《南都賦圖》，無名氏畫《論語圖》，《韓詩圖》，《大荒經圖》，《山海經圖》及《老子黄庭經》，《太史公漢書圖》，《列仙傳圖》，《周禮圖》，以及饒有趣味而類於傳奇小説之《搜神記圖》，蓋必據晉干寶《搜神記》而繪者。《宣和畫譜》卷六人物部載有唐鍾師紹畫《尚齒圖》，所繪人物，或出於白居易著《香山九老會》，蓋未可知。又該書卷七有宋李公麟之《歸去來兮圖》二幀，卷十一有宋孫可元畫《陶潛歸去來圖》一幀，此其所繪當爲陶潛之名篇《歸去來兮辭》，固無待言。此外，如上述東晉顧愷之西晉張華據《女史箴》而作《女史箴圖》，《佩文齋書畫》卷六十六“歷代無名氏畫”下篇有《兵車圖》，所繪當即杜甫詩《兵車行》。又《宣和畫譜》載宋孫可元嘗依王勃《滕王閣詩》作《滕王閣圖》，李公麟據王維《陽關三疊》詩作《陽關圖》。此皆當時以詩文而入畫者也。

然則，此板畫美人圖中四佳人之姓名，與牛僧孺《周秦行紀》中之六仕女相比較，則漢之王嬙、晉之緑珠並爲一故事中之人物，而不顧其時代之差，則二者必有多少關係存乎其間。

有名之《西厢記》爲敷衍唐元稹《會真記》之《鶯鶯傳》而成，爲周知之事實，則此畫或亦以牛僧孺《周秦行紀》爲藍本，更引入漢之趙飛燕班姬而成爲一種大衆讀物之俗文學的作品，至宋代始有之。吾人爲方便之故，姑假定其書名爲“廣周秦行紀”，則此板畫美人圖，蓋即此所設“廣周秦行紀”所印刷之卷首畫歟？但吾人所假定之“廣周秦行紀”爲一種大衆讀物之俗文學的作品，未知今日尚存在人間否，固難遽斷。考《宋史・藝文志》小説家類，未見有此目。但此書若非傳奇小説，則爲神仙故事，未知今日道家神仙類之著作中尚遺存否。《宋史・藝文志》道家附釋氏神仙類七百十七部之著録中，凡在北宋以後撰述者，或有此存目亦未可知。此層可俟異日研究之。惟據此板畫中各佳人姓名觀之，謂其爲牛僧孺《周秦行紀》之卷首畫，雖無確證，至少有若何關係，則無可疑，更言之，吾人所假定爲“廣周秦行紀”之書，當其附梓時，其卷首畫必爲此板畫美人圖。雖然學術研究，最忌强爲臆測，吾人固不能擬此板畫右邊已佚亡之一葉，其所繪人物爲何，實不得而知，惟未知其所繪是否即薄太后、戚夫人、潘妃、楊太真四女性，而此左邊一葉則爲王嬙、班姬、趙飛燕、綠珠，相對各配以四人，合計八佳人，以完成此板畫之全面也。暫叙鄙見如此，尚期將來之探究。

譯文原載《河北女子師範學院期刊》第一期
1933 年

《劉知遠諸宫調》考

（日）青木正兒

是編今藏蘇俄列寧格勒學士院，世界的孤本也。往年吾師狩野君山直喜先生歐游途次，嘗於該院獲覩此稀世之珍，後當先生華甲之慶，承京都帝國大學文學部講師聶歷山氏（Nicolas Nevsky）之助，及列寧格勒大學教授學士院會員阿里克氏（Alexiev）之厚意，特爲撮影寄贈。當時先生加以研究，擬爲文公表於世，事冗不果，遂以命於不肖。乃借影片複製，暇日展讀，雖略明梗概，然考定此編寫作年代猶未能遽决，束之高閣久矣。然而欲求確證，至今猶未能得。兹姑叙所見，還報師命，尚乞吾師及博雅君子有以教之焉。青木正兒識

本書原名不詳，述五代後漢高祖劉知遠與其妻李三娘故事。全本爲合十二折而成之説唱，現殘存五折四十二葉，每折首尾標有題目，兹舉其目如次：

知遠走慕家莊沙佗村入舍第一共十二葉内第三第四兩葉缺

知遠别三娘太原投事第二共十一葉内第二葉缺

知遠充軍三娘剪髮生少主第三第一第二兩葉存

（自第四折至第十折缺）

知遠投三娘與洪義厮打第十一共十葉内第一第二第三共三葉缺

君臣弟兄子母夫婦團圓第十二共十二葉無缺

此書以十二折完結，觀上目可明。又其第十二折尾曲云："曾想此本新編傳，好伏侍聰明英賢；有頭尾結末劉知遠。"意總全編，筆止於此，毫無疑義。

今細審本書體例，乃一種名爲"諸宫調"之説唱。諸宫調創自北宋末葉神宗、哲宗時，澤州孔三傳。當時士大夫皆能誦之《碧鷄漫志》卷二。其曲文存於今者，向僅知有金章宗時董解元《西厢記》及元初王伯成《天寳遺事》二種。今復新得劉知遠一種。《西厢記》，明以來稱《搊彈詞》，或《弦索調》，即相傳以琵琶伴奏之説唱體也。謂爲諸宫調，自來無明言之者，王國維氏《宋元戲曲史》第四章始斷爲諸宫調。王氏考證：據，《西厢記》序曲"比前賢樂府不中聽，在諸宫調卻著數"。作者自云此曲爲諸宫調。又元凌雲翰《柘軒詞》中有賦鶯鶯西厢事，"翻殘金舊日諸宫調本，才入時人聽。"是金人有賦諸宫調而作西厢事者。元王伯成《天寳遺事》散套，散見《雍熙樂府》、《九宫大成》中，體例大致與《董西厢》同。元鐘嗣成《録鬼簿》卷上王伯成條下云："有《天寳遺事諸宫調》行於世"；若《天寳遺事》爲諸宫調，必與《西厢》同類無疑。董解元《西厢記》，明清有舊刊數種，今通行暖紅室新刊本。《天寳遺事諸宫調》，書殆已佚，不可得見，明嘉靖間無名氏編《雍熙樂府》及清乾隆間莊親王編《九宫大成南北詞宫譜》中曾選其散套若干。吾友倉石武四郎君嘗爲輯佚，今爲此篇，承以稿本假閲。《雍熙樂府》選《天寳遺事》各套，套名《楊妃澡浴》、《明皇游月宫》等，而未註明出自《天寳遺事》；《九宫大成》中所引《天寳遺事》套曲，計十四套。合《北詞廣正譜》、《九宫大成》二書所引《天寳遺事》單曲以證其散套，得十九套；又《九宫大成》卷二十八越角套曲引《雍熙樂府》者一套。合計三十七套，確爲《天寳遺事》散套。其他可視爲《天寳遺事》散套者，《雍熙樂府》中尚存十七套。

今據上列二書考諸宫調體例。諸宫調結構係結合諸種宫調之小曲調二闋或數闋爲一套，復次第合此短套連成一長編，各套與各套之間，概介以説白。一曲宛如詩餘，分爲兩段，常相當於北曲之幺篇，南曲之换頭。每套有尾聲，尾聲作七言，以三句爲常格。今舉《董西厢》引子曲牌之編次爲例：

仙吕調〔醉落魄纏令〕引辭……〔整金冠〕……〔風吹花葉〕……〔尾〕……以上第一套

般涉調〔哨遍斷送〕引辭……〔耍孩兒〕……〔太平賺〕……〔柘枝令〕……〔牆頭花〕……〔尾〕……以上第二套○此中有説白。

仙吕調〔賞花時〕……〔尾〕……以上第三套　○説白

仙吕調〔賞花時〕……〔尾〕……以上第四套　○説白

仙吕調〔醉落魄〕……以上第五套　○説白

黄鍾調〔侍香金童〕……〔尾〕……以上第六套　○説白

如上所列，先唱一套曲，而後以簡單説白爲叙述，以推進劇情。自廣義言之，此編固爲説唱之一種，唯所用宫調，屢有變易，因名曰諸宫調。其尾聲句格，今舉《西廂》卷一一曲爲例：

〔尾〕東風兩岸緑楊摇。馬頭西接著長安道。正是黄河津要用寸金竹索纜著浮橋。

句中小字爲“襯字”（曲文外多餘之字，以襯托曲意）。有爲三言二句者，或七言一句者。每句常須押韻。此種諸宫調曲調之編次及尾聲之句格，與元人雜劇頗異其趣。

《劉知遠》之體例，亦復如是。下文所舉，爲“知遠投三娘與洪義厮打第十一”，叙劉知遠與前妻李三娘重聚一節。參閲下文述本書梗概

知遠笑道：

不用布裙三兩幅，恁兒身穿錦綉衣。小秃厮兒也不是儞兒，聽我説。

【仙吕調】　　【繡帶兒】

昨日個向莊裏臂鷹走犬，引着諸僕吏打獵爲戲。因渴交人買水，郭彦威將身去欲取水，陌按陌與驀音通見伊家成祐甚驚悸。前者作夢火炕，見伊將身立。稱言救我離此地，他心疑忌唤到根底。○問伊因甚着麻衣，青絲髮剪得眉齊。儞把行蹤去跡細説真實。他垂雙淚，騎馬便歸城内。甚儞却抵諱，問我兒安樂存亡，剗地道不知。儞須曾見眉眼耳腮口和鼻，比我只争些年紀，如今恰是一十三歲。

【尾】恁子母説話整一日，直到了不辨箇尊卑。儞嬌兒便是劉

衙内。

三娘怒喝　衙内却道是伊兒

想俪窮神　怎做九州安撫使

知遠恐他妻不信，懷中取一物伊觀。

三娘見，喜不自勝，真個發跡也！

體掛布衣番做錦綉　插？頭草索變作金冠

是甚物是九州安撫使金印，三娘接得懷中搓了。

【黄鍾宫】　　　【出隊子】

知遠驚來，魂魄俱離殼。前來扯定告嬌娥，金印將來歸去呵！紅日看看西下落。〇三娘變得嗔容惡，罵薄情聽道破。你咱實話設些箇，且得相逢知細鎖，發跡高官非小可。

【尾】金印奴家緊藏着，休疑怪不與伊呵。又怕是脱空謾謊我。

知遠再取，三娘終不與。知遠，收則收着。不管無失，不限三日，將金冠覆帔依法取俪來。俪聽祝付。按祝付與囑咐音通

【般涉調】　　　【麻婆子】

是日劉知遠頻頻地又祝托。又告三娘子，如今聽信我。重鎮官封長山河，四方國柄我權握。二十五兩造莫着，成做小可。〇有印後爲安撫，無印後怎結束。上面有八個字，解説事務多。被俪一生在村泊，不知國法事如何。有多少蹺蹊處，不忍對俪學。

【尾】此貴寶勞覷着，若還金印有失挫，怎向并州做經略。三娘見到，牢收金印，告兒夫聽。

【仙吕調】　　　【醉落托】

三娘告啓、劉知遠伊自參詳。我因伊喫盡兄打桄。今日高遷，寶印我收藏。〇孤眠每夜何情況？一十三歲阻鸞凰。知遠聽説相偎傍，雖着粗衣，體上有餘香。

【尾】抱三娘欲意窩穰，大地權牙床；這麻科假做青羅帳。

三娘言夫婦雖團圓，起拜知遠。

兒夫肯發慈悲行　救度三娘離火坑

再三早告來取我。

復以《劉知遠》中所用曲牌與《董西厢》之曲牌試相比較如下：

(一) 與《董西厢》同者：

(仙吕) 醉落托西厢作醉落魄魄音托整花冠　戀香衾　繡帶兒　一斛叉　勝葫蘆　六么令　相思會　整乾坤黄鍾調亦有之

（中吕）牧羊關　安公子　（正宫）文序子　甘草子　（南吕）瑶臺月　一枝花　應天長　（道吕）解紅　（黄鍾）出隊子　雙聲叠韻　耍孩兒　墻頭花　沁園春　哨遍　麻婆子　蘇幕遮　（越調）玉抱肚　（商角）定風波在商調

（大石）王翼蟬　紅羅襖

（二）不見於《董西厢》者：

（中吕）柳青娘　木笪綏　拂霓裳　酥棗兒　（正宫）錦纏道　（黄鍾）快活年　願成雙　女冠子　（雙調）喬牌兒　（越調）踏陣馬　（商調）回戈樂　抛毬樂　（大石）伊州令有伊州滚　（高平）賀新郎　（歇指）枕屏兒　永遇樂　耍三臺正宫有三臺

更有見於《董西厢》而不見於《劉知遠》者，其數約在七十種以上。惟《劉知遠》全編不傳，今所得僅三分之一，則曲牌之見於彼而不見於此，爲數雖多，勢所難免。《董西厢》使用之曲調，種數之多，以其爲一長篇全本，而《劉知遠》之曲牌，爲數不多，以其爲一殘本，是以數量上不能盡合，此固然也。此外或因兩者所用之音樂，隨時代之推移而遺留其演變之痕跡；或因二者流行之地，南北——南宋與金——殊異，所以不同；此皆可以爲解釋之資。古板本學家吾友長澤規矩也君嘗鑒定此書板式，與静嘉堂所藏金板某書酷似。若此書爲金板，其流行之地，當亦在金，與金董解元之《西厢》爲同一地方之諸宫調。若然，則上文所述二書曲牌之出入，當由於時代之演變而有所不同。但板式問題殊爲微細，非經慎重研究，殊難遽定也。

余以爲二者體例，當有“原始的”與“進步的”之别。更以晚出之《天寶遺事》比較之，則此三種諸宫調，其演進之程序，可分爲三個階段。《西厢》作者董解元，《輟耕録》卷二十七謂爲金章宗時（1190—1213）人，《天寶遺事》作者王伯成，據《録鬼簿》卷上，大約爲金末至元一統初（約1230—1280）間人。二書體例上之演進，甚覺分明。而以《劉知遠》較《西厢》，其體例更具原始的形式，其演變之跡，猶之《西厢》與《天寶遺事》之關係然，蓋因時代先後而呈遞變之跡；申言之，即《劉知遠》之寫作期較《西厢》爲古也。下文再詳論之。

今取《劉知遠》與《西厢》之體例及曲牌考之，《劉知遠》遠較《西厢》爲單純。先就《劉知遠》每套曲牌之編製形式加以論列。按其殘存67套中：

（一）單曲合尾聲而成者63套；

（二）僅有單曲而無尾聲者九套；第三折《南吕一枝花》尾聲因原本殘缺不明故未計入

（三）連數曲而附有尾聲者三套。

是《劉知遠》之一套，乃單曲合尾聲而成之第一種形式，當爲常格。就《西厢》觀之，全本193套中，屬於（一）者96套，屬於（二）者51套，屬於（三）者46套，而採用第一種形式者，仍佔最多數。其次，僅有單曲而無尾聲者，或只限於特殊之宫調：即具五套者，屬高平調，四套者，屬歇指調；而此二調，皆不附有尾聲，故或限於此二調不用尾聲，殆成慣例，而第一種形式，則爲常格也。其次連接數曲而附尾聲之三套，均綴以“纏令”亦爲其共有之特點。

（正宫）應天長纏令……甘草子……尾……第一折

（中宫）安公子纏令……柳青娘……酥棗兒……柳青娘……尾……第一折

（仙吕）戀香衾纏令……整花冠……繡裙兒……尾……第十二折

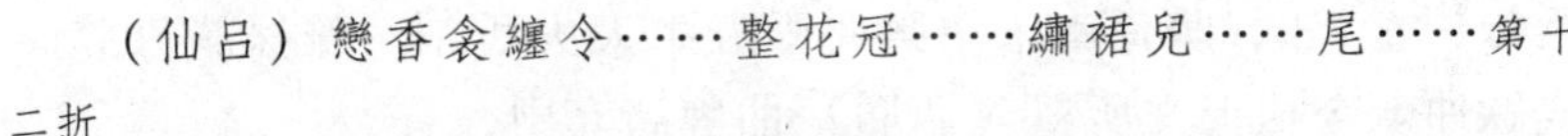

所謂纏令，據南宋人《都城紀勝》瓦舍衆伎條蓋北宋流行歌曲之一種，“有引子、尾聲者爲纏令”，位於曲之前後，配以引子（序曲）及尾聲，而成一種混成曲。上列三套曲牌之編次，即取此式。《劉知遠》中記有“纏令”者，僅限此三套而已。此種變格之形式，蓋爲借用纏令而成者也。《西厢》中用纏令者，有30套，其曲牌編次，與此略同。

準上以觀，《劉知遠》中除僅羼入纏令而外，其體例極盡單純原始之致。至於《西厢》，則往往借用他曲，體例又較複雜矣。惟《劉知遠》係殘本，闕佚部分，是否混有其他曲調，尚屬疑問，然以《西厢》考之，凡諸宫調，性質上作爲冒頭語之曲及近於團圓之場合，均可借用他曲以爲潤飾。《劉知遠》幸首尾尚存，而其作爲潤飾之用者，僅爲纏令，似可以概其全矣。但《西厢》中，纏令之外，尚有明受“賺”“斷送”之影響或出於“纏達”形式之套，此種套法，未詳其系統，以較諸宫調常格則呈顯著之進步。兹先舉其受其他歌曲影響之曲牌如下：

（一）由纏令而來者三十套

（越調）上平西纏令四見　廳前柳纏令鬬鵪鶉纏令　（般涉）哨遍纏令三見　（仙吕）點絳脣纏令三見　醉落魄纏令二見　河傳纏令　（中吕）香風合纏令　碧牡丹纏令　棹孤舟纏令　風合合纏　（正宫）甘草子纏　虞美人纏　文序子纏令　梁州纏令　梁州令纏　（黄鍾）侍香金童纏令二見　喜遷鶯纏令　降黄龍衮纏令　快活爾纏令　（大石）伊州衮纏令　（道宫）憑欄人纏令

（二）由賺而來者五曲

（般涉）太平賺　（中吕）安公子賺　賺　（正宫）賺　（道宫）賺

（三）由斷送而來者二曲

（般涉）哨遍斷送　（正宫）梁州令斷送

關於纏令之套法，《西厢》所載，雖與《劉知遠》略同，但其使用之多寡，則大相懸殊。《劉知遠》殘本七十六套中，僅用三套，《西厢》全本一百九十三套中，用至三十套。據《都城紀勝》及《夢粱録》卷二十，賺係南宋紹興間張五牛大夫所創，雜採諸家腔譜，而成歌曲。今檢上文所舉《西厢》曲牌諸套中，有

中吕〔安公子賺〕……〔賺〕……〔渠神令〕……〔尾〕……卷四

此一套是否純係用賺，尚未可必。此外般涉調〔哨遍斷送〕一套卷一中用〔太平賺〕，正宫〔梁州令斷送〕一套卷四中用〔賺〕，道宫〔憑欄人纏令〕一套卷四中用〔賺〕，此等用法，皆單在套内插賺一曲，甚爲顯明，較纏令之影響爲微弱。據《都城紀勝》及《武林舊事》卷八斷送爲南宋雜劇中附帶演奏之樂調。以余推測，斷送有如雜劇之序曲，不用歌唱，單僅奏樂。見拙著《支那近代戲曲史》第二章第二節然《西厢》中〔哨遍斷送〕〔梁州令斷送〕皆並存典辭，蓋借其樂曲而另附之以辭者歟？以上借用諸曲之各套，其形式皆僅連數曲而附以尾聲，與常格各套，不相混厠。至此，可知諸宫調進步之點，係能借用各種曲調，但此種曲調，不能混用於固有之套曲中，其間附有規矩存焉。

其次，有類於纏達者一套。纏達，據《都城紀勝》，亦爲北宋流行之歌曲，“有引子，尾聲者爲纏令，引子後遞以兩腔且循環間用者

爲纏達”，蓋似纏令，而中間以甲乙二曲循環交互爲用耳。《西廂》卷三有：

仙吕調……〔六幺實催〕……〔六幺遍〕……〔哈哈令〕……〔瑞蓮兒〕……〔咍咍令〕……〔瑞蓮兒〕……〔尾〕。

一套，其中〔哈哈令〕〔咍咍令〕詞形相同，其第四第五末句均殿以“也哈哈”“也咍咍”俗語，以此名其曲調，實爲同一之曲。其字面所以不同者，明因抄胥訛誤，以致歧異，孰爲正確，二者必有其一也。此事雖無他例以資勘正，未能決定，然此曲與〔瑞蓮兒〕曲，循環爲用，則正與纏達之形式相合。且此套所用曲中，〔瑞蓮兒〕一曲，除一度見於〔點絳唇纏令〕卷四一套外，不見於他套中，當爲特殊之曲，或爲纏達所專借用者，亦未可知。“六么實催”“六么遍”當自大曲演變而來其次，可注意者，有下列一套：

黄鐘調〔閒花啄木兒第一〕……〔整乾坤〕……〔第二〕按此爲“閒花啄木兒”第二下同……〔雙聲疊韻〕……〔第三〕……〔刮地風〕……〔第四〕……〔柳葉兒〕……〔第五〕……〔賽兒令〕……〔第六〕……〔神仗兒〕……〔第七〕……〔四門子〕……〔第八〕……〔尾〕卷四

此套淵源雖亦未明，但所用〔閒花啄木兒〕第一至第八，皆爲北宋以來流行之大曲，類似〔散序〕〔排遍〕之結構，《西廂》全書中，別無此例，以此考之，當爲假借別種歌曲而來者。

準上以觀，《西廂》在音樂上常假借別種歌曲，包容較廣，故體例遠較《劉知遠》爲複雜也。《劉知遠》中連數曲成一套者，實限於纏令，而《西廂》則即非纏令，用此種套法者亦復不少。《西廂》全本 193 套中，纏令三十套，其他連數曲而成者 16 套，其比數如此。更考晚出之《天寶遺事》，已無類於《西廂》之長套出見，換言之，即其長套實與元雜劇及套數無大差異也。試以之與雜劇比觀：施圈點者爲二者相同之曲牌

(《天寶遺事》) 中吕〔粉蝶兒〕……〔醉春風〕……〔迎仙客〕……〔喜春風〕……〔石榴花〕……〔鬭鵪鶉〕……〔普天樂〕……〔乾荷葉〕……〔上小樓〕……〔滿庭芳〕……〔紅繡鞋〕……〔快活三〕……〔鮑老兒〕……〔六么

序〕……〔隨煞〕雍熙樂府禄山泣楊妃

(元雜劇)中吕〔粉蝶兒〕……〔叫聲〕……〔醉春風〕……〔迎仙客〕……〔紅繡鞋〕……〔快活三〕……〔鮑老兒〕……〔古鮑老〕……〔紅芍藥〕……〔剔銀燈〕……〔蔓青菜〕……〔滿庭芳〕……〔普天樂〕……〔啄木兒煞〕白仁甫撰梧桐雨

此例中與雜劇不同之曲牌，悉爲元曲慣用之曲。此外，《雍熙樂府》之《力士泣楊妃》及《哭楊妃》中所用之中吕〔粉蝶兒〕一套，亦與此略同。《禄山憶楊妃》之雙調〔新水令〕一套，《馬踐楊妃》之正宫〔端正好〕一套，及《九宫大成南北詞宫譜》卷二十八所引越調〔踏陣馬〕一套，均類雜劇之套法。蓋《天寶遺事》作者王伯成，亦嘗作雜劇，《李太白貶夜郎》一本今尚存其撰諸宫調，當可應用雜劇套法，固不足異；然諸宫調體例及所用曲牌，因時代影響，必遺若干演變之跡，此斷不可忽視者也。

復次，諸宫調所用尾聲之句格，亦爲可以注意之點。《劉知遠》中所用尾聲，無論在何宫調中，皆以七言三句爲常格，至於襯字蓋爲俗曲所通用，其第一句之七言，往往分成三言二句，減去一二字者甚少。但七言三句之格，其基調則易辨識也。參閲上舉《劉知遠》本文《劉知遠》殘本66個尾聲中，祇商調〔拋毬樂〕一套之尾聲第一折七葉爲七言四句，蓋變例耳。《西廂》尾聲，大部分亦以此爲常格。不獨諸宫調爲然，賺之尾聲，亦以此種形式爲常格，如王國維氏所發見斷爲南宋之作《宋元戲曲史》第四章之《圓裏圓賺》《事林廣記》戊集卷二其尾聲即爲七言三句而成。賺前所載〔遏雲要訣〕論唱賺拍法云："尾聲總十二拍。第一句四拍，第二句五拍，第三句三拍煞。此一定不踰之法。"其説當不限此例爲然；可知凡賺之尾聲，必由三句而成，明矣。是則七言三句爲宋代俗曲尾聲之常格，可斷言也。但元曲尾聲之格，種别頗爲複雜。考元人《芝庵論唱》影元刊本《新編樂府陽春白雪》卷首論尾聲種類有云："賺煞、隨煞、隔煞、羯煞、本調煞、拐子煞、三煞、七煞。"此與元雜劇所用正相照合，除羯煞、拐子煞、七煞三種外，餘皆爲元雜劇所常用。元劇更有啄木兒煞、玉翼蟬煞、黄鐘尾、鴛鴦煞、離亭煞、高平煞等尾聲，其句格亦有多種。《天寶遺事》中，僅具二三曲之短套，尾聲概用七言三句，猶存古體，但長套則用後庭花煞、賺煞、離亭煞、歇指煞、隨煞、鴛鴦煞、七煞、四煞、三煞、二煞、一煞等新體，較之《劉知遠》不能不謂爲一大進步也。《西厢》大部分雖仍守古體，然亦採用若干新體：

○（卷一）越調、上平西纏令一套（卷二）越調、鬬鵪鶉纏令一套（卷四）越調、上平西纏令二套之尾聲 ○（卷四）越調、上平西纏令一套 越調、水龍吟一套之緒煞 ○（卷二）南吕、瑶臺月一套之三煞等

其中句數無一非二倍或三倍於古體（一句之字數，大抵皆以七言爲主）。右舉之"三煞"，亦見《芝庵論唱》中，屬元曲正宫調，句格雖不相同，但至少必有音樂上之關係。"緒煞"，《九宫大成》中引《董西厢》，注云："隨煞緒煞格式大同小異，本爲一體。"可知此等尾聲之新體，蓋由他曲假借而來者。此種現象，當爲嚴守古體之《劉知遠》至盛用新體之《天寶遺事》間之過渡情狀。綜結以上所論：（一）《諸宫調》可借用他種歌曲，（二）套法之單純與複雜，（三）尾聲句格之字數三點，此三種諸宫調演變之過程，當經三個階段，並可暗示其製作年代之先後，是以吾人得推斷《劉知遠》爲最古之作。

尚有一點，可認爲《劉知遠》猶存諸宫調之古色，即其所用之〔歇指調〕，不見於《西厢》者，凡四曲。此調元以來已成絶響，然南宋末，張炎《詞源》列舉當時通行之宫調名中有此調；又見金末元初人所著之《芝庵論唱》中；可知當時尚有用之者。且《西厢》諸宫調，經元迄明，尚能演唱，元鍾嗣成《録鬼簿》卷下記杭州人胡正成能歌董解元《西厢》始終無誤，明張元長《筆談》（《劇説》卷二引）記董解元之《西厢記》嘗搬演於盧兵部宅邸云云其間歇指調似已不能供一般應用而易以他調矣。此調既不見於今本《西厢》，可爲推定《劉知遠》爲比較近古之一證。但《北詞廣正譜》第十二帙猶存此調調名，而曲牌曲譜則已闕佚矣。又《九宫大成南北詞宫譜》中所不見，而見於《劉知遠》者，有〔枕㡰兒〕第一折〔耍三臺〕第二折〔永遇樂〕第二折及第十二折三曲，不可謂非戲曲上重要之資料也。

至於用韻一層，就《劉知遠》《西厢》二書與元曲差異之點觀之，亦有可以討論者。二書用韻，大體與南宋紹興年間所編《緑斐軒詞林韻釋》清人有疑其爲元明間之僞託者但有宋刊本現存《影宋元本隨菴徐氏叢書》中及元人《中州音韻》、《中原音韻》一致。而獨可注意者，爲《詞林韻釋》之（八）寒閒（九）鸞端（十）先元（《中原音韻》之寒山、桓歡先天）三韻，往往可以通押，南三、占炎（《中原音韻》之監咸廉纖）二韻亦間有通押者。兹列舉用上舉諸韻之各套如下：

〔劉知遠〕（第一折）商調、抛球樂　黄鐘、女冠子（第二折）

仙吕、勝葫蘆（第十二折）仙吕、整乾坤〔以上純押先天韻〕　〇（第一折）商調、迴戈樂　南吕、應天長（第十二折）黄鐘、出隊子〔以上寒閒、鸞端、先元通押〕　〇（第十二折）越調、踏陣馬〔寒閒、先天通押〕

〔西厢〕（卷三）中吕、滿庭霜僅彈字通押寒閒韻　雙調、芰荷香　仙吕、喜新春〔以上純押先元韻〕　〇（卷一）仙吕、點絳唇　仙吕、惜黄花　仙吕、繡帶兒　大石、玉翼蟬（卷三）大石、玉翼蟬（卷四）中吕、風合合纏　中吕、古輪臺〔以上寒閒、鸞端、先元韻通押〕

上示爲通押之例。再各舉一套，並録其韻脚之字：

〔劉知遠〕（第一折、南吕應天長）院先元韻　漫鸞端韻　半鸞　觀鸞　桓鸞　〇第一句末衫字（南三韻）亦似通押　漢寒閒韻　鑽鸞　轉先　團鸞　顯先　〇算鸞　换鸞　冠鸞

〔西厢〕（卷一、仙吕繡帶兒）欄寒閒韻　滿端鸞韻　看寒　亂鸞　歎寒　囀先元韻　顫先　斷鸞　〇遠先　憚寒　言先　前先　輭先　團鸞　赧寒　漢寒　見先　眷先　〇喘先　面先　散寒

084

再檢《天寶遺事》佚文中所用上三韻之例：

“明皇望長安”“楊妃乞罪”“禄山謀反”（以上三套純押寒閒韻）〇“明皇游月宫”“楊妃藏鈎會”“禄山憶楊妃”（以上三套純押先元韻）用鸞端韻之例尚未之見。

以上三韻，毫不能通押。元雜劇及套數，亦均不能通押、雜劇有借押相近之韻者但甚少此三韻之通押，宋詞中卻盛行之。據清戈載《詞林正韻》所考宋詞用韻之分類，凡與寒閒、鸞端、先元之韻相當者，皆合爲一類，列爲第七部，而與南山、占琰二韻相當者，合爲一類，列第十四部。徵諸宋詞實例，誠然。如晁補之“梁州令”“梁州令叠韻”據萬氏《詞律》卷六尚不僅寒閑等三韻，且通押占琰韻。兹舉其韻脚之字如下：

〔梁州令〕淺先元韻　徧先　臉占琰韻　緩鸞端韻　願先　盞寒間韻　遠先

〔梁州令叠韻〕慣寒閑韻　燕先天韻　偏先　淺先　雁寒　速先　斷鸞端韻　占占琰韻　箭先　絆鸞　伴鸞　勸先　面先

余尤注意者，《劉知遠》中南三韻可通押者凡二處，《西厢》中占琰韻可通押者凡三處。押韻法類宋詞，而不類元曲，蓋亦可見其爲古制之一端也。

以上所述大致關於體例之觀察，兹復進而論述其内容。

自來取劉知遠與其妻李三娘之事而爲題材之作，據吾人所知，有

宋無名氏《新編五代史平話》董氏誦芬室影宋殘本中之《漢史平話》卷上，及元劉唐卿撰《李三娘麻地捧印》雜劇見《錄鬼簿》，已佚元末明初無名氏撰《白兔記》傳奇《汲古閣六十種曲》本暖紅室重刊本明萬曆間謝天祐校正《新刻出像音註增補劉知遠白兔記傳奇》富春堂原刊本與《六十種曲》不同四種，今又新得《劉知遠諸宫調》。

大約宋代民間文學中關於五代史史話之類，似頗盛行。北宋末葉記汴京舊聞之《東京夢華録》卷五京瓦伎藝條中，舉各專門伎藝人，有“霍四究説三分，尹常賣五代史”，可見其嘗與《三國志》同時流行。《新編五代史平話》蓋即此類話本也。今將《劉知遠諸宫調》與《五代史平話》比觀，其關目互有出入，復與晚後之作品比較，則元人《麻地捧印》雜劇，屬於諸宫調之系統，兩種《白兔記》之内容，則各雜有其系統，但其中所含諸宫調系之關目較多，仍當視爲出於諸宫調之系統也。

今先述《劉知遠諸宫調》之梗概，然後以之與其他諸作相比較。

（知遠走慕家莊沙佗村入舍第一）劉知遠，應州路人，劉光斑之子。光斑生性雄武。因失陣亡歿，身後家財亦盡。其母遂携少年之知遠與其弟知崇趁熟於太原陽盤六堡村，再嫁慕容太郎，又生彦超、彦進二子。知遠年長，因與異父弟不和，遂投托他鄉，别求生活，不持盤費，遽離慕容家。途中枵腹饑甚，幸於一酒舍乞得一飯之惠。以下缺二頁

沙佗小李村，有名李洪義者，人呼活太歲，無賴漢也。來至店中，唾罵店主翁，知遠怒毆之，以報店主一飯之恩。是夜即宿於此店。翌晨出發，來至沙佗村，身體困乏，卧於農家槐陰下。其家主人李三傳忽見樹影間紫霧紅光，有金龍戲珠，至其處則一壯漢正酣睡地上。心思此人必顯貴，待其覺，問彼姓名，遂携之還家，認爲傭力。豈知昨日被歐之李洪義，即三傳長男，其妻諢名倒上樹，弟曰洪信，其妻諢名棘針棍，皆潑辣之徒。洪義見知遠大怒，欲報昨日之讎，提桑棍向前便打，爲其父三傳喝止。是夜知遠寢於西房。三傳女曰李三娘，顔貌傾城，恰出焚香，明月之下，忽見地下金光一道，形似小蛇，盤旋入於西房。隨蹤觀之，但見一堂堂七尺少年卧土床上，即知遠也。三娘知爲非凡人，遂取頭上金釵分其一股，待少年覺後贈之，欲托終身。知遠再三墾辭不獲，感其情摯，卒諾之。翌晨，三娘以告父母，父母亦許之，急央房弟三翁爲媒，擇吉行禮。然未及百日，父母攖疾，相次而亡，自是兩兄遂虐待知遠。

（知遠别三娘太原投事第二）先是洪義詐約知遠夜看桃園，欲以棒狙擊之，適洪信前來，誤爲所中。時知遠與村中數人携酒而來，爲洪義所阻，責其岳父母方亡，不應飲酒，天曉，縛送官府。此處缺一葉三翁來，始叱退兩兄。夜半彼兄弟復於知遠寢處放火，欲焚死知遠，知遠寤，得免於難。次日，知遠引牛驢拖車力作於三教廟左近，日午暫憩廟中，忽雷雨驟至，牛驢受驚跳擲，斷繩而逃。知遠恐兩兄見責，遂决意走太原投軍，乃潛歸家中，告别三娘，飄然而去。聞并州司公岳金尚募兵，即往應之。岳司公親試知遠武藝，見其頭上有紅光如龍争之形，大驚，以爲非常之相，因通媒欲以其女妻之。知遠辭不獲已，乃許之。

（知遠充軍三娘剪髮生少主第三）知遠與岳司公之女舉行婚禮。僅存二葉下缺

（以下至第十折均缺，但據第十一折知遠與三娘重聚時之對話觀之，其間重要事蹟約略可以推測。）

知遠去後，三娘被兄迫令改嫁村南某家，不從，剪髮以誓，日日勤勞汲水，狀如奴婢。而身懷六甲，繼産一子名成祐，知遠所生也。李洪義抱至知遠軍營前，棄之雪中。適爲知遠拾得，帶歸育之。知遠漸陞至九州安撫使。時成祐已十三歲矣。一日從僕吏出獵。渴甚，求水不得，適逢其母三娘正操汲水之勞，問其身世，歸而訴之於知遠。

（知遠投三娘與洪義厮打第十一）前三葉缺知遠易破衣微行至沙佗村，遇三娘於麻田中，夫婦離别已十三年矣。三娘問其子安否。知遠謂：昨日來此村行獵，乞水於爾之公子，即爾子也。本人今已居九州安撫使重位。三娘不信，乃以安撫使金印示之。三娘喜，取藏懷中。知遠不得已與之，囑其牢牢收藏，並約不久來迎。時洪義忽至，以爲知遠途窮潛來村中，大加叱駡，並以破罐盛殘餘辱之。知遠怒，以之潑洪義面，洪義呼嘯一聲，洪信及二人之妻一齊奔來攢毆知遠。此時高岡上出現兩英豪，急來救知遠，一個是郭彦威，一個是史洪肇。

（君臣弟兄子母夫婦團圓第十二）於是知遠歸官邸，正以其日遭遇語其夫人岳氏，忽聞階下有訴冤者，視之，即洪義、洪信也。知遠大喝一聲：開眼覷吾。左右刀手欲斬之。忽報有機密公文至，云有强盗五百圍小李村，劫去三娘。知遠急命史洪肇與郭彦威先往救之，隨即親率兵趕至。賊將見之，棄戈降馬言曰：某非頭目，軍中别有首領。首領出見，則知遠之異父弟慕容彦超與彦進也。兄弟始得重相會晤。乃迎李三娘入并州安撫使署，大張

筵宴。岳夫人親捧金冠霞帔與三娘。三娘懇辭云：欲戴金冠，怎奈髮已剪，眉污穢，奴婢之姿，不堪戴此。若天可怜鉴，三梳髻髮，若能重生，則受正妻之位，若不重生，只願爲偏室。果然，髻髮三梳，隨手青絲拂地，乃戴上金冠。此時階前洪義，只管乞憐，卒赦之，命登筵席共飲。適門外一青年求見，引之入，則知遠胞弟劉知崇也。於是兄弟子母夫婦皆得團圓，階前奏樂，重新置酒張筵云云。

若將《諸宮調》與《平話》比較，其題材骨子，大致相同，而人物與地理，則往往歧異。今將其歧異之處，與正史參照，大抵《平話》與正史相同之點爲多。如知遠之鄉里，《五代史·漢本紀》云："其先沙佗部人也，其後居太原"。《平話》爲"其先世沙佗部緑村人，後居太原汾州孝義縣"。似爲敷衍正史而成。然《諸宮調》則稱爲"應州縣人"，按應州即今山西省雁門道應縣，當時爲該路之行政中心；沙佗部，當今新疆省迪化道古爾班通古特沙地，爲唐代蕃族之部落，二地相差甚遠。知遠妻李三娘鄉里，《五代史·漢家人傳》云："高祖皇后李氏晉陽人"。晉陽約當今山西省太原縣。《平話》稱李三娘家在孟石村，知遠由汾州孝義縣今山西冀寧道縣名同欲往太原投軍，中途傭力於其家。所謂孟石村，大約爲太原之鄉村，與正史相合。但《諸宮調》則稱李家在在沙陀小李村，與正史相去甚遠。其次，李三娘兩兄，《諸宮調》以洪義居長，洪信行二，而《平話》則反是，以洪信爲兄，洪義爲弟。據《宋史》列傳卷三百五十二"李洪信并州晉陽人。漢昭太后按即知遠之妻弟也。后弟六人，洪信居長"。又有"少弟洪義"云云，是亦《平話》近於正史之點。但《平話》及《諸宮調》皆謂爲李三娘之兄，與《宋史》所記爲弟適相反。知遠與李三娘所生之子，《諸宮調》名成祐，《平話》名承義。據《五代史漢本紀》載，知遠之子有二，長爲承訓，弟爲承祐，二名皆各易一字。拔取知遠之人，《諸宮調》爲岳金尚，《平話》爲石敬瑭。知遠心腹之臣，《諸宮調》爲郭彦威、史洪肇，《平話》爲郭威、史弘肇，《平話》與正史相合。若夫《平話》較《諸宮調》爲近正史之故，蓋由二者文學的性質之不同。平話者，所謂講史也。其性質爲叙述歷史而將其通俗化，使聽者發生興趣，則編者之意念，自然不離史實，至少亦必有史實的相當觀念存在。反之，《諸宮調》僅以投合聽衆之興趣爲目的，故不拘泥於史實，任採傳聞，恣憑臆論。則二者之有差異，固不足奇也。

然二者卻亦有共同之點。即彼此關目並不依據史實，而情節大致

同歸一揆。如知遠之妻，據《五代史·漢家人傳》云：“高祖皇后李氏晉陽人，其父爲農。高祖少爲軍卒，牧馬晉陽，夜入其家劫取之。”而《諸宮調》及《平話》皆謂李三娘之父救拔知遠爲其家傭人，而至入贅，此最爲不同者也。又《諸宮調》及《平話》，皆以三娘兄洪信、洪義二人爲極端惡人，因虐待知遠夫婦，遂引起悲劇，此爲造成全部故事波瀾壯闊之關鍵。然據《宋史》列傳所云，李三娘之弟“洪信無他才，徒以外戚致位將相。”似其少年時不致有虐待三娘夫婦之事。至謂二人爲窮兇之徒，或亦出於想象，《宋史》列傳載：“洪信……斂財累鉅萬，而吝嗇尤甚。”又云：“洎高祖起兵，少帝按即知遠之子又詔洪義扼河橋，及周兵至，洪義就降，漢室之亡，由洪義也。”大約係據此而加以筆誅，故兄弟二人特爲世所誹惡耳。其斂財就降之事，或爲此故事構成之起原歟？今更有一想象之推測，彼加青眼於知遠夫婦之叔父，《諸宮調》僅稱爲三翁，《平話》爲李敬業；未知此人。是否即爲李氏之幼弟李業。《五代史·漢臣傳》：“李業，高祖皇后之弟也。后昆弟七人，業最幼，故尤憐之。”是業爲李氏所鍾愛，故以之充當此脚也。總之，二書相同之情節，如知遠去後，三娘生子，其子又爲知遠所得一節，三娘被兄虐待，汲水操勞一節，《平話》未單述汲水一事，僅見於軍卒戲語。知遠之子及李敬業與知遠會話中嘗言及此事知遠成名後，微行來村中見三娘，適遇其兄相與厮打一節及知遠迎取三娘大團圓一節：此等情節皆起點於知遠入贅李三娘，被其兄洪信、洪義虐待之非史實的虛構，再演而爲“羅曼斯”者，概難認爲史事。今考《諸宮調》與《平話》中此等共同關目之存在，在二書成立以前，必已有如“羅曼斯”的小説講史之類存在，《諸宮調》及《平話》，蓋由此演變而成者也。

其次，再以後世戲曲關目，與此兩本比較，究其異同。元人《李三娘麻地捧印》雜劇已佚亡，無由獲見，但觀其題目，此劇當即《諸宮調》之《知遠投三娘與洪義厮打第十一》之前半，即知遠發跡後，微行至麻地遇三娘，示以金印一節之事。知遠微行之事，並見於《平話》及兩種《白兔記》，而三娘捧印之事，則均無之。且二人聚首重逢之麻地，《諸宮調》外，未有記之者，《平話》以之爲三娘家，通行本《白兔記》以之爲汲水處，富春堂本《白兔記》以之爲磨房。《諸宮調》此節固缺前三葉，雖不明，而據仙吕〔醉落拓〕之尾聲有：“大地權牙床，這麻科假做青羅帳。”則相會處爲麻地可知。由是觀之，《麻地捧印》雜劇，當與《諸宮調》有密切關係。元雜劇中，如王實甫《西廂記》係據董解元《西廂記》諸宮調爲藍本，由是推之，《麻地捧印》蓋以《劉知遠》諸宮調爲藍本，自非臆測也。

次論其與《白兔記》之關係若何。

（附注）《白兔記》有兩種，不僅曲白幾全相異，即關目亦往往不同。但亦非全然各異，其中數曲曲辭略同，本末關係，亦約略相似。即通行本第八出《遊春》“金井水紅花”以下四闋曲辭，與富春堂本第十折“金井梧桐”以下四闋，文字僅小異而已。通行本第十一齣生唱“一江風”一闋，與富春堂本第十四折“一江風”第二支生唱，文字雖頗有異同，而二者之關係則可概見。其中除沈璟新增八闋外，所殘十一闋，實蔣孝原編，爲嘉靖以前舊曲。今試參照此十一闋以考兩本異同。此十一闋與通行本相照，僅文字間稍有參差。與富春堂本相照，僅上舉兩本中“金井水紅花”第一支互有關涉。其文字之異同，亦與通行本相近。據此，則通行本，似尚存嘉靖以前舊觀。且沈璟新增八闋。悉見通行本，而富春堂無之。可知沈璟所採舊曲，當屬於通行本之系統。然富春堂本係萬曆間刊行，其封面題有“校正詩白，增補改正”字樣，雖表明曾經改訂，但仍無與沈氏《南曲譜》相合者，則其字句之改正，想無若何特異之處。更審其內容關目，富春堂本《白兔記》，其中並無追逐白兔一節，此爲全書命名所自，反不見於劇情中，改作云云，不辨自明矣。富春堂本第三十四折有打獵，而無射白兔之事，僅曲文中有“見兔放鷹，白馬閃閃”八字。“白兔”二字，終未一見，未知何以題爲《白兔記》。至於通行本中所記追射白兔之事，則爲正式排演之關目。且就曲辭而言，通行本質樸，猶存古色，富春堂本典麗，頗帶萬曆間作風。即謂富春堂本非改訂本而爲一新編本，亦無不可。故余以爲通行本《白兔記》較爲近古。

考通行本《白兔記》，其系統若謂出於《平話》，無寧謂爲近於《諸調宮》。但宋元間此種題材之供給，必有多種，如徑論斷其單與《諸宮調》有關係，自所不許。然若以三者關目互相比較，似亦可約略窺測其系統孰爲相近。《白兔記》中以三娘之兄爲李洪一，不作洪信。洪一與洪義，音相通，“一”音 i 上平聲或去聲，“義”音 i 去聲。洪義爲首惡之人，如上述《諸宮調》中彼所佔之位置，而《平話》卻以洪信爲兄，此爲《白兔記》近於《諸宮調》之一點。《白兔記》中知遠放馬崗上睡卧時，三娘之父見有如蛇之物穿其竅，大驚，而三娘亦見有五色蛇，追踪至知遠寢處，前者與《平話》相合，後者與《諸宮調》相合。此當爲兩種系統混合之痕跡。又《白兔記》

寫其兄洪一使知遠於夜間看守瓜田，欲謀害之，而《諸宮調》所記爲桃園，其事亦相似，但《平話》無此關目。《白兔記》寫知遠投岳節度使軍中，後遂入贅一節，與《諸宮調》相合，而《平話》則係出於史實，謂知遠受知於石敬瑭，未言入贅之事。其次爲《白兔記》中重要之關目，寫知遠之子長至十餘歲時，一日出獵，追逐一負傷白兔，偶遇其生母三娘正汲水一節，《諸宮調》有而《平話》無之。惟《諸宮調》係行獵時因渴乞水而遇其母，無追逐白兔之事。綜觀以上，除知遠牧馬岡上睡卧一節外，皆爲《白兔記》情節近於《諸宮調》之處。但有一點爲《白兔記》近於《平話》者，即知遠來三娘家以前，曾混跡賭徒中，而《諸宮調》則未描寫其顯貴以前之敗行。比較言之，謂《白兔記》大體近於《諸宮調》之系統，不亦可乎？今更進一步推測，上述北曲《麻地捧印》雜劇，其題材取自《諸宮調》而《白兔記》又本之翻成南曲戲文。此説固非無據也。考元中葉以後，南戲復興，同時將北曲雜劇翻爲南戲者甚多。見拙著《支那近代戲曲史》第四章古南戲目對照表據此則《白兔記》之粉本亦爲雜劇，未必即爲臆測。故姑擬定《白兔記》之粉本爲《麻地捧印》雜劇。

富春堂《白兔記》爲明萬曆間改作本，前既辨之矣。其主要關目，大概沿襲通行本《白兔記》，惟有一可注意之點：知遠去後，三娘被兄迫其改嫁，不從，寧剪髮、汲水、挨磨，備受艱苦，誓不從二夫。其中剪髮一節，通行本無此關目。然不知如何此一關目富春堂本《白兔記》卻與《諸宮調》之“知遠充軍三娘剪髮生少主第三”相合。《諸宮調》中此折雖僅存二葉，其詳不得而知，但觀其標目，當有剪髮之事。且第十一回第四葉首云：“村南别改嫁，爲不肯把頭剪卻，”可知其剪髮爲拒絶改嫁之表示。富春堂本《白兔記》之改作者，從何而得此關目，實無由考見，但又明知其非獨創也。

據上所考，《劉知遠諸宮調》直接或間接影響於後世之戲曲，良非淺鮮。故此書之發見，實爲《諸宮調》最原始的典型體例，其爲新資料之價值，猶不僅在文學史上特放光彩已也。至於内容所叙關於劉知遠與李三娘之事，爲元明戲曲之主要題材，其可寶重，猶在《五代史平話》以上。曲辭古質素樸，文學的手腕，與董解元《西廂》自不可同日而語。其隱没於人間久矣，後世無復重刊者。其間殆有鬼神呵護，宋金古槧，始得重現於今日，徇爲學術界一大可慶幸之事也。

原載《國立北京圖書館館刊》第六卷第四號

1932 年 7 月

郎世寧傳考略

（日）石田幹之助

一

意大利耶穌會士約瑟·迦斯提里阿納（Giuseppe Castiglione）[①]，漢名郎世寧[②]，歷仕康熙、雍正、乾隆三朝，專以繪事供奉内廷。其畫多參西法而施以中國之技術，聲名藉著内外。氏在近世中國繪畫史上誠堪特書之人物，而世人於彼夙多異論，故其生平記傳，闕焉不詳。雖文獻不足徵，然就余所知，前則有法之格魯士爾（Abbé Grosier）[③]，近則有德之泰麥（Ulrich Thieme）、伯克爾（Felix Becker）兩氏[④]，法之哥底葉（Henri Cordier）、伯希和二氏[⑤]，及我國田中豐藏教授等[⑥]，俱曾有所論述。他如中國繪畫史以及中國耶穌教史之類，於郎氏之行實與畫蹟，雖間有記述，要皆簡略。謂之別傳體可耳，至若本文所論。則以上諸人之作，實屈指可計。然上舉諸篇，雖皆苦心研究之結果，尤以伯希和、田中二氏考據最爲精密[⑦]，但猶嫌簡略，未盡之處頗多，且有待商榷者。玆並捃摭群書，草《郎世寧傳考略》一篇，並據清胡敬所記《石渠》著録[⑧]，另成郎氏作品表目，前人之勞作雖云簡略，而余兹所考，亦决不能即謂詳盡矣。倘有其他事實，足資補充此篇新傳者，尤爲望外之幸，謹俟大方博雅之是正。

二

西曆1688年（康熙二十七年戊辰）7月19日，迦斯提里阿納生於意大利之米朗諾（Milano）市。

迦斯提里阿納之生年月日，亦猶其卒年月日，頗多異傳，莫衷一是。其生年有1698年説與1688年説。格魯士爾、法韋爾（Favier）兩氏及有名之《畫史彙傳》編者泰麥、伯克爾二氏，皆採前説[⑨]，哥底葉、諾世孟特克斯（Rochemonteix）及伯希和等，則主後説[⑩]。按前説爲誤。蓋歷來明記迦斯提里阿納生年之史料闕如，大多惟據1768年年七十逝世推算，於是發生二重錯誤：一謂歿於1768年，二謂其時年七十，並屬誤傳，據此推算，皆不足信。迦斯提里阿納以1766年7月16日，卒於北京，享年七十八西洋算法，徵諸其近年發見之墓誌銘，確無可疑。則其誕生之年，當在1688年，此余所以舉後説爲是者也其歿年亦聚訟紛紜，前既言之，而今據其墓誌銘，群疑冰釋。下文當詳論之，兹不復贅。

然則，其誕生之月日爲何。主1698年説者，皆未言之。惟主1688年説者舉之耳。哥底葉嘗於其《意大利畫人潘廷章傳》中記爲7月16日[⑪]，而諾世孟特克斯於所著《錢德明傳》中，則考定其爲7月19日[⑫]。哥氏誤以7月19日與其逝世之時日7月19日混記，其後，氏於其《中國書誌補編》出版時，訂正爲7月19日[⑬]，余固贊同諾世孟特克斯氏之7月19日者也。諾氏之書，余不幸未之見。然據哥底葉、伯希和等之介紹，知其繁博之徵引，多爲稀覯之史料，誠屬苦心之作，其説蓋必有所據，故余今姑從之。

三

1707年（康熙四十六年丁亥）迦斯提里阿納19歲。依西洋算法，下同是年入耶穌會爲會友（Frater Coadjutor；Frére Coadjutor）[⑭]。

按氏之入耶穌會，文獻中無明記其年月者。據上文考定，墓誌銘記氏歿於1766年7月16日，依此推算，則距氏之死，當爲59年半也。但其所入爲何地之耶穌會，則未知也。

1715 年（康熙五十四年乙未）27 歲。是年 8 月，氏來中土，11 月 22 日，偕長於醫藥及外科之意大利人耶穌會士迦士太（Giuseppe Costa 又 G. d' a Costa）抵北京[15]，屬葡萄牙傳道部，居東城東華門外東堂，時時召值内廷。東堂一稱聖約瑟寺（Eglise St. -Joseph），與北堂、南堂，爲當時北京三大西教堂之一，規模雖小，而却饒具伊華尼（Ionian）式瀟灑之建築物。

氏抵北京之時日，亦頗多異傳，諾世孟特克斯所記爲 1715 年入北京[16]，哥底葉即據爲到達中土之時[17]。後説似可置信。文西提斯（Gherardo de Vicentüs）於馬國賢（matteo Ripa）《書牘纂註》中謂爲是年 11 月 22 日氏偕迦士太抵北京[18]，究其係屬葡萄牙傳道會與否，雖未明記。但此傳道會所屬之耶穌會士，當時實皆住東堂[19]，而氏亦同在其處，則無疑義。然當時晉京之西教士挾技藝以供奉内廷，大多安置於京西海甸之如意館屬圓明園，氏或在東堂同處大半年[20]，即已移入如意館，多經朝夕，蓋未可知。而氏以入值内廷常近帝側，獻其丹青之精技，以下文所舉種種史料觀之，或多留居京中。亦難斷言。果爾則葡萄牙傳道會所屬之耶穌會士，其起居生活，皆在東堂，而氏亦當居於此。在海甸之西教士，扈從帝駕入京城時，容或晝則供奉内廷，入夜即退休教堂，而又各歸其所屬之會堂安宿，自爲意中事，然則氏之居東堂，可無俟言也。

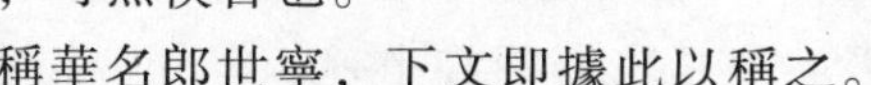

此時，氏稱華名郎世寧，下文即據此以稱之。

四

郎世寧入京後，究自何時始以繪事受召於清帝，尚不甚明。康熙中，雖已挾其特技蒙聖祖之嘉賞，然據余之見聞，徵諸記載及其畫蹟，皆不可考，其受召之期蓋始於雍正之朝。雍正元年（1723 年）世寧 35 歲九月十五日，郎氏所繪有《聚瑞圖》一軸，二年（1724 年）十月繪《嵩獻英芝圖》，傾其妙技，發揮海西之法，聖躬當必大爲感動，此等作品之存亡、著録，及影印等事，兹不一一煩記，概括於篇末所附作品表中。六年戊申（1728 年）仲春成大作《百駿圖》一卷，誠不愧爲歐風畫之大手筆。凡此諸作，皆用絹地水彩畫具作之，用中國之材料，行西洋之畫法，可謂開從來畫史所未有也。其顏料爲西洋輸入，抑中國所産，余於此未所確言，宜俟專家之研究以决之（譯者按：余曾見故宫博物院藏郎氏所用畫瓶四五事，大小不等。悉爲西洋式製作，其中所餘顏料紅藍二色猶甚鮮美，以意推之，必爲郎氏隨身帶來者；而内廷即有所備，自亦爲中國上等品質，郎氏或兼而用之耶?）

後來所繪，亦略如斯。時或雜以紙地。立軸、横卷、畫册皆有之，而屬油畫者，今其遺品中，殆未之見。至如相傳爲世寧手筆之香妃像參閲附表若爲其真蹟，則爲僅有之實例，彌足可珍者也。

1730 年（雍正八年庚戌），世寧42 歲。9 月 30 日，京師大地震。民屋倒壞無數，市民壓死者近 10 萬人，南北二堂亦蒙極大損傷[21]，東堂被害幸少，郎世寧等亦得無恙。

五

郎世寧自來皆謂爲畫師耳。然考諸西教宣教史，知其關於傳教之事。頗任相當重要之職守。康熙一代，自帝親政以後，事實上對於西教之布道，已寬大處置。然至雍正之朝，禁教之令，極爲峻烈，入乾隆朝此事猶未緩和，除奉值内廷之教士外，其居留中國内地者，至感困難。此時，一般宣教師如我郎世寧之輩，受皇帝之殊恩，非尋常者流，當必有請願之舉，不難察知，事實上，彼等必已央之再四，可概言也。

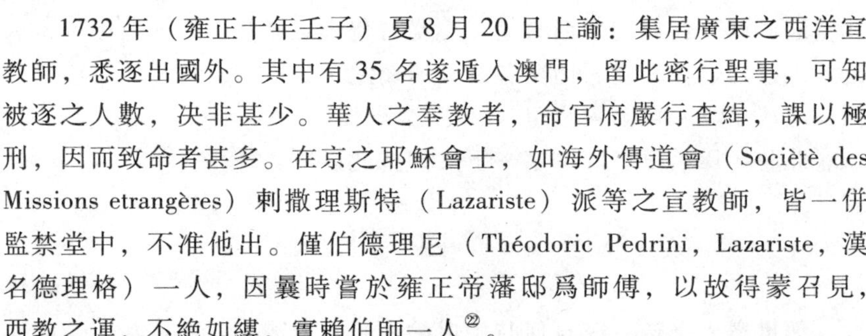

1732 年（雍正十年壬子）夏 8 月 20 日上諭：集居廣東之西洋宣教師，悉逐出國外。其中有 35 名遂遁入澳門，留此密行聖事，可知被逐之人數，決非甚少。華人之奉教者，命官府嚴行查緝，課以極刑，因而致命者甚多。在京之耶穌會士，如海外傳道會（Sociètè des Missions etrangères）剌撒理斯特（Lazariste）派等之宣教師，皆一併監禁堂中，不准他出。僅伯德理尼（Théodoric Pedrini，Lazariste，漢名德理格）一人，因曩時嘗於雍正帝藩邸爲師傅，以故得蒙召見，西教之運，不絶如縷，實賴伯師一人[22]。

1735 年（雍正十三年乙卯）10 月 7 日帝崩，高宗即位。1736 年（乾隆元年丙辰），禁教之令。猶未緩弛，輔臣議請上諭，召除供奉内廷者外，滿漢軍民中布教之西人，禁其居留。諭頒之後，京師及各省教民囚禁監中者甚多。耶穌會士等相謀，央託郎世寧試行緩和禁教之請願。5 月 3 日，帝如例至畫院，臨近世寧之側，觀其運筆賦彩。世寧忽投筆作悲痛困惑之情，跪伏君前，請給緩西教宣傳之禁，其辭極哀切。遂自懷中出黄本奏疏，恭呈帝座。時帝左右宦官，覩此違例之直訴，皆相顧失色。而帝則静聞世寧之言，親勑之曰："朕未嘗阻難卿等之宗教，朕唯禁旗人不信奉之耳。"帝命左右納疏，更語世寧曰："更當瀏覽卿之奏疏，請安坐續行繪事。"十日後，宗室某王，召宣教師等入宫，代帝宣嚮勑旨，再如上諭，特禁旗人不准奉教，其他皆不措問，宣教師等亦得自由布道。宣教師自此始悉其裏細，蓋未嘗禁止在漢人之間布教也。並盡力提請撤廢禁令之謄本，重行折衝更易，此事遂得圓滿之解決。而世寧之昧死陳辭，不爲無力矣！代行帝命之某王如上諭示之事，遂乃周知，而吏僚對西教信徒之態度，亦行寬大，自此殆無迫害之跡[23]。

1737 年（乾隆二年丁巳），世寧 47 歲。前年稍稍緩和之禁教旨意，本年又復熾烈，較前倍加苛酷，即所謂劉二案也。教民劉二者。憫憐一垂死之孤兒，施以洗禮，有人遂誣以迷拐之罪，於是禁教之令，益厲於前。是年 12 月 13 日，帝更頒上諭，嚴禁天主教，故宣教師等再有煩郎世寧祈願於帝座之事（禁令頒發之前，關於劉二事件，宣教師亦頻有所運動。法國耶穌會士帕爾寧（P. Parrenin 漢名巴多明）奔走勤勞，乃蒙向之宗室某王極力居中調停。此事詳各種中國西教史中，兹不贅述。[24]

諭出之後，帝例常御臨畫院，觀郎世寧丹青之技，世寧顏色愁絕，帝就繪事種種下問。世寧皆默然不答，其憂愁之情，如前次上諭時之深切。帝問是否有病，世寧跪伏帝前，淚流滿面，引康熙時之例，哀懇皇上格外開恩，罷免禁令。帝如前年之語，頻言未阻難耶穌教以苦教士，並謂此事待從容考慮，遂還宮内[25]。數日後，有旨諭宣教師，劉二犯國法，迷拐人家兒童，著刑部嚴加治罪。此事與耶穌教無關，亦與西洋人無涉，等語。諭出，禁教之事，乃置不問，於是傳教西師，復相率微服入中國。暫居澳門以待時機之 40 餘人，亦改裝還中國。世寧之功，可云偉矣。法韋爾《北京誌》漢文節本《燕京開教略》中云："郎世寧片言之力，有勝千百之奏疏"[26]，恐非溢美之言。

六

1738 年（乾隆三年戊午），世寧 50 歲。是年法國耶穌會士阿提利（Frère Jean Denis Attiret 漢名王致誠）來北京，居北堂。阿提利 1702 年生於多納（Dole），優於繪畫。居留北堂之法國耶穌會士等，鑒於葡萄牙傳道部有如郎世寧之名手，亦欲於其教派中招致本國之優等畫家來中土與之對抗[27]。阿提利入京後，亦供奉内廷，得乾隆帝之寵遇。爾後世寧常與彼同在殿中，據彼於 5 年後，1743 年 11 月 1 日寄自北京之書簡中可以證之[28]。其書關於阿提利在畫院之情況，亦有詳細之敘述[29]，於當時宫廷歐西畫僧之生活，傳述無餘，可藉以窺知與彼居常坐卧，形影相伴之郎世寧之生涯。其言略云：余在内廷，供奉繪事，勞瘁異常，其畫室僅數間平屋，不可避寒暑。冬唯設一小爐，凍則呵筆從事；夏則炎日蒸爍，室内如爐。且中國之人，概目外國人爲其屬民，得蒙内廷擢用，已爲異數，榮幸無比。余抵華後，皇上召用，禮遇甚隆，異於通常傳教之士。中國之人，皆以爲乃逾格之寵，而余則淡然漠然。余之來中國，實非爲繪事，余又不忍西歸，亦非戀戀於繪事，惟從神之道，神之意而已。終日雖供職内廷，實不啻囚禁其中。每當禮日慶辰，亦幾無祈禱之暇，不得勤行聖事之機。又執筆之際，多端掣肘，不能隨意發揮特技。倘事今君上，而無天上之永賞，余必悻悻而去也，何必竭窮日之力耶[30]！書中所謂多端掣肘者，蓋乾隆帝强其適合自己之趣味，經營佈置，隨類賦彩之間，常在其傍，枝葉末節，亦口講而指點之，希望之；又阿提利最擅肖像及歷史畫，他非所長，故雖辭謝，而帝不之聽。山水花鳥樓閣之類，皆不得不從命恭繪，其詳情於上舉書簡中歷歷可指。乾隆帝喜西法而不好油畫，以水彩繪具爲中國從來之畫法，强勉從之，故阿師大感困苦。帝當時諭工部："水畫意趣深長；處處皆宜，阿提利雖精油畫，惜水畫未愜朕意；若學習水畫，定能拔萃超群，着其即學此法。至於寫真傳影肖像畫之類則用油畫可也。使其知朕意。"阿氏曾將所領帝之硃筆諭示記入其簡中。彼殆亦爲神之故，慨然枉屈受命，雖未嘗表不滿之意，而其苦衷，蓋可知矣。乃工部之臣，謬派庸師，於阿師之畫，妄加指摘，使師懷滿腔不平之氣，惟忠於其信仰，終未有所表露。然氏亦人也，每於廷上，時密漏洩於其僚友郎世寧，其意見於上舉書簡中[31]。然宦者雖不解法語，當能據其容止察知之，爾後遂相議阻止其應用西法，云云。此時阿提利悶悶之情，而且慰且勵之者，實我郎世寧也。此亦可於其書簡中窺知。

此時郎世寧爲皇帝及諸后繪肖像，其年代雖不明，但於上引阿提利書簡中，有云：Les portraits de l'Empereur et des Imperatrices avoients été peints, avant mon arrivée, par un de nos Fréres, nommé Castiglione, Peintre Italien, & tres - habile……[32]當在阿氏入京（即 1738 年）之前數年也。至此諸畫今猶存否，余未知之。

七

1740 年（乾隆五年庚申），世寧 51 歲。《石渠寶笈》卷四十一著録是年繪《寫生一册》12 幅。末幅款識爲"乾隆五年正月臣郎世寧奉勅恭畫"，或其稿起於乾隆四年之末歟。

1743 年（乾隆八年癸亥），世寧 55 歲。是年孟春繪《十駿圖》十軸。又於年内繪《海西知時草》一軸。

1744 年（乾隆九年甲子），世寧 56 歲。是年秋，與唐岱[33]奉勅作《春郊試馬圖》一卷。圖爲乾隆帝及從者一人，其人物及馬爲世寧所繪，萋萋芳草，嫋嫋柔絲，係唐岱之筆，洵爲大作，堪稱極品。所繪皇帝之面貌，不滿方寸，畫面不甚加塗抹，而神情畢露。平裝微服，不顯大清皇帝之威儀，蓋 30 餘歲之一滿洲貴公子也，觀其端麗與其品位，可油然想見其人。

1745 年（乾隆十年乙丑），世寧 57 歲。是年作《東海馴鹿圖》一軸。

1746 年（乾隆十一年丙寅），世寧 58 歲。禁教之令已暫弛，此時又加嚴，而華南數省尤甚。時有西班牙托米尼克（Dominic）派神父桑斯（P. Pedro Sanz）者，1680 年生於加太諾尼亞之阿西窩（Aseo），1715 年世寧到中國之年來中國，任福建之司教。是年以官府搜緝甚嚴，自知終不免，又恐累及信徒，乃蒞官自首。其屬下司鐸四人[34]，亦皆傚桑斯之行。11 月 1 日，罪案定。俱處死刑。於是在京宣教師復數請郎世寧哀求帝前。此事前已干瀆二次，自知頗遭廷臣之反感，故此次不陳辨上疏，惟欲見機乞天恩垂憫耳。一日，帝召世寧指授一新圖之佈置，世寧伏跪帝前，致謝前日所賜絹二匹，乃奏曰："願陛下垂憐臣之宗門，不加殺戮。"帝聞之色變，默然未答，世寧思其言或未入天聽，欲更有所云，帝始諭曰："卿，外國人，殊不知我國之情。朕此時不已命朝廷大官二名爲卿等周旋耶。"世寧之意，猶以爲如前元年二年時之勅詔相同，其實僅謂在内廷之教士不加刑戮而已，此次旨諭，頗不得要領，大有顧而言他之慨。於是郎世寧第三次之請願，終於失敗。1747 年（乾隆十二年）4 月 21 日，經宸斷，桑斯以下五人決處死刑，5 月 26 日，桑斯先行刑[35]。其他翌年 10 月 28 日行刑。

八

1747 年（乾隆十二年丁卯），世寧 59 歲。是年遵帝命參預作圓明園西洋水法。又前此一二年似亦曾與聞圓明園西洋宮殿建築之事。

圓明園者，康熙四十八年（1709 年）帝賜皇儲胤禛（後雍正帝）者也，帝即位，即大興土木，力事營造。乾隆登極後，遂以之爲離宮，常幸游。法韋爾於其《北京誌》中謂乾隆二年（1737），帝命郎世寧與畫院名家沈源、孫祐起草圓明園圖樣（tracer les plans gènèraut）[36]，此事略有疑義，既如伯希和所言，果何所據，法氏未示其出處，今又無所發見，故遽難置信，且 tracer les plans gènèraud 一語，泛泛難捉摸，不能確切判斷。若謂 tracer les plans 云云，即指其後《御製圓明園詩》、近刊本題“御製圓明園圖詠”《御製圓明園四十景詩》皆各有圖及唐岱、沈源合筆之《圓明園四十景》圖本等，而作摹臨園内風景解，亦頗難言[37]。然，法氏之書，多據正確之資料，不失爲極有價值之參考書，而其書末所舉此事，實難輕信，今但存疑而已。法氏繼云：“後，帝欲多置歐風亭閣，據郎世寧之設計（dessins），命伯諾（P. Benoit, S. J. 漢名蔣友仁）董督造之”[38]。此言即信其有所據，而未明記其年代，且所謂“後”云者，語意亦不確定。此事在阿米窩（P. Amoit, S. J. 漢名錢德明）之書簡 1754 年（乾隆十九年）10 月 17 日自北京寄居留紫爾之一宣教師中，亦未明記年代，僅云圓明園之西洋館爲郎世寧之設計（dessins）與監造者也[39]。所言大抵可信。法氏謂伯諾亦曾監督工事，不知何據，或即後云水法之工事，乃其所指揮，因而混言之耶，尚待續考。總之，此事當在 1744 年（乾隆九年）以後迄於 1747 年（乾隆十二年）之間。巴黎國民圖書館藏有前記唐岱、沈源合畫《圓明園四十景》之真本，上有 1744 年跋，據伯希和氏所記[40]，可知其大概。又其圖樣，康巴氏（Combaz）之《中國皇宫誌》[41]（Les palais imperiaux）中選有六葉爲插圖，亦可推知其全豹。觀其圖，西洋之建築，一無所存，園中西洋館爲此時以後所營造者，殆絶不可得。約言之，在 1747 年以前，如下文所述，如是年帝曾命伯諾作圓明園西洋館水法，但此時西洋館已成矣，蓋園中西洋建築之建設，據上述之理由，當在前記數年之間。

1747 年，某月某日，帝於殿上閲西洋圖畫，適見繪水法圖様，帝顧郎世寧命説明之，復問在京西洋人中，有能善此者否；世寧固答有其人。乃退而謀諸教士，遂上言伯諾師最適於此。帝即召之，命其造於圓明園洋館之附近，並云費用勞力，皆不限制。伯諾師奉命，刻苦精勵，日夜弗措。是年秋，第一水法工程竣事，帝與諸臣行幸，見之大喜。復自行於圓中相地，命郎世寧與伯諾共作一洋館設計圖，於其近處更增設水法[42]。此事所傳雖多，今以不甚直接有關郎世寧，姑從略。世寧所曾參與營造之西洋宫殿，1860 年英法聯軍侵北京，遂遭焚燬，後更經土匪盗襲，廢滅盡净，今已杳無昔日之面影矣。僅餘乾隆末年所成圓明園西洋建築二十景之銅版畫[43]，及今巴黎國民圖書館版畫部所存之模本[44]（此爲寫本非模刻），以及西倫氏（O. Sirén）之《北京宫殿圖》[45]中所攝之廢墟殘壘，猶見當年盛時之遺搆而已。

郎世寧之參預西洋建築，在上述宣教上之意義，甚爲重要，正可與從來皆僅知其以畫人名家之事，遥相輝映，在其傳記上不可不特書者也此固非余之創獲，蓋所存證據歷歷可數，二三書傳，亦曾記載，惜未爲一般所周知耳。出於彼之設計者，不僅爲樓閣已也，其周圍鐵欄之配置，於此亦當置一言。據耶穌會士西波（P. Cibot 漢名韓國英）之筆記，謂此種欄杆實爲華麗之裝飾[46]，當亦必費相當匠心，蓋可知也。且以中國不嘗見之新技而甚博得帝之嘉賞，則其精巧亦可知也。更有進者，世寧不僅作其圖案而已，實際曾爲之鑄造，與北堂法國耶穌會會友德博（Frére Gilles Thébauet）共成之，此事亦據西波筆記知之。西波並謂郎世寧與阿提利奉命繪大玻璃，彼等因未熟練其技，故先見習中國畫家之作業[47]。此事在於何時，尚無明記，兹僅附記於此。

是年（1747 年），世寧繪《撫元人秋林群鹿圖》一軸，又作《準噶爾貢馬圖》一卷。

九

1748 年（乾隆十三年戊辰），世寧 60 歲。是年孟春繪《大宛騮》、《如意驄》、《紅玉座》（皆所畫馬名）。1751 年（乾隆十六年辛未），爲皇太后六旬萬壽節上《瑞[illegible]圖》一軸。

1754 年（乾隆十九年甲戌），世寧 66 歲。加爾莫克部酋阿末爾沙剌（Amur Sana）來降。帝引見於熱河。是月四日，召阿提利赴行在，繪投降部酋及其部下諸酋之肖像。因其人數衆多，而帝命甚急，精勤五十日，遂積勞成疾，乃還京。康復後，阿提利再赴熱河。此時有恰克之耶穌會士西埃巴特（P. J. Sichelbarth, Sickelpart 漢名艾啓蒙）及我郎世寧偕行。其時約在九月也[48]。

1755 年（乾隆二十年乙亥），世寧 67 歲。是年準噶爾名將阿玉錫（Ayusi）叛酋達瓦齊（Davaci）擊破伊犁西南之格登鄂拉（Gädäng öla），帝命繪《阿玉錫持矛蕩冠圖》一卷，威容颯爽，畢露勇將之風儀。

1757 年（乾隆二十二年丁丑），世寧 69 歲。繪《哈薩克貢馬圖》。乾隆帝倚胡床，左右從立大官數人，檢閱哈薩克（Qazaq）所貢之駿馬三頭。帝及各從官面貌，神采奕奕，極傳神之妙。帝對於世寧所繪肖像畫，嘗曰：“寫真無過其右者”，良有以也。

是年以中國計歲法言之，世寧年 70 歲。乾隆帝特賜殊恩，舉行盛大之壽慶，賜賚甚厚。當時在華之宣教師對於中國人用中國曆，蓋當然之事，而宫廷中更勿論矣。且當時歐洲人咸自以爲來朝入貢之民，故對清帝自稱臣，於漢土“奉正朔”之意，固無可疑。如西埃巴特，答帝問其誕生日，即以陰曆月日上對者也[49]。故祝嘏之計法，在中國自亦從中國之俗，原無足異。例如，西埃巴特生於 1708 年 9

月 21 日，1777 年是月是日，乾隆帝嘗賜與 70 壽慶[50]。若據歐西算法，則是年爲 69 歲，尚未臻古稀之年。而是年竟舉行典式，可知其爲中國計歲法無疑。伯希和氏早洞察及此，言之鑿鑿，誠堪敬服，然氏謂此爲 cela parait assez étrange，並云 mais n'est pas impossible，蓋決非 étrange 也。郎世寧古稀壽慶之儀式，必於是年舉行，殆無差誤。至其儀式之情狀，今不見於記載。但 10 年後，西埃巴特亦蒙恩賜祝壽，其儀式一倣郎師之先例，爲其明證，其記事今尚存，不難以此推彼。先是在西師壽慶舉行之前，帝派人至南堂求郎世寧時之前例。典式程序，恩賜之種類等，若皆以世寧之先例爲準，則西師之場合，直可移於郎師之場合，可無大異。西師之時，當日早朝，師自候於園明園，晉謁太子，太子賜頭等絹六匹，朝服一領，瑪瑙項飾一環，宸筆所書漢文四字頌辭，及其他種種恩賜，拜領後，即奉之歸城。樂隊 24 人爲班首，滿洲官 4 人，騎馬隨之，轎上施以華麗之裝飾，轎中置黄絹，圍飾之棹，上置賜品，輿丁 8 人捧之隨行，欽差官又隨之，西埃巴特陪傍步行。行列入西直門，南行至南堂。沿途百姓歡呼迎之，城門教堂悉結綵以待。京中諸會堂之教士，皆齊集南堂，拜謝帝恩，又爲西師道賀。蓋盛儀也[51]。郎世寧之壽慶，理亦如斯，殆無可疑。格魯士爾（Grosier）於西師之場合，亦未加注一言，而以之視爲郎師之記事，當非不甚可也[52]。

十

年代雖不明瞭，郎世寧蓋嘗爲南堂繪壁畫。其數凡四面，一爲君斯丹提斯大帝戰勝圖，其戰役不知在何時二爲大帝奏凱騰歡圖其戰役亦不明。繪於南北二壁，其三四兩圖，則繪於東西壁，畫之結構、藝術等，今幸猶有記載可徵。清姚元之字伯昂《竹葉亭雜記》之文世尚未有介紹之者，今引録於下，足以觀其仿佛[53]。

> 都中天主堂有四：一曰西堂，久燬於火；其在蠶池口者，曰北堂；在東堂子胡衕者，曰東堂；在宣武門内東城根者，曰南堂。南堂内有郎士（世）寧線法畫二張，張於廳事東西兩壁，高大一如其壁；立西壁下，閉目一覷東壁，則曲房洞敞，珠簾盡捲，南牕半啓，日光在地，牙籤玉軸，森然滿架。有多寶閣焉，古玩紛陳，陸離高下；北偏設高几，几上有瓶，插孔雀羽於中，燦然羽扇，日光所及，扇影瓶影几影不爽毫髮。壁上所張，字幅篆聯，一一陳列。穿房而東，有大院落，北首長廊連屬，列柱如

排，石砌一律光潤；又東則隱然有屋焉，屏門猶未啓也。低首視曲房外，二犬方戲於地矣。再立東壁下以覰西壁，又見外堂三間，堂之南窗，日掩映三鼎，列置三几，金色迷離，堂柱上懸大鏡三，其堂北墻，樹以槅扇，東西兩案，案鋪紅錦，一置自鳴鐘，一置儀器；案之間設兩椅。柱上有燈盤四，銀燭矗其上。仰視承塵，雕木作花，中凹如蕊，下垂若倒置狀；俯視其地，光明如鏡，方磚一一可數，磚之中路白色一條，則甃以白石者，由堂而內，寢室兩重，門户簾櫳，窅然深静，室内几案，遥而望之，飭如也可以入矣，即之即油然壁也。線法古無之，而其精如此，惜古人未之見也，特記之。

此畫至遲必至1777年9月末尚儼然存在，上述西埃巴特70壽慶之記事中亦提及之[54]，此後至何時猶存在，余則不詳矣。

1758年（乾隆二十三年戊寅），世寧70歲。是年繪《白海青》、《孔雀開屏》二軸。有是年御題，可知爲當時近作。又作《佶閑騮》一軸。

1759年（乾隆二十四年己卯），世寧71歲。繪《瑪瑺斫陣圖》一卷。有是年御題。

1760年（乾隆二十五年庚辰），世寧72歲。作《拔達山八駿圖》一卷，亦有是年御題。駿馬爲前年拔達山（Bada－khshan）帕米爾西方之山地，非山名。之叛徒入降時所獻者。

1762年（乾隆二十七年壬午），世寧74歲。是年繪《白鷹圖》一軸。1763年（乾隆二十八年癸未，75歲），繪《愛烏罕四駿圖》一卷。愛烏罕者，西域回族之别部，其四駿爲前年冬汗愛哈莫特獻於清帝者也。是年又作《鷲鷲圖》一軸。1764年（乾隆二十九年甲申，76歲），又作《青海白》一軸。

1765年（乾隆三十年乙酉），世寧77歲。又作《百鷹》一軸。鷹本喀爾喀（Khalkha）之貝勒（Beile）所獻者。

是年帝命内廷宣教師，盡其技巧，繪平定準噶爾回部得勝圖，共16幅。送往歐洲鎸印銅版。先命試作四圖，於最近時日，即送往泰西。即：

（1）郎世寧（Castiglione）繪《愛玉史〔阿玉錫〕詐營》詐爲斫之誤歟。

（2）王致誠（Atirret）繪《阿爾楚爾（Archul）之戰》。

（3）艾啓蒙（Sichelbarth）繪《伊犁人民投降圖》。

（4）安德義（Damascenus）繪《呼爾滿（Qurman）大捷圖》。

7月23（陰曆五月二十六日）勅下，如上之意，命先送往四幅，其餘十二幅以後分三路各携四幅西送，各圖印百張，工竣後，與銅版一並上呈。此勅書之漢文本，已失所在，而其文辭亦不見於記載，今幸尚存法文譯辭，足徵此有名之銅版得勝圖製作之緣起[55]。原有拉丁及意大利兩種譯文各一葉，今似僅存法譯矣。譯文中專有名詞之拼法。皆爲葡萄牙語式，大抵拉丁及意大利兩種原譯，皆出於郎世寧或其徒之手，不難知之。伯希和已辨之矣[56]。自來學者皆以爲此得勝圖之印製，原命在法國製版，但考勅書，無一語及法國者，僅謂送往歐洲鎸印耳。其送往歐洲交託何國，當不存帝意中，其選擇之權，原委於廣東總督，此事亦見其後（1773年）乾隆帝與伯諾之對話中、並可徵之當時法國教育部長伯爾坦之筆記中。至於廣東總督之命送往法國，則居留廣東之法國耶穌會長老費博韋爾（P. L. J. Le Febvre）與有力焉。費師蓋與一交好法人之中國友人過從，乃以法國藝術爲歐洲諸國之冠，吹唏於總督，其意乃動[57]。郎世寧此時並附勅書譯文二種，及手書二通（拉丁及意大利文各一種），與勅書同月日其中關於圖版開雕之事，亦未嘗指定何國，其收件者亦僅泛稱“畫院總裁閣下”，亦終未言何國，手簡及勅書之譯文，皆不敢使用法文，而用拉丁、意大利文，據此，可以窺知矣[58]。

圖版製作之事，終由法國方面之法國印度公司爲經紀，因當時慣例中國方面須由廣東十三行代表，而與法國印度公司之代表互訂契約。最初之四幅原圖，係託白耶號原名不詳輪船西送者。其契約之全文（漢文），現存巴黎國民圖書館，實爲此事最珍貴之史料[59]。郎世寧本年更繪一幅《黑水解圍圖》（黑水在葉爾羌南轉東之Qara-su，所繪爲1757年將軍兆惠解圍時之情形），一并與其他三師之作分送巴黎，亦屬得勝圖之一部也（論述此戰圖之語，已稍逸出題外，今惟從略）。從來西人間頗多研究。余十餘年前亦草成一文，載《東洋學報》[60]，當時材料之蒐集不多，於先賢之説亦未廣事搜羅，雖亦多少有所創獲，而誤斷實多，至今亦未能將全稿重新訂正。今得綜覽關於此圖之種種意見與豐富之資料，不得不謂非精讀伯希和教授傾其多年蘊蓄之雄篇有以賜之也。上文屢屢引用《通報》（T'oung Pao）所載論文，即此也[61]。此二圖之外，所刻十六幅得勝圖中郎世寧之原圖，現在或已不存矣。此四幅畫皆無繪者之落款，何圖爲何人所繪，亦不可知，其中孰爲世寧所繪，自難斷定。若謂據各圖之筆致推之，即可知爲何人之筆，今恐亦爲至難之事。本篇插圖第五第六，有二幅爲世寧之落款。皆爲巴黎名匠科沁（C. N. Cochin）所監製，而勒巴斯（J. Ph. Le Bas）所鎸者也，前者刻於1769年，後者鋟於1771年[62]。

其原圖之傑卓，正與印版之精妙相輝映。當時法國所以成藝術國之名者，蓋在路易十五保護之下，粹藝苑之精英爲國家之事業，名下無虚也。

十一

1766年7月16日（乾隆三十一年六月十日），郎世寧78歲中國算法79歲，病逝於北京。入耶穌會以來59年半矣。皇帝於是日下旨，嘉其功，憐其死，給予侍郎銜，並命賜銀300兩料理喪事。世寧墓誌銘載此旨曰：

> 乾隆三十一年六月初十日　奉
> 旨　西洋人郎世寧自康熙間入值内廷　頗著勤慎　曾賞給三品頂帶　今患病溘逝　念其行走年久齒近八旬　著照戴進賢之例　加恩給予侍郎銜　並賞内府銀叁百兩料理喪事　以示優恤　欽此

據此，知其曾有三品頂戴之賞給。又知其逝世之恩賜，乃照戴進賢（P. J. Kögler, S. J.）之先例。

世寧之卒年月日，從來頗多異説，本文前節已言之。昔年宣教師之一書簡（1778年北京發）中，謂其逝世在今12或13年前，故有1665年或66年之説[63]。此蓋轉録上舉《西士荷眷記》，然記中則明記爲1768年[64]，格魯士爾沿襲之[65]，文西提斯亦贊同之[66]，泰麥、伯克爾二氏亦採之[67]，法韋爾師所記或在1768年12月8日以前[68]即所記此日爲阿提利逝世之日，下文記云Le . Frère Castiglione……mourut peu près或在1766年[69]，哥底葉初亦信爲1764年歿[70]，後自知有誤，改訂從諸世孟特克斯師所記爲1766年7月16日[71]。按：最後之説是也。郎世寧葬於京西平則門（阜成門）外滕公栅欄兒——通稱葡萄牙墓地。其墓至拳匪之亂猶存，法韋爾師《北京誌》，哥底葉《中國書誌》皆載之。諸師墳墓中最西一列北數第三號即郎師之墓也[72]。亂離間墓地常有被侵者，而行位方向不明之墓碑甚多，現在墓石之排列，亦大異舊觀。郎師之墓誌，亦久失所在，1911年九月末，偶於北京西南長辛店發見之，幸得移還舊地，今則嵌於其墓地之一會堂礎石中保存[73]。據上所刻：

F. IOSEPHUS CAS/TIGLIONE……OBIJT DIE

XVI/JULIJ ANNI DOMI/NI MDCCLXVI
ZET. /LXXVIII SOC. LIX/CUM DIMIDIO

云云，其歿於1766年7月16日，享年78，入會59年半，可無疑也。萬一猶以爲墓誌所記不足信，幸尚有確鑿之文獻可以資證，伯希和氏曾介紹於世。今請引之以證墓誌之鐵據。即第一節附注中所引哈納斯坦（Von Hallerstein 劉松齡）書牘中，1766年9月24日所寄之一書也[74]，書中云：

> Mortus hic hoc anno mensis Julü die 16. Frater nostrae Societatis Josephus Castiglione Mediolanensis, egregius Pictor, sed multo melior religiosus. Vixit annis 79. si paucos dies demas, quorum 50. Deo in hac stationis Pekinensi ejusque Obsequis impendit

大意謂是年7月16日，吾會會友天才之畫家米朗諾人約瑟·迦斯提里阿納逝世，享年79歲，此中50年歲月，爲神之故而仕於北京。所言世寧長逝之年月，正與墓誌相符。所異者惟云享年79與在京50，皆可視爲一事，前者如伯希和氏之推算，在華西教皆從中國計歲法，且據其1765年10月27日之一書簡，謂此時郎世寧78歲[75]，則1765年當爲79歲，可知上之計歲，固無足異也後者雖差二年，無非舉其大數耳。諸世孟特克斯究何所據而知其卒年月日，今余雖不得而知，然伯希和氏旁徵博引，曾獲天下之秘籍，如哈納斯坦之書簡，實爲有力之資料[76]，其時尚不及見墓誌銘，竟已考定其正確年月，誠堪敬佩。至余之得獲墓誌銘之拓本，能佐證氏之考定實爲不誤，殆無足道也。而拓本攝影之獲許，則爲鼓勵余能草成《郎世寧傳考略》之中川忠順、新海竹太郎兩先生，今皆歸道山，蕪文已無由乞正矣！此篇雖駁雜無足取，謹捧獻靈前，還答舊恩於萬一。大方君子亦祈不吝賜正爲幸。

郎世寧作品表目

此表目係據胡敬《國朝院畫録》中《石渠寶笈》之著録爲骨子，更參稽其他資料而成。《石渠寶笈》全書今已不能得見[77]，故僅能據胡氏之記述。然將此書既已印行之初編全部與三編之目録與《院畫録》所誌相對照，《院畫録》疏漏脱略之處，正復不少。例如初編、續編、三編所記郎世寧《石渠》畫蹟，共五十有六（合繪之作在内），而胡氏所載僅四十七種。今據初編與三編目録，更增補數種而成此表（表中冠有星標＊者，即屬此類）。其他則據《國華》、《中國名畫蹟》及其《外册》，伯希和氏論文（Les "Conquêtes……"），金梁《盛京故宫書畫録》[78]，北平《故宫物品點查報告》，《内務部古物陳列所書畫目録》及該所選印《歷代名人書畫》，《唐宋元明名畫大觀》[79]，《郎世寧畫集》[80]等，現存真跡之數，亦多所增補。又見於《藝術叢編》，《清朝書畫譜》諸書有稱世寧之作者，以尚有可疑之點，故別爲一項，以俟續考。鑒識精明之士，幸進而叱正之。

附記 表中省文與符號之識別 "石"指《石渠寶笈》初編、三編。"一""二"指《郎世寧畫集》之第一第二集。V字爲曾經余眼者之符號。X係原爲真跡，今觀"一""二"之影印，甚覺可疑，遽難決其爲真筆。

一 《石渠寶録》著録者

寫生花卉一册	《國朝院畫録》卷上，十四下。
寫生一册	同，十二幅。"石"卷四十一，五二六—五三六，學詩堂。
百駿圖一卷	同。十五上。"石"卷三十五，二九六，御書房。美術研究所藏有其影片。
十駿圖一卷	同。"石"卷四十，十九下—二十四下。"二"中收有五軸。
畫鴿一軸	同。（以上初編）
準噶爾貢圖一卷	同。
阿玉錫持矛蕩寇圖一卷	同。十五葉下。"二"。
哈薩克貢馬圖一卷	同。昔年法國 Frey 將軍寄贈巴黎 Musée Guimet 者，恐即此也。（cf. Pelliot, p. 187, 189）美術研究所藏有其縮寫影片。圖版第七即示其右端之一部也。
瑪瑺斫陣圖一卷	同。十六上。"二"。
拔達山八駿一卷	同。
愛烏罕四駿一卷	同。"二"。
天威服猛圖一卷	同。十六下。
八駿圖一卷	同。"一"。一卷或爲一軸之誤記。
聚瑞圖一軸	同。"一"。×
撫元人秋林群鹿一軸	同。
海西知時草一軸	同。"一"。

白鷹一軸	同。“一”。×
佶閑騮一軸	同。十七下。
鶩鸞爾一軸	同。“一”。×
白海青一軸	同。“一”。×（有乾隆甲寅夏月御題）。
＊白海青一軸	“一”（乾隆戊寅春月御題）。
白鷹一軸	《院畫録》上，十七上。“一”（乾隆丁亥清和御題）。
白鶻一軸	同。“一”。×
火雞一軸	同。十七上。
苹野鳴秋一軸	同。
雪坂牧歸一軸	同。
魚藻一軸	同。“一”。
坰牧蕃孳一軸	同。
盆蘭一軸	同。
交阯果然一軸	同。
玉花鷹一軸	同。
洋菊一軸	同。“一”。
錦春圖一軸	同。
蓮花一軸	同。
馬技圖一卷	（張廷彦合繪）同。卷下，二十七上。（以上續編）
東海馴鹿	同，卷上，十八上。《石渠寶笈》三編目録中未見。《故宫物品點查報告》第二編第二册齋宫之部八七頁第14中所載“《東海馴鹿圖》一軸”，或與此同（但不記郎世寧之名）。
八駿圖一軸	同。三編目録第三册，延春閣藏。“一”中有雲錦呈才字様。
瑞麐圖一軸	同。三編目録第三册亦記延春閣藏。×
蒼猊犬一軸	同。三編目録云藏寧壽宫。×
花底仙龙一軸	同。又三編目録。“一”。×
花陰雙鶴一軸	同。又三編目録。“一”。
池蓮雙瑞一軸	同。又三編目録。“一”。
蒼雪鷹一軸	同。十八下。又三編目録。
花鳥一軸	同。又三編目録，静寄山莊藏。
孔雀開屏一軸	同。又三編目録，寧壽宫藏（《故宫物品點查報告》二之一，八七頁第22號亦載之）。

開泰圖一軸　　同。又三編目録，延春閣藏。

瓶花一軸　　同。又三編目録。"一"。

＊花卉一册　　三編目録，御書房藏。

＊松石仙禽一軸　　同。

＊桃花山鳥一軸　　同。静寄山莊藏。

豳風圖一軸（唐岱、沈源合繪）　　《院畫録》卷下，二十七下。三編目録第三册，圓明園正大光明殿藏。

＊木蘭圖四卷（郎世寧等筆）　　三編目録第三册，寧壽宫藏　（以上三編）。

二　上著録以外之屬

嵩獻英芝圖一軸　　《盛京故宫書畫録》第五册，二十七上。《歷代名人書畫》第二集玻璃版。"一"。

萬壽長春圖一軸　　同。二十七上下。

桃花喜鵲圖（唐岱合繪）　　《國華》第三百五十七號玻璃版印並附解説，舊田中慶太郎藏，大正十二年九月一日被焚。田中豐藏氏所藏有詒親王之印，説者謂爲親王命世寧等所繪，然余以爲係乾隆帝賜詒親王者，蓋上有詒親王府鑑藏印也。落款爲臣郎世寧……恭畫，臣唐岱……恭畫，蓋内廷畫人，除奉皇帝之命外，向不爲他人繪畫也。（V）

春郊試馬圖一卷（唐岱合繪）　　《中國名畫集》外册第六十三。上海有正書局印"郎世寧畫乾隆帝《春郊試馬圖》小照"（影印銅版，印刷不佳，宜據美術研究所藏影片。）cf. Pelliot，P. 187.《唐宋元明名畫大觀》四一七亦有其一部分。今京都藤井善助氏藏。（V）

猛虎圖一軸　　《中國名畫集》第四集。cf. Pelliot，BEFEO，IX，1909，P. 574，note 3；Chavannes，Ed.，T' oung Poa，1909，P. 527. 中村不折、小鹿青雲二氏合著之《支那繪畫史》附圖收之。今大阪阿部房次郎氏藏（參閱《爽籟館欣賞》第一集六〇圖）。

竹陰西獯圖一軸　　《唐宋元明名畫大觀》四一五。關冕鈞氏藏。

《三秋閣書畫録》中著録。(V)

松鶴圖一軸　　同。四一六。前人藏。(V)

郊原牧馬卷一卷　　同。四一八。朱啓鈐氏藏。(V)

三　傳爲郎世寧之筆

香妃像　　油畫。著甲胄。北平故宫藏（譯者按：此畫藏北平古物陳列所）。

又　　油畫。洋裝。所在不明（譯者按：本文插第七謂故宫博物院藏，當誤。此畫今亦藏古物陳列所）。載 Hedin, Jehol, 1932, 之扉面。上二種果爲香妃之像否，不得而知，或所繪爲乾隆前後供奉内廷之西人。但究爲郎世寧之作否，實亦不得而知。

猿猴圖一軸　　《國華》第二六〇號所載。(V)

〔狩獵圖〕一卷（V）

上二圖今藏京都帝國大學，皆非真蹟。

百鳥朝鳳圖一軸　　徐世昌氏藏。先年嘗陳列於日華古今名畫展覽會（必爲僞作）。(V)

嬰戲圖一幅　　據云端方氏生前，伯希和嘗在其邸見之。(Pelliot, BEFEO, IX, 1906, P. 574, note 3, Les "Conquêtes, p. 186.) 余亦未見其影片。真僞不可知，姑記於此（此似爲《藝術叢編》1917 年 4 月分中之一幅，亦許不然，聊附於此）。

〔西洋樓閣圖〕　　十二疊屏風。

〔婦女圖〕　　十二疊屏風。

前者見 China Journal, VI, June 1927, 後者見該誌 VII, 1, July 1927。據當時北京 J. Mitrophanov 氏該文所載，前者係全圖，後者僅影印其中四疊，全爲贋品。

小黑馬圖尺幅

五猫相戲圖大幀

均載清楊峴《遲鴻軒所見書畫録》卷二，四十三下。清李玉棻《甌鉢羅室書畫過目考》卷二亦載之（“一”“二”中郎世寧小傳注十三）。真僞不明。

駿馬圖　　清陳夔麟《寶迂齋書畫録》卷三載之，真僞亦不明（“一”“二”中小傳注十三）。

追記

《郎世寧畫集》第一集中之《石渠寶笈》重編著録者，有《白猿》圖一軸、《青羊》圖一軸、《山水》一軸、均爲影印，究爲真蹟與否，苦難斷定。前二者想必爲嫁名之作。又第二集中所載《驀空鵲》、《蒼水虬》、《斑錦彪》、《茹黄豹》、《黑玉螭》、《雪爪廬》、《睒星狼》、《霜花鷂》、《金翅獫》（均獸類圖）各一軸，謂在《石渠》著録之外云云。此類究爲世寧之真蹟與否，僅據此影印，不能遽然斷定，恐亦爲託名之作也。

注釋

① 法蘭西音作 Joseph Castiglione。初見於巴黎國立古籍圖書館（Archives nationales）所藏文書 O′ 1924.（2）函第一號，爲 Lettres édifiantes et curieuses, Nouvelle édition, XXII, XXIV 等所收西教宣教師書簡類中習見之綴字。亦間有作 J. Castiglioni 者，如 Lettres édifiantes &c., nouv, ed., XXIV, P. 352, P. Beniot,（蔣友仁）書簡中嘗用之。又别作 J. Castilhoni。後者所云，因郎世寧在耶穌會中屬葡萄牙傳道部（Mission portugaise），故其綴字爲葡萄牙音，巴黎開雕之《平定準回兩部得勝圖》中，郎氏所繪二幀，其落款即如是（參閱插圖第五及第六），至其拉丁式之墓誌銘所刻（參閱插圖第八），則作 Josephus Castiglioné P. A. von Hallerstein（劉松齡）之書簡中，亦散見此例（Pray, P. G., Imposturae CCXVIII. in dissertatione R. P. Benedicti Cetto……, 1871 所收），（關於上舉巴黎國立古籍圖書館文書及 Pary 之書，係據 Pelliot, Les "Conquêtes de l' empereur de la Chine", Toung Pao, 1920—21, pp. 184, 185; 269—270 所引。此等文書、書簡、版畫、墓誌銘等，下文當詳論之）。

② 世往往有作朗世寧或郎士寧者，皆誤也。前者屢見不一見，不勝例舉。後者如清姚元之《竹葉亭雜記》（卷三第三葉上）所記北平坊間所售傳爲郎世寧筆之香妃像影印解説，即其例。哥底葉氏嘗兩度作良世寧，其誤固不待言（參閱 Pelliot, T' oung Poa, 1920—21, P. 186, note 2.），又西人昔有拼作 Lamxinim 者，見注①所引巴黎古籍圖書館文書中。當時葡萄牙式之拼音有作 Lang Shih-ning（Wade System）Lang Che-ning（法蘭西音）者。Cordier, Bibliothéca Sinica, Supplément, 1924—6, Col. 3645 作 Lang Che-ming，當係誤植。

③ G [rosie] r, [abbé], Castiglione（Biographie universelle, VII, 1813, pp. 337—339.）

④ Thieme-Becker, Allgemeines Lexikon der bildenden Kunstler, VI, 1921, s. 166, Castiglione 條。

⑤ Cordier, H. , Les Conquétes de l' Empereur de la Chine. (mémoires concernant l' Asie Orientale, I, 1913, pp. 1—18), p. 3.

⑥ Pelliot, P. , Les "Conquétes de l' Empereur de la Chine" (Toung pao 1920—21, pp. 183—274), pp. 186—189; 267 note 2, et passim.

⑦ 田中豐藏《郎世寧唐岱合筆桃花喜鵲圖考》(《國華》第357號，大正九年二月，310—316頁)。他如清彭蘊璨《歷代畫史彙傳》(卷十二)；均甚簡略，不足數。近刊《清史稿》，其取材粗疏，記事貧弱，亦不足資據。而非繪畫史之書，有 Favier, Mgr Alphonse, Péking. Histoire et Description (有 Peking 1897 及 Lille 1900 兩種，今引後者) P. 182, 185, 307 等所述，甚爲得要。

⑧ 胡敬《國朝院畫録》卷上，十四上一十八下，卷下二十七上、下(據《胡刻四種》本)，此書未補之處，及其他參考文籍，皆詳下文表目中。

⑨ Grosier, op. cit. , p. 337; Favier, Peking, p. 182; Thieme-Becker, op. cit. , VI, S. 166.)

⑩ Cordier, Les Conquētes, p. 3; —Bibli. Sin. , Suppl. , 3645; P. Camille de Rochemonteix, S. J. , Joseph Smiot et Les derniéres survivants de la Mission francaise à Pèking (1750—1795) Nombreux documents avec carte. paris 1915, p. 15. (Cité par Pelliot, op. cit. , p. 269, note 2)。

⑪ Cordier, Giuseppe. Panzi. Peintre italien á Pèking (XVIIIe sièc1e). (Mélanges Emil Picot, I, 1913), p. I. (Cité par pelliot, op. cit. , p. 269, note 2).

⑫ P. C. de Rochemonteix, op. cit. , T' oung Pao, 1920—21, p. 269, note 2.

⑬ Bibli. Sin. , Suppl. , 3605.

⑭ 上所引 Von Hallerstein 之書簡中，謂其逝於 7 月 16 日，誕生日之前數日也。此亦可爲其誕辰 7 月 19 日説之旁證。

⑮ Paleologue (= George Maurice), L' art chinois, nouv. éd. , Paris 1887 (?), P. 291, 292 作神父 (Pére)，誤。Cordier, Les Conquētes, P. 8 亦同。

⑯ Favier, Péking, P. 149.

⑰ P. de Rochemonteix, op. cit. , P. 15.

⑱ Cordier, Les Conquētes, P. 3.

⑲ Gherardo de Vicentüs, Documentie Titoli sul Privato Fondatore dell' Attuale R. Instituto (Antico "Collegio dei Cinesi" in Napoli) Matteo Ripa, Napoli 1904, P. 14, note. 哥底葉氏注 (5) 之説出後，雖復訂正加斯提里阿納之抵北京爲 1715 年 12 月 22 日，(Bibli. Sin. Suppl. , 3645.) 其故當爲文西提斯氏説之誤傳 (文氏所據利伯書牘及手札，係出上舉書 465 頁，該頁未及檢閱。此書浩瀚且爲意大利文拉丁文，故今急未暇檢出，請俟異日。再據此書 222 頁所記迦斯提里阿納偕迦士太同抵廣東之時日推之，亦可爲證)。

⑳ Favier, op. cit. , p. 182, 194

㉑ 例如 Ie Iettre du Pere Benoit, ……a Monsieur XXX (Le 4 novembre 1773) (Lettres édifiantes, XXIV, 1781), p. 284; Troisiéme Iettre du Pere Benoit (無年月，地址) (Ibid) P. 380. 等。再氏曾居此館之紀載，見 Lettre du Pere Amoit, , ……au Pere de la Tour de la mēme Compagnie (A Péking, le 17 octobre 1754)

(Ibid. XXIII, 1781), p. 336.

㉒ 氏在歐洲時，據云曾爲幾諾（Genoa）之 San Ignazio de Loyola 寺中聖正壇繪耶和華像，又繪基督像及聖母像（mater Amabilis），以克魯伯爾（Klauber）版於牛津印行者。此説載 Thieme - Becker, op. cit., VI, 166，余蓋據 Heinecken, Dictionaire des Artistes, III; Nagler, Künstlerlexicon, II; Meusel, Neue Miscellanien artistischen Inhalts, IV (1797), 407, 415 - 16 等知之，果可憑信否。苦難遽斷，姑記於此，以俟後考。

㉓ Favier, Péking, p. 180.

㉔ Favier, Péking, P. 181.

㉕ Lettre dū Pére Perrenin [Parrenin] ……au Pére Duhalde [Du Halde], A Péking, ce [sic] 22 octobre 1736 (Lettres édifiantes, XX, 1781, pp. 357—362. Cf. Hue Le Christianisme en Chine, IV, Paris, 1858, pp. 27—44. Favier, Péking, P. 182; Thomas, op. cit. P. 407.

㉖ Etat de la religion dans l' Empire de la Chine, en l' annee 1738 (Léttres edifiantes, XXII, P. 246 et seq., P. 273 et seq. Cf. Huc, op. cit., IV, pp. 74—82; Favier, Péking, P. 182; Thomas, op. cit., P. 408.

㉗ 中篇 70 葉上，法文本見 Quelques Paroles bien simples du Frère Castiglione avaient plus fait que tous les mèmoires et que tous les pètitions (Favier, Pèking, p. 128.)

㉘ 阿提利傳中，雖多可資參考，今正文之外，所舉皆上文屢屢援引之 Pelliot, Les "Conquétes……, pp. 189—192. 從來諸書多以爲阿提利之漢名爲巴德尼，今從伯希和之考證當爲王致誠。

㉙ Favier, Péking, P. 186. 《燕京開教略》中篇 47 葉上。Huc. op. Cit., IV, p. 99.

㉚ Lettre du Frére Attiret, de la Compagnie de Jesus, peintre au service de l' Empereur de la Chine, a M. d' Assnut. Péking, le I novembre 1743 (Lettres édifiantes, XXII, 1871,) P. 519: Castiglione, ……avec qui je suis tous les jours.

㉛ Ibid. pp.

㉜ 此段大意，大多略取《燕京開教略》之文（該書 74 葉下—75 葉下）。

㉝ 本文所述，雖詳注（4）之書簡中，但 Huc, op. cit., IV, pp. 99—103 所記，亦可知其梗概。再，下論工部之文，係據《燕京開教略》中篇 74 頁上。

㉞ Lettre du Frere Attiret, loc. Cit., p. 519.

㉟ 唐岱字毓東，號静巖。滿洲人之善畫者。出王原祈之門。其詳可參閲《國華》第 376 號（大正十年九月）92 頁田中豐藏之言，及本篇附表小引中所引田中氏之論文。

㊱ P. Alcober, P. Roys, P. Diaz 及 P. Serrano，皆西班牙托米尼克派之教士。

㊲ 基本史料可參閲 Lettre d' un Missionaire de Péking en 1730, a Monsieur XXX. A Péking, en 1750 (Lettres édifiantes, XXIII, 1871), pp. 278 et seq 等。普通可參考 Huc, op. cit., Iv. pp. 107—136；關於郎世寧之語，pp. 126—127. Favier (P. 188) 於此次殺戮之事，不載世寧請願之言。其漢文本亦然。郎世寧於

五人罪案確定前，曾相機準備皇帝下問基督教教義時，奏稟解答，但帝終未嘗理會及此，詳見 Huc, op. cit., pp. 128—130.

㊳ Favier, Péking, P. 307. Pelliot, Les Conquestes, P. 226.

㊴ Ibid., p. 226—7.

㊵ Favier, Péking, p. 307.

㊶ Lettres du Pére Amoit, ……au Pére de la Tour, A Péking. ce [sic] 17 octobre 1754 (Lettres édifiantes, XXIII, 1781), P. 362.（與 P. 361 之頁數誤植。）

㊷ Pelliot, op. cit., P. 232.

㊸ Tirage à part des Annales de la Soeieté d' Archéologie de Brurelles, XXI, 3 et 4, 1908, pp. 425—583. cf. P1. XXI—XXV. 1743 年 11 月 1 日阿提利之書簡中 (loc, cit., p. 494 以下）亦曾詳述圓明園之宮殿園池，而無一語論及西洋建築，且尚有語句反證其皆無者。

㊹ Lettres d' un Missionaire de Chine, A Pèking, Année 1775 (Lettres édifiantes, XX-IV, 1871, pp. 401—402，關於伯諾師之苦心經營，詳見 P. 403 et seq. Huc, op. Cit., IV, pp. 93—95; Favier, Pèking, p. 185, 307; Combaz, op. Cit., pp. 142—149. 但帝命增設之西洋館所謂 un pavillion à l' italienne 者，則無所據 (P. 146)。尚有謂伯諾所作之水法，堪與凡爾賽、聖保羅之宮殿者相匹敵。(Lettres édifiantes, XXI, pp. 420—421.)

㊺ 詳解此畫，當另作一文。Pellio f, po. cit., pp. 234—235 謂此畫傳本絶少，伯氏曾見巴黎美術學校之藏本（不完），氏稱某法人曩於北京獲得此畫，注云未見。東洋文庫近得一全本。遼寧清故宮之一本，去年金梁氏已爲之縮影出版，最便參考。

㊻ Pelliot, op. cit., pp. 236—239, Combay, pp. 150 以下之説明，多誤。其 P1. XXVII, XXVIII, XXIX 即爲縮影此摸本中之三圖也。

㊼ The Imperial palaces of Peking.

㊽ Diverses remarques du feu M. Cibat, Missionaire a Pèking, sur les Arts pratiques en Chine (memoires concernant……des Chinois, XI, 1786), P. 361; Grosier, Biogr, univ. P, 337—8.

㊾ Cibot, loc. cit., P. 364.

㊿ Lettre du Fère Amoit, Pèking, 17 oct. 1754 (Lettres édif., XXIII, 1781), P. 361; Plath, Dr. Joh. Heinr., Geschichte des ästlichen Asiens. Erster Theil. Die Mandschurey, Göttingen 1830—31, S. 844. 郎世寧赴熱河之事，余寡聞，未知他書亦有記載否。

(51) Pelliot, op. cit., P. 269 note 2.

(52) Honneurs rendus par l' Empereur de Chine aux Européens (memoires concernant ……des Chinois, VIII, 1782, PP. 283—288 係無名氏所作。但此文收入 Lettres édifiantes, XXIV, 1781, PP. 483—500 係轉録 Lettre d' un Missionaire de Chine. A Péking, année 1778 之 PP. 491—300，僅多少有所改易。例如，尋郎世寧之前例，派人至 Nan-tang（南堂）(P. 492) 即改爲 College des ex-Jesuites Protuguis (P. 283)，其一例也。惟郎氏本居東堂，而此謂爲南堂，稍覺出

人，但詢問南堂，固亦不難知之。

53 Ibid., pp. 284—288.

54 Crosier, Bioge. uniy., P. 338—9.

55 著者爲嘉慶時進士（《中國人名大辭典》634 頁），引用之文爲原刊本卷三，第六葉上一第七葉上（掃葉山房石印本爲第三葉下一四葉上）。

56 Honneurs rendus……, P. 286.

57 Archives Nationals, Paris, O 1924, Partie II, No. cf. Pelliot, op. cit., pp. 184—5.

58 Pelliot, op. cit., P. 200.

59 Ibid., pp. 195—197.

60 與注（3）所記同號數之文書中。Cf. Pelliot, op. cit., P. 185, 200.

61 Pelliot, op. cit., 195—197.

62 第九卷第一二號，大正八年九月，394—448 頁《巴黎開雕平定準回兩部得勝圖考》。

63 上所引用之論文，見注（6）。余曾將拙稿初樣與論旨英譯寄送伯希和氏，適上所舉氏之論文亦成，復承惠贈一份，文中關於拙稿嘗加以親切之批評。今此文之作，所得於氏之教正甚多，書此用表謝忱。

64 前者爲十六幅中之第二幅，後者爲第七幅。(Pelliot, 266.)

65 Lettre d' un Missionaire de Chine, A Pèking année 1778 (Lettres édifiantes, XXIV, 1781), P. 492, note (!).

66 Honneurs rendus……, P. 283, Note 2.

67 Biogr. univ., P. 339.

68 Documenti…sul Matteo Ripa, p. 14, 15.

69 Op. cit.,

70 Pèking, P. 188.

71 Ibid., p. 207.

72 Les Conquetes……, P. 3.

73 Bibliotheca Sinica. Supplèment, 3645.

74 Pèking., P. 206 圖中之 NO. 58; Bibl. Sin^2., II, 1029—30 圖中之 No. 82.

75 L. Le Boisselier, Dècouverte dun stèle en l' honneur du Frère Castiglione (Relation ce Chine, oct. 1916, pp. 524—527.) 余未見。姑據剌撒理斯特派（Lazariste）教師 P. Ducarme 之言，其先曾載 Bulletin Catholique de Pèkin, ler mars, 1915.

76 Pelliot, op. cit., P. 269. Note 2.

77 Ibid., P 269. 此頁附注中關於銅版得勝圖，頗多重要之新事實以與吾人，今憾未遑介紹。

78 參閱注（1）所舉 pray 所編書簡集 Imposture……. 又見 Bibl. Sin^2., II, 924. 大英博物館及巴黎東方語言學校各有一部。

79 見田中豐藏氏《石渠寶笈解題》（《國華》第 351 號，69—72 頁）Pelliot, A propos du "Keng tche t' ou" (Memoires Concernant l' Asie orientale, 1), P. 76;

Pelliot, les "Conquetes……, P. 189, Note 2. 初編係據商務印書館刊行之四庫石印本（1918）。三編目録爲山本悌二郎氏藏三編稿本（不完）之首卷目録，係羅振玉氏影印（1917）者。

⑳《盛京故宫書畫録》以下三種，皆民國十四年刊行，或係同年始刊行者。《故宫物品點查報告》係宣統被逐後，民國政府點查清故宫所藏物品時編製者，並録存藏物品之宫殿，而各宫所藏物品之登記，目録上並無何等次序。係清室善後委員會編印，《故宫叢刊》之一種，未詳已完結或尚須續刊。《歷代名人畫集》亦未完，余止見其第六集。

譯者按：本篇原載日本《美術研究》第十號

譯文原載《國立北平圖書館館刊》第七卷第三、四號

1931年6月

文字的起源

（美）Ingo W. D. Hackh

文字的起源，實是個很渺茫的故事！所以造成這個故事的原因，都由於人類的向上奮鬥，——或遠適異域，尋求新地，或漂渡重洋而爲商賈，或侵略其他種族而有其地，更推而廣之，人類思想遂逐漸地擴張。這其間確有一種勢力，隱隱乎運行於那些奇妙的符號裏，便是我們所説的文字了！文字有雕鏤的，有剞劂的，有寫的或印的，要爲保存或促進文明的工具。

論者以爲火的發明，是人類最大的一個進步，它可以供人以安慰，維護和光明，并且可以使他駕馭自然界的一切；然而其偉大還是不及這能够記録人類思想和進步的文字。

文字既立，人類便由僅具生存的情態中而成功其文化的發展，致能建設最複雜的今日的社會。這固有賴於前人的工作和思想，因爲今日的新事是承繼着昨日的往事而來的。

因此，人類乃具有推理的能力。——虧得憑着這點靈犀，他纔能判然有别於禽獸的界域，纔能創造那無邊的心靈的巨窟，——然而，他的進步却非常遲緩。我們現在始知道這工具（文字）的進步亦是很迂闊而遲鈍的，因爲大多數民衆，常常是選擇那抵抗力最小的方面前進，怯懦地只步武着先進者的後塵，除非萬不得已時他們是不願有所更張的。

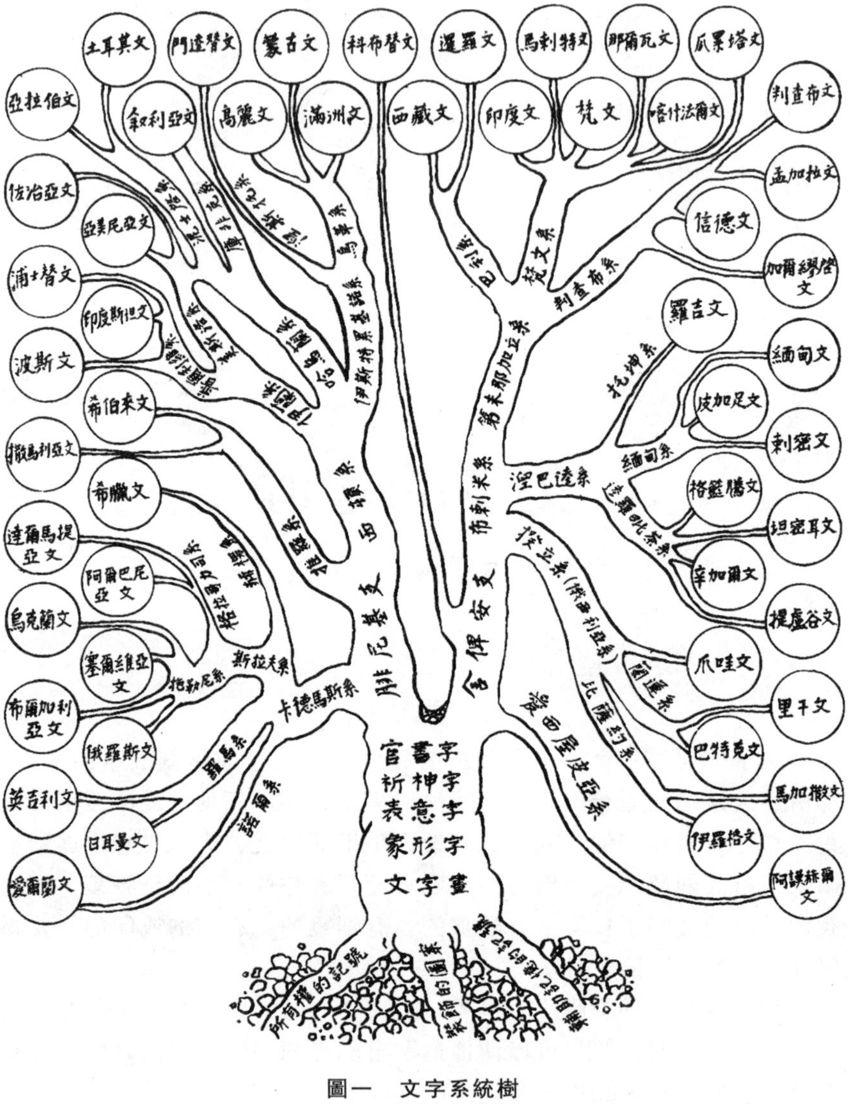

圖一　文字系統樹

一切文字大概都發祥於埃及的象形字。埃及古代官書文字與古希伯來文字都從此孳乳而來。經歷若干年代始播演於世界之各部，而形成愛爾蘭文、亞述文、印度文與蒙古利亞文，總彙各支而成爲一大系統。

文字觀念的形成並不是突然便由少數聰明睿智的人發明的，是漸漸地經歷過許多年代不知不覺地而萌芽於人類的意識中。直到今日，經過了若干年的實地應用，人們還是一成不變，固守着前法，莫有勇氣採用比較效能更大的文字，仍舊沿襲着那拼音的老法，（按此指歐洲文字而言），還要連累着我們子孫也受這種綴字法（orthography）的煩難，因爲：最完美的文字是應該每個音標有一個單獨的字體，每個單獨的字體應該有一個音標的（The perfect alphabet should have a single character for each sound, and a single sound for each character）。“陳陳相因，永世不替！”人類的弱點便這樣地暴露在文字史上。無論是希臘文或梵文，俄文或暹邏文，日耳曼文或希伯來文，我們都可以探溯到一個普通的根源。依着各方的線索前進，我們的途徑便尋到了小亞細亞的周圍，——便是我們文化的策源地。在那裏我們發見了古代幾種書契的形式：有象形字，楔形字，都是由很粗淺的文字畫（picture writing）演進而成。再由文字畫探求上去，便是渺茫的荒古，人類的意識已零亂不明，更無記載遺留了。

文字最初的形跡

所有權的記號（Property Marks）

考古學家嘗在崖石上、石塊上，發見有史以前的人所描寫的或鏤刻的符號或字體。這些符號多很難解釋，他們不是圖畫而是不知屬於何種的字形，大都很簡單，好像我們現代的字母 I、T、A、Z 或 M 一樣。如今法蘭西、瑞士、日耳曼的國境裏還有許多石卵，和埃及境中的零碎的陶器，及内華達（Nevada）省中那些石窟裏的崖壁，這些都是原始野蠻人所用的符號，不知是在文明曙光發出以前的幾多世紀了。

這些符號大概是原始野蠻人用來表示他們自己所有權的標記，或刻在物品上、器具上和武器上，——正如我們現在把自己的名字刻在自來水筆端、汽車上以及書册上的圖章，或陳列品和寶石上的標記一樣。假如上古的陶器工人中有超群的技能者，那末，他的出品必然佔優越的位置爲一般人所妬羡。在平静的時候，他的名字便成爲商標，因爲他的物品是可與其他貨品交替的。這樣，年代漸遠，於是所有權的標記，便由所有者變而爲製造者的商標了。

文字的第二時期

輔助記憶的符號（Mnemotechnic Marks）

嗣後人事漸繁，彼此便漸漸與他的鄰居開始交易，除戰時而外，他便覺得需要一些關於他與別人交易事物時以提醒他的記憶的方法。再者，他也常常要傳遞消息給遠道的親友。還有更明顯的線索，便是我們嘗考察歷史時代的初民，他們也曾用過這種方法，所以推論史前的原始野蠻民族也曾應用這種同樣的方法。我們考得澳洲土人所用的木棍上有許多孔穴，又考得秘魯也曾用過結繩，其繩之紐結不同，顏色亦各異。故那時表達記憶的方法，實有如魯濱孫、克魯索在荒島上製的日曆，——短劃代表週日，長劃代表禮拜日。再有個實據的例證，便是那時記數的方法，是以劃痕：☷ ☷ ≣ 來表示的。這些符號的意思，也許是代表一掛香蕉，或幾桶酒，或幾多食物，或多少畜牲，除了本人自己而外，他人看來是不懂得的。這些都是未有文字以前初民輔助記憶最顯明的遺跡。這種遺跡很多，也不限於時地，即如我們今日當有緊要的事，爲提醒記憶的原故，每每將手巾緊繫於左手的指拇上，或故意把計時表擱在别個衣帶中。有許多輔助記憶的方法，久而久之便成爲習慣，那接受者收到木棍和結繩時，他便即刻可以猜得發件人的意思。如今我們有許多習慣，如果仔細追究它的來源，還可以見得這種輔助記憶方法的痕跡，例如表示和平的記號，橄欖枝 (the olive branch)，贈鹽 (offering salt)，獻致城門的鑰匙 (handing the key of city)，甚至相見時表示好意的握手，都是這種習慣的遺跡。

文字的第三時期

象形字 (Picturegram)

人類社會的關係日繁，思想的活動逐漸擴大，輔助記憶的方法 (the mnemotechnic device) 便漸覺迂闊而不相聯索，於是不能不採用第二步的功夫——象形字了。象形字是以物體爲對象，照着摹擬它的相似形。比如表示畋獵或戰爭，那末，便畫了許多被殺的或被擄的人或獸，七顛八倒，有頭無首的，盡量地表示着這個故事的意義。如今我們還可以在博物院中見着許多獸皮，象牙，陶器及編織物上繪着的這種圖畫。——這些東西大概都是古代印度人依士企摩人 (Eskimos) 非洲人和澳洲人的遺物。

從過去的記載看來，有些古代的民族如埃及、亞述和中國，都曾先後經過這種同樣的歷程，所以象形字在文字史中算是最古的形式。

這粗疏的象形字既可以表達意思，習用既久，於是便逐漸由繁重的圖畫而變爲簡約的圖形。這樣一來，文字又發生更進一步的變化：

在亞述則演進而爲楔形字，在埃及則爲“象形字”（hieroglyphics 與 picturegram 微有不同，前者是古埃及文字史上特有的名詞，後者是普通的名詞，其時代則較 hieroglyphics 爲早）。在中國則演進而爲中國的象形字。

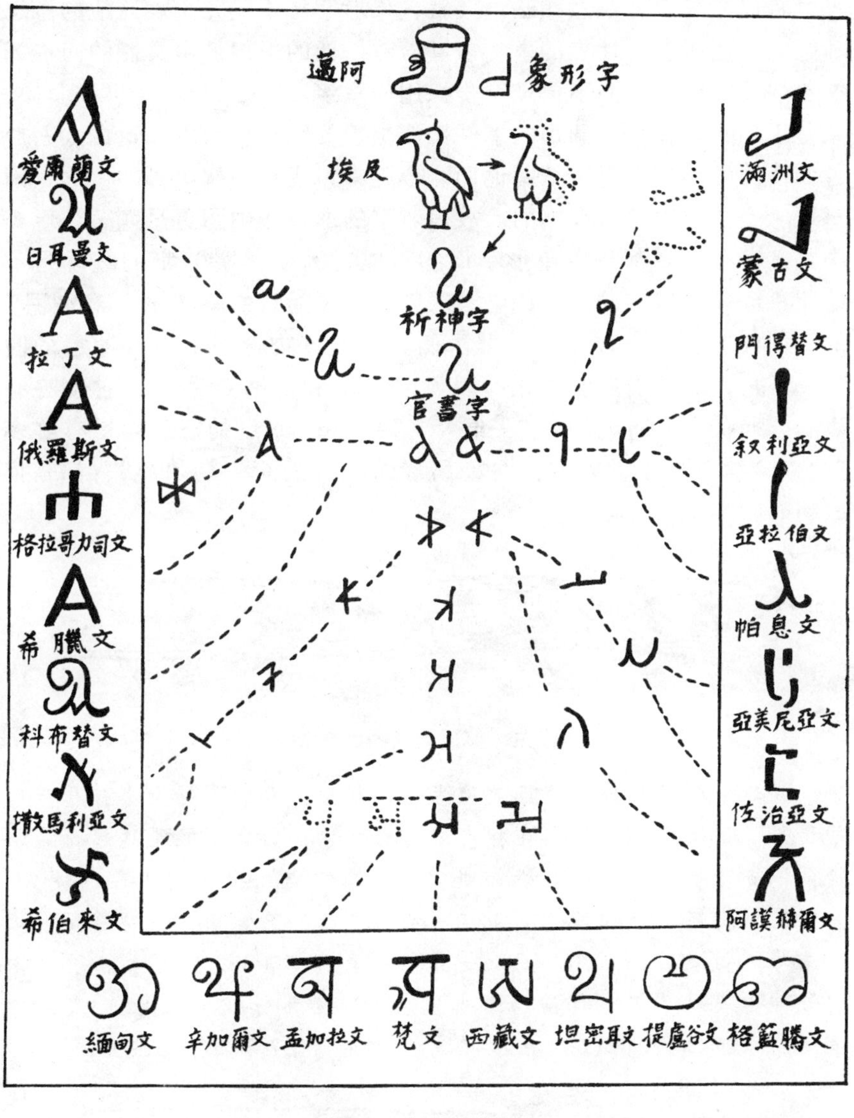

圖二　A 字的演化

這三畫的 A 字，在希伯來文中還可辨認得出，正如倒形的 K 字蛻化而成印度文一樣。不過在亞拉伯文與叙利亞文中便失去了一鉤，而在蒙古文滿洲文亞美尼亞文與佐治亞文中則又增多一鉤，在印度文中其結構更爲奇異了。

文字發達最重要的第四時期

表意字（Ideogram）

時代漸久，人類意識逐漸擴張，象形字已不能完全表達他的意思和觀念，他所感受外界的事物愈漸繁雜，他的思想已由具體的而進爲抽象的了。於是不能不更進一步採用表意字。

正如我們如今從個別的事件推測全體的行爲，所以知道古人對於各個特殊的事物没有法子將他們聯合起來，成爲一個單獨的概念，因爲概念是不能用圖畫表出的。故表意字的進步在中國更爲顯著。現今中國文字有許多都是由象形字簡約而成，例如“明”字的觀念是不能用象形表示的，於是古代中國的哲人，便隨意的將“日”和“月”的兩個象形字合併攏來，遂由兩個具體的實物合而爲一個抽象的觀念。可是，這意思多麼模稜？因爲“日”和“月”相合，它也許有表示“時間”（time）或“一日”（24-hour-day）的意思。還有許多“比類合誼”的字，如“二女”爲“姤”，“三女”爲“姦”，都是很有趣的聯綴。

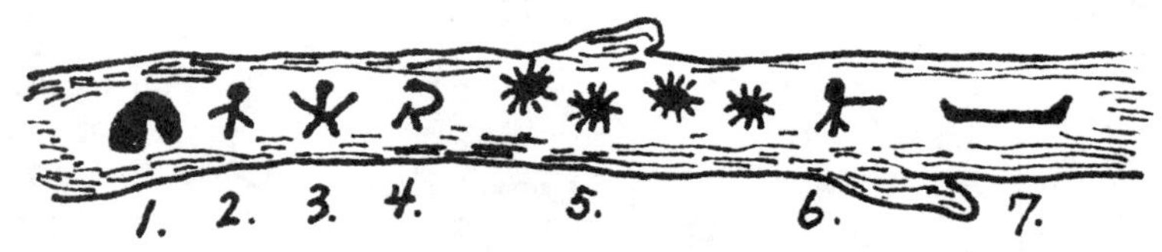

圖三　傳達消息的文字畫

當着男丁們都出外長期畋獵去了，穹廬中只剩下婦女小孩和無用的男子。這時糧草已盡，在獵者未回來之前，她們不能不裹起行裝遷徙到他處就食了。但這時没有紙筆，没有電報，也没有來往的便人，她們只祇得將上面的消息刻畫在一塊木方或一節骨頭上，留着囑咐那些未歸的獵者。(1) 與 (2) 是指着那穹廬。(3) 是表示無了（兩臂外伸是表示“無”的普遍意思）。(4) 表示飲或食。(5) 表示四個太陽（或四天）。(6) 指示“這個方向”。(7) 表示船或獨木舟。

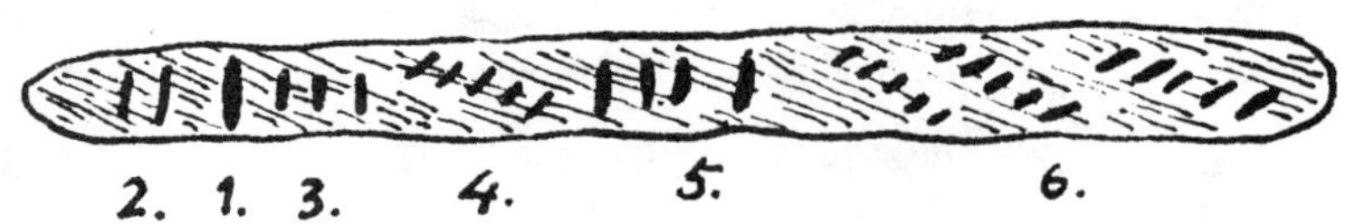

圖四　傳達消息的木棍

這是一根木棍，上面的劃痕是輔助記憶的方法。我們推想大概是一個酋長示意給送信人刻劃的。(1) 是那最粗大的劃痕，代表“那是我”。(2) 表示：我的兩個兄弟。(3) 表示：這是我的三個兒子。現在你去。(4) 表示：五天的路程並且去探訪。(5) 這四劃表示：我鄰近的酋長同他的三個兄弟都到我三個兒子那里去，(6) 須要十五天的工夫。

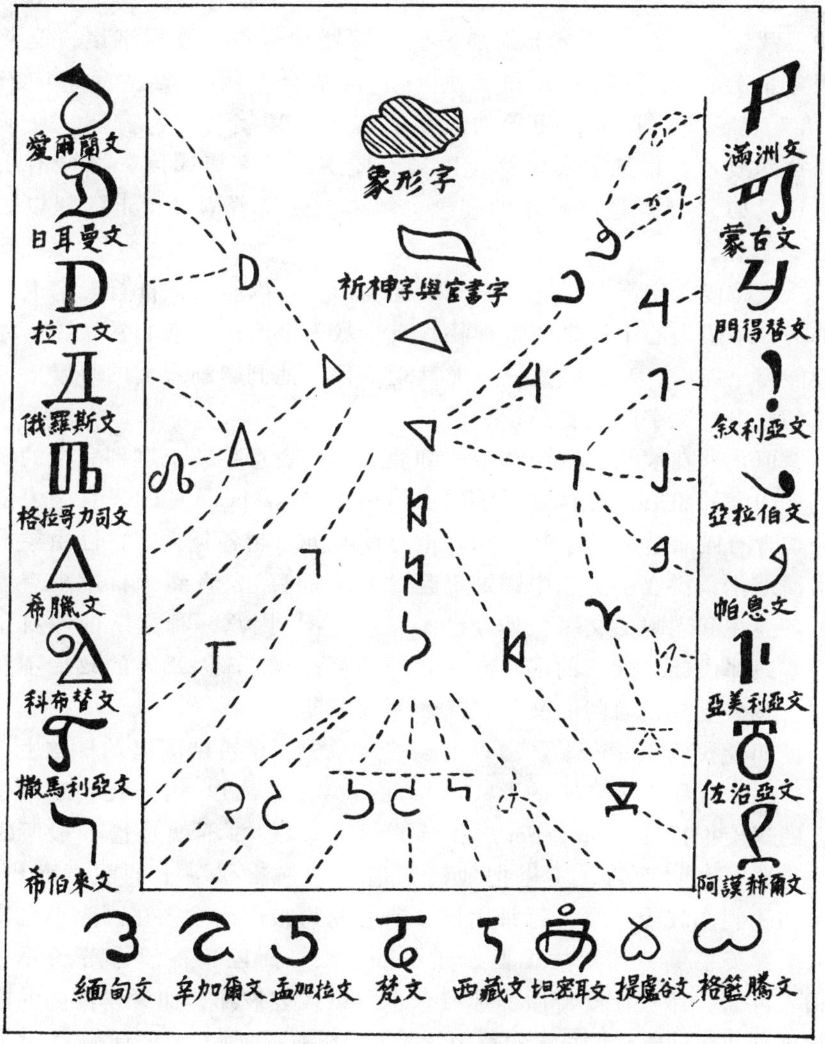

圖五　D 字的演化

這 D 字是從一個三角形孳乳而來，在撒馬利亞文與希伯來文中，卻把那弦邊失掉了；在印度文中則變爲開豁的圓形；在叙利亞文與亞拉伯文中則簡約成那樣的形式；在滿洲文與蒙古文中，其結構更爲奇特。

不特中國文字是這樣，就是亞述埃及與中美洲諸種文字，——楔形字，象形字及邁阿（Maya）字，後皆進而爲此種組合文字（combining characters）。於是表意字的數量便驟增加到千百以上，而文字遂成爲一種複雜的藝術，僅能爲少數人所操縱。這些表意字習用既久，他的意義遂曖昧不明，文字便須强記和練習了。

表意字的缺點，是：構造新字時看來似乎很容易，其實非常複雜，故每每須在表意字上附加偏旁。這些偏旁——或稱字尾，是將所象的觀念或事物，另和其他一字相結合。例如某表意字中有“人”的觀念，那末，便須加人字的偏旁；某字與植物有關，便須加草頭或木旁；某字屬建築，則須有屋宇；某字屬國度，則須有山川；又如“行”是有動作的觀念，那末，便畫着兩條行走的腿以表示動作。

這時候文字漸成爲一種很深妙的藝術，可以給人類推行無窮大的勢力。一般人心中視之非常神秘，有少數人則應用之又非常敏捷，他們能寫也能讀，又有些人——尤其是僧侣，他們諷誦經文的時候，在他們心中，文字簡直變爲神和靈了。

但是，在埃及、中國和中亞細亞最早的表意字還未達到完全的意義；印度的象形字也嘗兼用字尾；阿拉斯加（Alaska）的表意字大部分還含有圖騰時代的宗教意味。惟有埃及則超越各種文字，已由象形字而進化爲拼音字了。中國則仍是“本來面目”，直到今日還少有變更。亞述和邁阿的文字，如今已不存：（一）因爲一種文字的本身是根本與那民族或國家的進步有密切的關係；（二）因爲她的政治不開明，幾經變故，邁阿的文化從此便湮没無聞了。

如今我們在藝術上、徽章上、禮拜堂中、慈善機關以及日常生活上，也常常用着表意字的形式（按此指英文而言）。例如我們説飛機上的螺旋推行器（propeller）和機翼（wing），並不就是指一般所謂推行器及羽翼而言，不過把他們假借爲“航空學”上的記號而已。又如我們作政治文章，每每用鼠、象等動物來作比喻；在國際上也常以雄獅英格蘭、牡鷄法蘭西、熊羆俄羅斯、海巴狗德意志等綴爲一詞。再如一邦有什麽特産，那特産也可以代表彼邦，如説愛爾蘭的酢漿草（shamrock）、扶桑的櫻花、天竺的芙蕖，都是含有表意字的意思。

圖六　楔形字

楔形字當是從文字畫演進而來。假如在這個時代没有別的文字再由埃及的象形字蛻化，那末，這楔形字也許是一切文字之母了。

	埃及	亞述	中國
動作（行走）			入
神格（上帝或天）			天
國度（山）			山
人			人
植物（花或樹）			
力（手中執着鞭繩）			

圖七　字尾

象形字的缺點在埃及亞述與中國的文字中已形暴露。因爲抽象的觀念是不能以實物表現的，勢必改變象形字爲字尾，附加於他組字之左或右，始能共同表出一個總概念；因此文字愈形複雜，至今書寫時尚多感困難。

文字發達最後的第五時期

表聲字（Phonograms）

到這時候，那些詩人，先知，哲學者的靈性都醒覺了！人類視野大開，遂生出正義，上帝，倫理，道德種種精神的世界。同時，也產生了許多偉大的史詩，英雄和魔鬼的傳說，善與惡的判斷，人類的意識漸漸從歌謠中湧現出來，口語相傳，久而久之，他便起了創作的衝動，把這些歌謠中的抽象思想，鍛煉成爲文字寫出來，於是表聲字便由此產生。

表聲字是象形字沿習既久而隨意使用的。比如欲表達“Charity”一字的概念時，須連綴無數的象形字，方纔可以描寫那些特殊的事物，但這是不可能的。所以便將所畫的事物截取其第一分音，如我們畫一個圖，讀他的拼音爲“Chariot”，一個圖讀爲“River”或“Ribbon”，又一圖讀爲“Tile”或“Tiger”。如是，則這些象形字已非復表達其原來所象的事物，而僅剩着他的第一分音了。其後年代漸久，遂由這幾個聯合的分音——“Cha-ri-ti”，逐漸進而爲僕音的寫法——“Ch-r-t”。如今希伯來文、亞拉伯文及土耳其文中還有這種形跡可尋。雖然，這種僕音的寫法亦未能滿意，因爲“Chrt”也可以說是“Chart”“chariot”或“cheroot”。後來爲補救這個缺陷，始採用元音制，——元音與僕音相拼而成一字，至今猶盛行於歐洲諸民族的文字中。

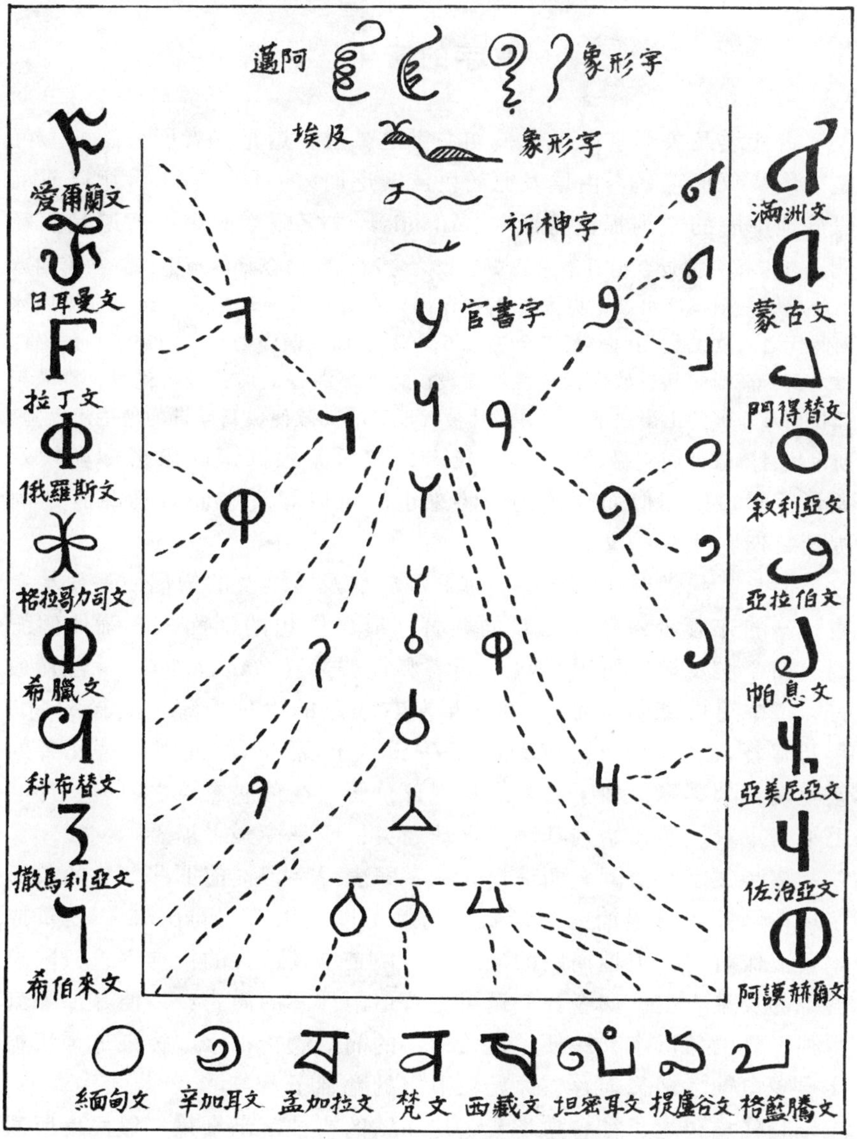

邁阿 象形字
埃及 象形字
祈神字
官書字
愛爾蘭文
日耳曼文
拉丁文
俄羅斯文
格拉哥力司文
希臘文
科布替文
撒馬利亞文
希伯來文
滿洲文
蒙古文
阿得替文
叙利亞文
亞拉伯文
帕息文
亞美尼亞文
佐治亞文
阿謨赫爾文
緬甸文 辛加耳文 孟加拉文 梵文 西藏文 坦密耳文 提盧谷文 格藍騰文

圖八　F字的演化

這F字和ph是從埃及象形字演進而來，本象一條作嘶聲的蛇。最奇怪的是邁阿象形字也畫着一條蛇形。這字到埃及官書字的時代便成爲叉形；遞演爲科布替文佐治亞文及亞美尼亞文，亦無甚變異。惟在拉丁文日耳曼文及愛爾蘭文之F，則成爲雙叉形。在其餘的各種文字中，則多變爲一鈎了。

文字的演化

古代埃及象形字是近今一切文字之鼻祖，這是學者所公認的。可是，埃及象形字是否由埃及原始民族演進而來，抑由若干世紀以前沉没於地中海的“阿提藍特斯”（Atlantis）文字蜕變而來，却還是個疑問。譯者按：據近今地質學家及史學家之考測，我們今日的地中海，在第四冰河時代原是兩個淡水湖，與大洋不相連接，只有幾大河流挹注。後來在第四冰河時代之末（約紀元前一萬年至三萬年間），忽而大西洋的水潰氾來了，經過西方之山，漸漸澎漲，始而没樹，繼而没山，把那湖邊的居民盡行淹没，直灌到亞拉伯及非洲的山巖之下。於是這片被沉没了的大陸便成爲今日的地中海盆地，所以地質學家便叫它做“Atlantis”後者的假設是根據邁阿象形字與埃及象形字筆畫的相似而立説的，將來也許可以證實它們實淵源於“阿提藍特斯”大陸的文字。

但是，我們現在的文字則確發源於埃及。埃及的僧侣便是執掌文書秘密的守護者，舉凡治政的興替，道德思想的消漲，統歸他們記録。如今埃及最早的記載當以《塔和提普》（*Ptap Hotep*）一書爲最古，書中還可窺見西元前 3600 年左右埃及的倫理思想。其後約 800 年乃有著名之《死書》（*Book of Dead*）出現，那上面雕刻著死者的靈魂漫遊幽冥界，到了最末的裁判日，便須在善惡二神之前與一片羽毛平衡重量，然後始判其應罹永劫之災，或享極樂之福。

這時文字已由圖畫而進爲表意字與表聲字，從前那些繁重的象形字現在已漸變爲很簡約的形式，而且可以在紙草（papyrus）皮革或木質上作行書。這種簡約的象形字，便是埃及古代的祈神字，只限鐫於碑碣及巖石上。如今我們還可見着這兩種字的體式：一便是那雕刻得很可愛的象形字，一便是這象形字的簡約體祈神字。後來這種祈神字愈變愈簡，最後僅存着原始象形字的輪廓了。

時代愈久遠，社會愈進步，這簡約的祈神字漸漸爲一般民衆所通曉，商人們，武士們所用的，便成爲更簡約的形體，這就是所謂官書字了（Demotic，此字源於希臘文 Demotikos，意云民主）。官書字是由祈神字（Hierotic，此字源於希臘文 Hieraticus，意云僧侣）演進而來的。到這時候文字的書寫已成爲一種通行的藝術，世界上第一座的圖書館，遂於紀元前約 1700 年創立於底比斯（Thebes）。那兒保存着不少的手寫本和古人行事的紀載。其後約百年（紀元前 1600 年）埃及人對於醫藥的智識頗有進步，遂有醫藥辭書等。這些遺跡已爲近人發見，彙輯於著名的《亞柏斯書契》（Papyrus Ebers）中譯者按：

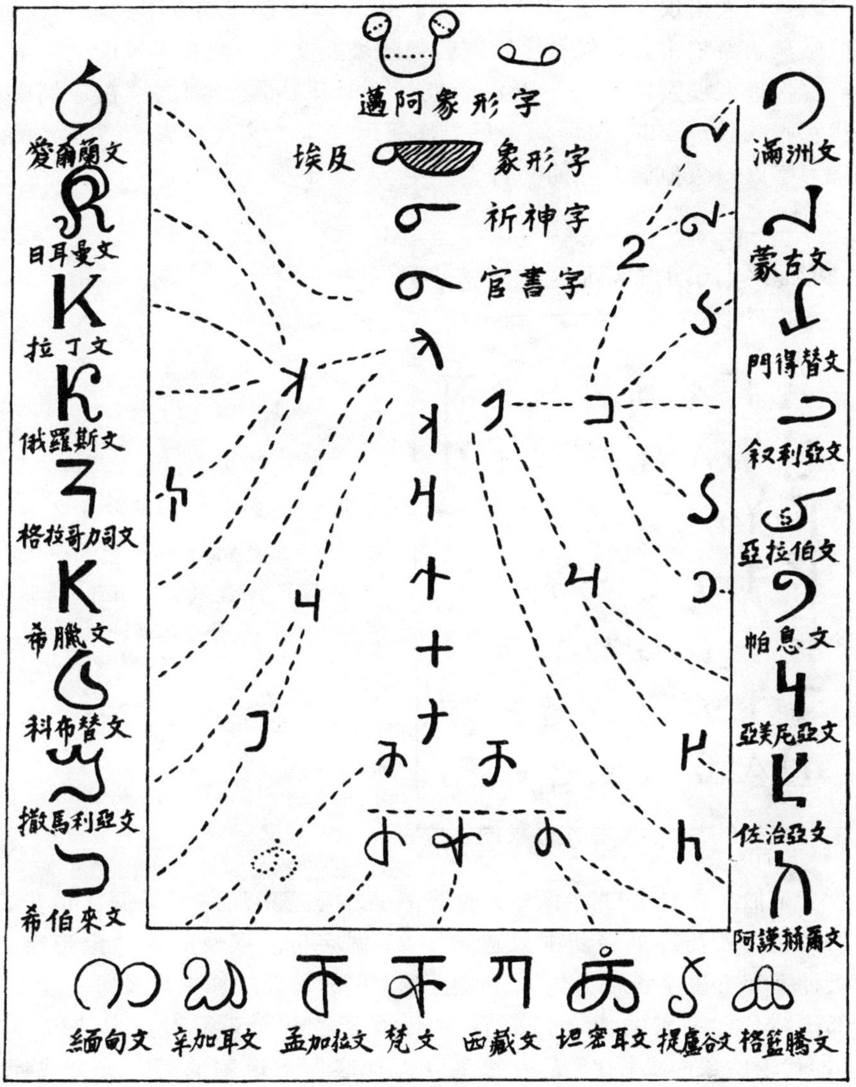

邁阿象形字
埃及 象形字
祈神字
官書字
愛爾蘭文
日耳曼文
拉丁文
俄羅斯文
格拉哥力司文
希臘文
科布替文
撒馬利亞文
希伯來文
滿洲文
蒙古文
門得替文
叙利亞文
亞拉伯文
帕息文
亞美尼亞文
佐治亞文
阿謨赫爾文
緬甸文 辛加耳文 孟加拉文 梵文 西藏文 坦密耳文 提盧谷文 格藍騰文

圖九　K 字的演化

這 K 字和它的關係字 qu，二者都從鉤形的官書字寖變而來。當刻石時便漸帶有楞角了。愛爾蘭文和科布替文均還保存着那 qu 的形狀。但在印度文則作十字形了。撒馬利亞文和亞美尼亞文則變得像個“4”的樣兒。從此又演變而爲佐治亞文；顛倒過來，又成爲阿謨赫文了。

《亞柏斯書契》爲 1872 年德國埃及古學家亞柏斯 Georg Moritz Ebers，1837—1898 所發見。是書於 1875 年印行，故即以亞氏之名名之。大約在同時，摩西救導以色列人出埃及至迦南（Canaan）以前，他曾在埃及學習過書契；但姑無論希伯來人在埃及多數都曾通曉埃及文字，或是埃及的使臣和商賈曾輸入埃及的官書字到巴力斯坦（Palestine），總之，在這個時代塞姆族（Semitic tribes）人是確曾採用（至少須受過影響）埃及的官書字以攙入他們自己的語言文字中。

圖十

腓尼基文和阿輸迦文都同發源於一支派。許多歐洲文字都從前者演變而來，許多印度文字都從後者演變而來；其間演變的步驟，可見於上表。

希伯來文自從藉助了埃及的官書字，無意中便踏了一個大進步，因爲它從埃及許多字體中只遴選了 22 個字母。埃及的那些象形字，祈神字和官書字實在太煩冗，很妨礙文字的普及。原來埃及每一個字都須經三重字體的組合；原有的象形字之上，又須附益以表意字（即代表所象的事物）。及表聲字（即代表所象事物的第一分音或元音）或字尾（即所屬事物的偏旁）。結果，到是後來居上，那異族文字的進步，却遠甚於這創始文字之邦。正如後代的日本文從四萬個中國的表意字中，選用了五十音的片假名一樣譯者按：中國文字的起源，照許慎說來，是先有指事然後有象形。近來治文字學者有謂當先有象形，然後纔有指事。南唐如徐鍇，清代如江聲諸人，又以爲會意就是指事。諸說紛紜，莫衷一是。我想如果我們以世界文字演進的歷程看來，象形字實算最早的一種書契。這大概是一個公認的意見。上文所謂中國的表意字，如果譯者不曾有錯，當是統指六書而言，否則似不可解。

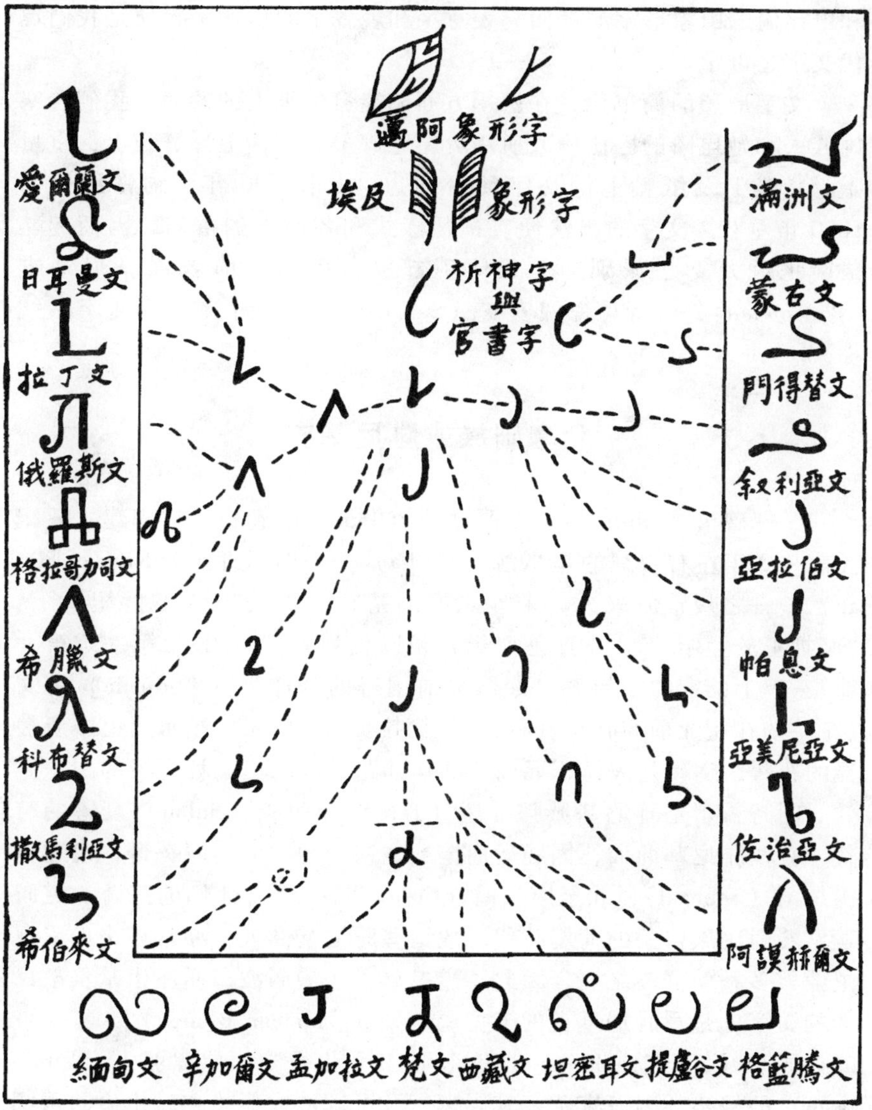

邁阿象形字

埃及 象形字

祈神字與官書字

愛爾蘭文

日耳曼文

拉丁文

俄羅斯文

格拉哥力司文

希臘文

科布替文

撒馬利亞文

希伯來文

滿洲文

蒙古文

門得替文

敘利亞文

亞拉伯文

帕息文

亞美尼亞文

佐治亞文

阿謨赫爾文

緬甸文 辛加爾文 孟加拉文 梵文 西藏文 坦密耳文 提盧谷文 格籃騰文

圖十一　L 字的演化

這 L 字經歷了幾多世紀，已微有變化。我們在撒馬利亞文、希伯來文、阿美利亞文、佐治亞文、梵文及西藏文中還可辨認得出。但在希臘文、科布替文、俄羅斯文、格拉哥力司文及阿謨赫爾文中，他的形狀便倒轉去了；在孟加拉文、帖息文、亞拉伯文和敘利亞文中，又成反背的形式，在滿洲文、蒙古文、格籃騰文、提盧谷文和剌密文中，則變得稍爲宛轉一些。

假如希伯來的文字，不是由埃及的官書字寖變而來，那末，亞述

和巴比倫的由象形字演進而爲表意字和表聲字的楔形字，便是我們現代文字之母了。

文字形體的簡單化，在應用方面確能發生很大的效力。我們看塞姆族人和她毘隣的巴比倫人所用於紀念碑上，印信上，寶石上，重量上，貨幣上及紙軸上的文字便可知道。其後 500 年，約當紀元前 1000 年左右，文字的書法便有種種樣式和各地方的俗寫，因而遂釀成南北兩大支之派别。今爲便利起見，我們稱前者爲腓尼基支（Phoenician），後者爲舍俾安支（Sabaean）（參看圖一《文字系統樹》）。

北塞姆族或腓尼基支

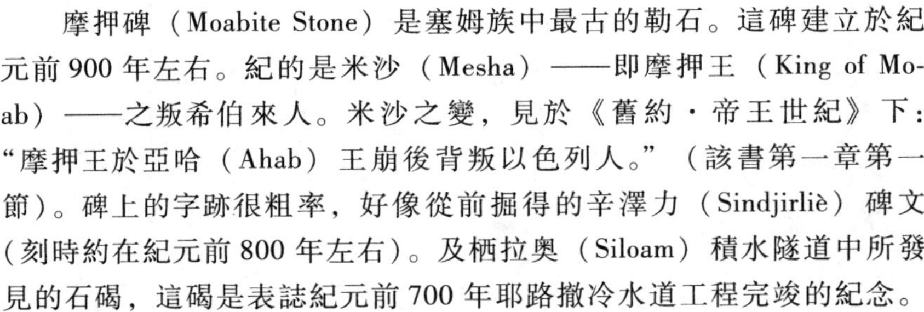

摩押碑（Moabite Stone）是塞姆族中最古的勒石。這碑建立於紀元前 900 年左右。紀的是米沙（Mesha）——即摩押王（King of Moab）——之叛希伯來人。米沙之變，見於《舊約 · 帝王世紀》下："摩押王於亞哈（Ahab）王崩後背叛以色列人。"（該書第一章第一節）。碑上的字跡很粗率，好像從前掘得的辛澤力（Sindjirliè）碑文（刻時約在紀元前 800 年左右）。及栖拉奥（Siloam）積水隧道中所發見的石碣，這碣是表誌紀元前 700 年耶路撒冷水道工程完竣的紀念。

同時，正是腓尼基城邦推羅（Tyre）和西頓（Sidon）衰落的時代，有些腓尼基商人，因經營商業，往來於地中海沿海一帶，南達塞内加爾（Senegal），北至康瓦爾（Cornwall），都有他們的踪跡。這時適當希臘民族啓蒙的荷馬時代，故這些腓尼基商人，亦常往來於愛奥尼亞與多利亞群島之間，因此，遂掀起了一層微波，而產生基督教民族的文字，是爲腓尼基支的卡德馬斯系（Cadmean Branch）。

同時（紀元前 900—600 年），埃及文化受愛西屋皮亞人（Ethiopean）的侵略，因而衰墜，其影響所及，遂造成亞述和巴比倫的軍國勢力，征服了猶太民族。有這幾層變化，遂發生撒馬利亞文（Samaritan），和希伯來文或剌俾文（Rabbinic）（即猶太民族文字）。形體的分化，是爲腓尼基支的推羅系（Tyrian Branch）。

其後，米第亞（Media）波斯與馬基頓諸王國互相争雄，其間彼此興衰存亡的痕跡，遺流了不少地方化的文字刊物，由此遂演化而爲土耳其，亞拉伯，敘利亞諸回教民族的文字，是爲腓尼基支的西頓系（Sidonian Branch）。

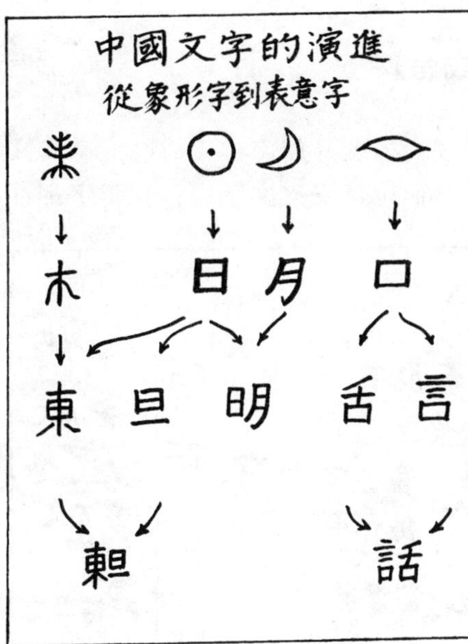

圖十二

中國文經了許多磨折，纔由象形字進步到表意字，便是說纔由具體的進步到抽象的，他們的方法是結合幾個不同的字而成。比如“日”和“月”相合便成“明”的意思；日出林後爲“東”；東與旦相合而爲“䡩”。（譯者按：原文“䡩”字，或係“朝”之訛誤。傅緯平先生云“叔殷父敦𠦝月卽朝夕，見《古籀拾遺》。䡩字當由此致訛。”

圖十三

中國文也是從文字畫演進而來的，恰如那象形字楔形字邁阿字和阿兹忒克（Aztec）字一樣。但中國文却沒有發生過表音的文字。（譯者按：《說文》九千餘字中，據王筠《文字蒙求》所計，象形字二六四個，指事字一一九個，會意字一二五個，其餘都是形聲字，故有謂中國字實際上大部分也作表音用；惟此處所謂表聲字係比較歐洲文字而言，如“江”“河”雖爲形聲字，而實未能盡脫去其象形也，此東西文字出發點之不同，未可容相提並論。）日本文從中國文中分化了五十個片假名，便成爲綴音的文字。

南塞姆族或舍俾安人

腓尼基商人貿易於北方，舍俾安商人貿易於南方，故腓尼基支文字未嘗不含有埃及官書文字的分子，而舍俾安支文字中，官書字卻甚

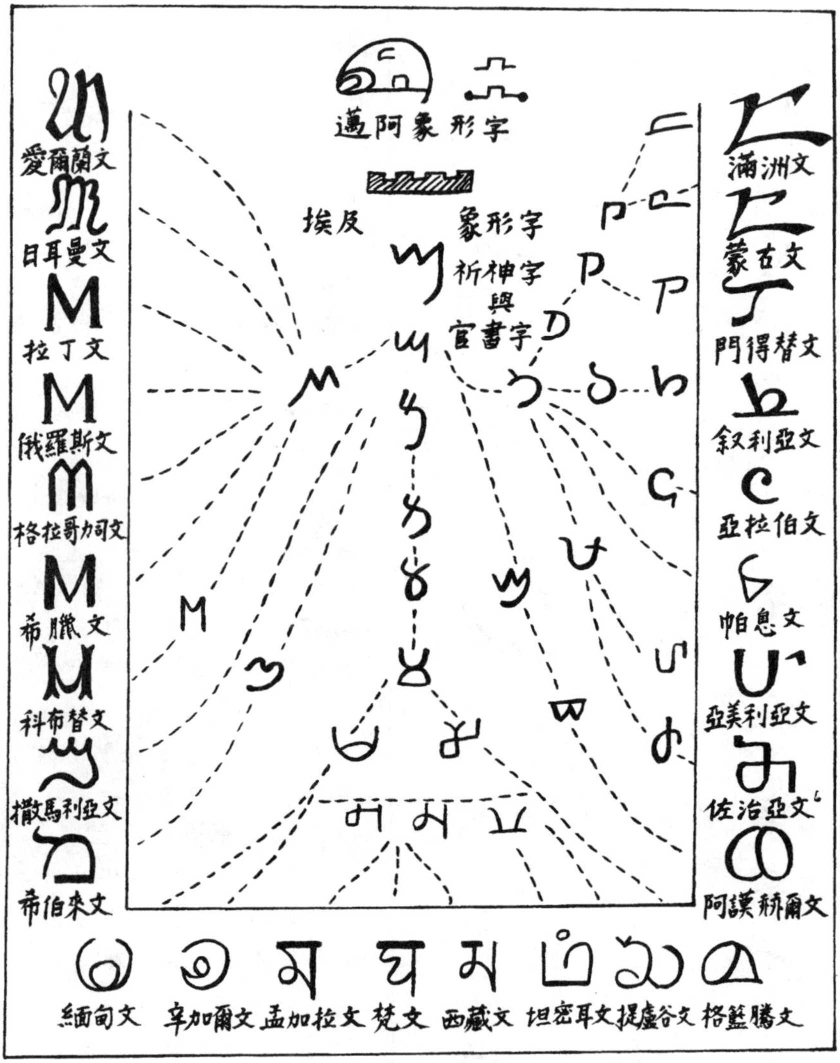

圖十四　M 字的演化

這個碩大的 M 字，在埃及和邁阿的象形字中都象着堡壘的形狀。他的三畫在撒馬利亞文、阿謨赫爾文、佐治亞文和亞美尼亞文中還可分辨得出。從希伯來文的形狀中，那筆畫長短相間，遂演進而爲 b 形的叙利亞文，T 形的門得替文，C 形的亞拉伯文、蒙古文和滿洲文。

爲蕃衍。近今有許多種文字，蓋由此孳乳而來。腓尼基爲地中海與歐羅巴間塞姆族人的管鑰；舍俾安爲非洲與印度間塞姆族人之關鍵。舍俾安人之與愛西屋皮亞人通商，當在紀元前 1000 年以前，故能得其文字之書法與記載之保存。

相傳阿比西尼亞（Abyssinian）爲愛西屋皮亞人之後裔，他們的皇系是由舍俾安的王后之子門尼力克（Menilik）一脈相承下來的。這王后是個浪漫的遊歷家，她曾到過耶路撒冷的所羅門，或者還在阿比西尼亞居留過。當她回到愛西屋皮亞時，便隨帶了她的從臣和商人。故舍俾安文字的書法，也因此隨着輸入了愛西屋皮亞。於是舍俾安支便分化一派而爲愛西屋皮亞系。如今愛比西尼亞或亞本哈拉（Amharia）的文字中還存在着哩。

這時有些達羅毗荼（Dravidia）的航海者，夥着舍俾安的商人，由印度海岸深入印度內地，由是舍俾安文遂輸入印度而演化爲婆羅門哩比鞞（Brahmi lipi），並形成印度文，暹羅文及東印度群島之各種文字的雛形。其後大流士（Darius）及亞力山大等之東征，波羅門系的文字便受了腓尼基支文字的大影響，而呈一新興的劇變。

文字的形體是如何演變的

在下文未接着討論《文字系統樹》中，各系文字的演變以前，我們先須得明白：怎麼每個文字的形體，都必須遵循着他的語音的性質而生變異，文字又怎麼會被人顛倒扭捏，弄得方圓合體，恰盡其妙呢？

第一個原因，便是寫作時須用的幾種工具。所書的工具大概是石類（如碑碣，巖石），金屬（如貨幣、印章、法碼或用具），木板，黏土，皮革，紙草等。寫作的工具則多用鑿，雕刀，蘆管，毛筆，羽片或筆等。合用這兩類工具而寫作的文字，大概可得以下兩種形式：一，碑銘體，筆畫很嚴整，字頭尖銳，通常都是很細心地鏤刻。二，行書體，筆畫隨意曲折，字頭作圓狀，通常都是匆忙地寫作的。

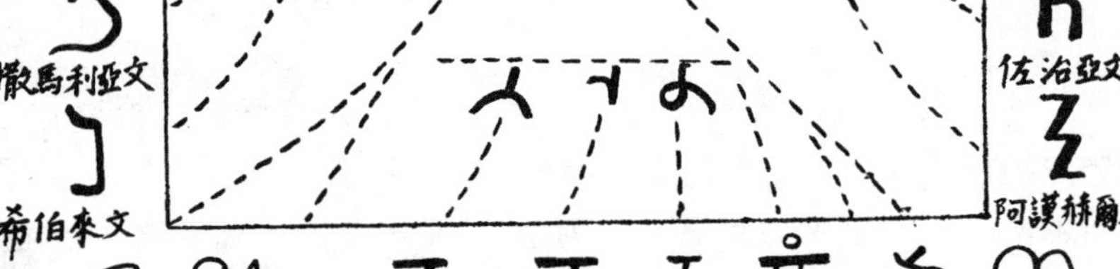

圖十五　N 字的演化

這 N 字的筆畫來得久遠，我們試看那邁阿象形字的簡約體恰如埃及象形字一樣。在撒馬利亞文和希伯來文，蒙古文和門得替文，帕息文、亞美尼亞文和阿謨赫爾文中的上端，還保持着這個形式。因爲把那中間的一劃錯放了，所以便成爲 H 似的俄羅斯文；又因爲把那末一劃削短了，所以便發生 P 似的格拉哥力司文。

第二個原因，便是各個字體的連環銜接。原來文字的形體是互相連綴成行列的，或者因爲古時文字大多雕鏤在花瓶或石柱上，故文字的排比多作螺形線；或是刻在凸凹的石面上或紙草上，故文字的排比又多作凸凹形。起初則由右至左，後來便由左至右。這樣，自然容易產生一種倒形的字體。如 W 一字，往往可以變爲 ⋞ 或 ʍ。即使今日我們也還不能完全免除這種例外，比如 S 字的倒體，誰個又能將它分辨得出呢。所以後來的寫作家便選定這些字體的或種形體，就把它立爲寫作的標準，專供應用，這種例證在歐洲文字形體中實不勝枚舉。

圖十六

古墨西哥文是由文字畫而演進爲表聲字的。當西班牙人入浸而有其地，於是這些基督教徒便宣化了許多土人信奉基督教。上面的文字是做禱告時所用：PA－TE, NOC－TE, ……A－ME，可見那些土人還不知道有 R 哩。

寫作時文字行列的方向，習用既久，便成爲慣例，用法也一致了。所以（a）歐洲文字便是由左至右；（b）希伯來文，土耳其文，亞拉伯文及其他文字，便是由右至左；（c）滿洲文和蒙古文便是由上至下。這自然是直接影響於各種文字的體式。通常我們書寫時都在橫綫之上，但印度文的寫法則必在橫綫之下，這樣一來，久而久之，這橫綫便逐漸成爲字體中的一部分了。——即使一個單獨的印度字，也有一截橫線。這在梵文和孟加拉文中更表現一種特殊的體態。

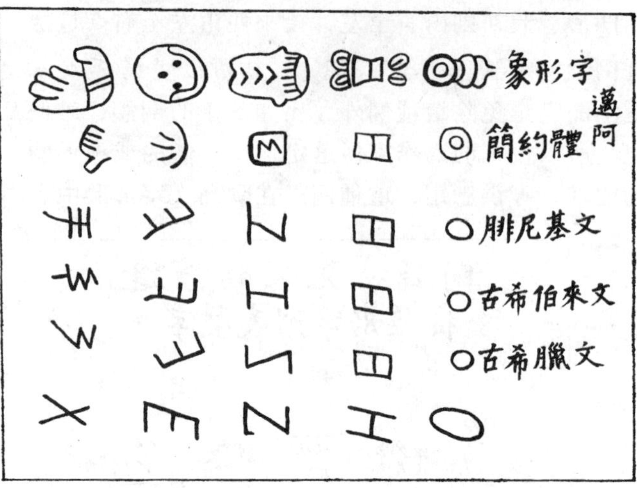

圖十七

邁阿象形字的簡約體與官書字或從埃及象形字而來的腓尼基文，二者之間有許多筆畫相似的字。根據了這個——還有其他的事實，所以下了一個假定，便是：這二者必有一個共同的根源——就是那不可知的“阿提藍特斯”（Atlantis）古大陸。

在一字或一句的首端，把一個字母寫得非常工巧，這種式樣是起於中世紀，便是我們如今的大楷的起源。大楷大多是當時通用的所謂“大體字”（Uncial）中提選出來的，那體式很大方，精緻，端整，約莫當 6、7 世紀時，中歐僧侶們所用。小楷本於希臘的“小體字”（Minuscele），其體式則稍微隨便些，是由僧侶繕寫或傳鈔古本時而來的。其後印刷術發明，字體亦大有變異，到如今每個字體至少已有四種的寫法——模型體，碑銘體，大楷和小楷。

從卡德馬斯系演進而來的基督教民族的文字

我們已知道愛奧尼亞群島是東西文化——希臘和小亞細亞——交流的輻轂。所以最初的赫楞民族（Hellenic tribes）在學術思想上必曾受過那遠隔重洋的腓尼基人的影響。因爲現在愛奧尼亞群島上，還可考見古代赫楞民族的銘刻物，其中有些是屬於德剌（Thera）的，但酷類腓尼基文的體制。

卡德馬斯（Cadmus）是一個受腓尼基文化影響而人格化的傳説的英雄，是希臘人採取塞姆族人的名字之一，此外還有 16 個字。如“Aleph”則變爲“Alpha”，“betel”則變爲“beta”“Gimmel”則變爲“Gamma”等，這便是今日我們説 ABC 字母爲“Alph-bet”的來原。

從赫楞民族（包含愛奧尼亞，多利亞（Doria）和阿提喀（Attica））古代文字的形體，遂孵化而爲近今的希臘文，斯拉夫文，英吉利文、日耳曼文及愛爾蘭文。

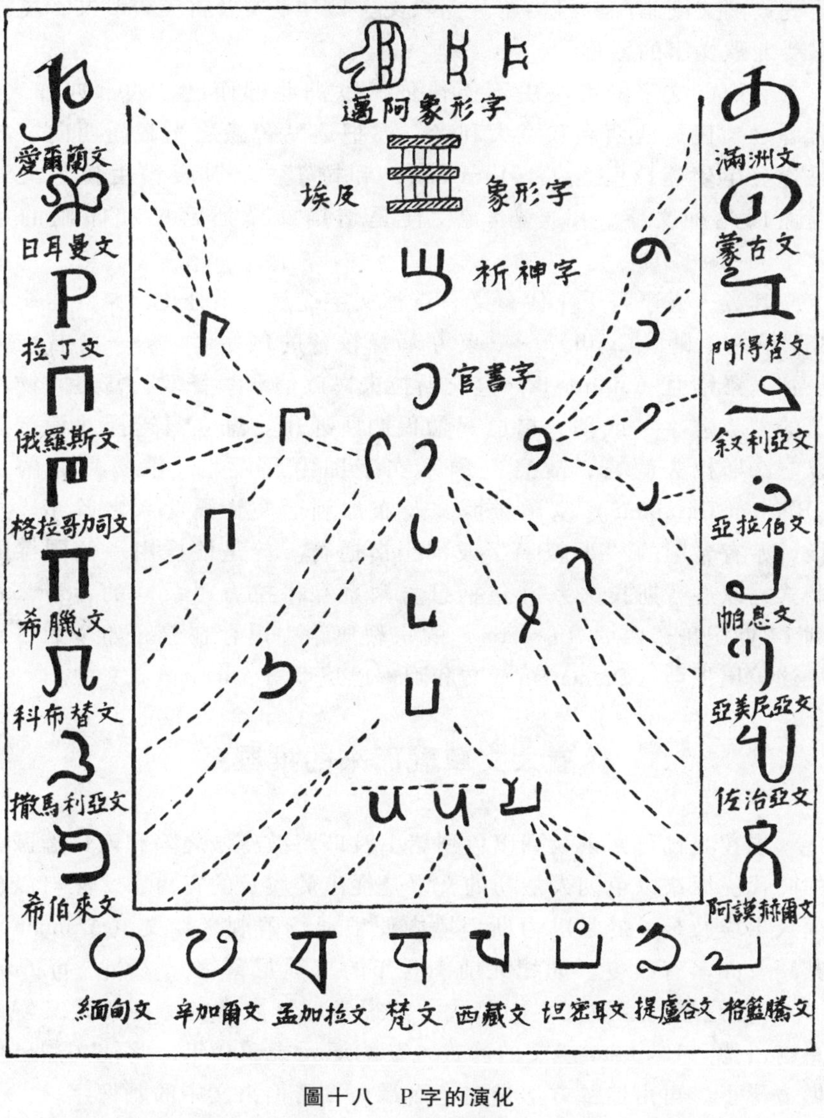

圖十八　P 字的演化

這 P 字是從一鈎演化而來，在俄羅斯文、格拉哥力司文、希臘文和科布替文中，已變成方形；在印度文中則倒轉了；在撒馬利亞文、希伯來文與叙利亞文中則側倒寫着；在滿洲文和蒙古文中則反復了一轉。那簡約的邁阿象形字却又很像一個 P 字。

原始歐洲北部野蠻民族，因爲移殖和遊歷的原因，曾吸收了不少古代希臘文字的渣滓，這些字他們都視爲很神聖的。如今在“北歐古文字”（Runes of the North）中還可考見。其後文德文（Wendes），哥德文（Goths）與阿雷曼文（Alemans），皆從此孳乳而來。再由阿雷曼文復演化而爲盎格羅薩克森文和中古哥德文（Meso-Goths）。今之愛爾蘭文則淵源於盎格羅薩克森文。日耳曼文及古英吉利文，蓋亦嘗受北歐文字的影響。

然而，文字的書法决不僅傳佈於歐洲北部而已，西部亦如之。希臘之殖民於西西利和意大利者，亦把這點智識之光載而西向，於是遂發生伊達拉里亞文（Etruscan）和拉丁文。其後復由拉丁文演進而爲此種文字，按此係指原文便是這篇文章所寫的和印刷的字體了。

其後，經歷若干年代，又有幾種文字從赫楞系分化而來。當紀元863年息立爾（Cyrill）——東方基督教會的創始者。——由君士坦丁到滿羅維亞（Monrovia）宣化斯拉夫民族信奉基督教。當這時候希臘的“大體字”或稱大楷已爲僧侶門所通用。息立爾遂採此種字體以記録斯拉夫語言，故息立爾系文字即由此產生。俄屬烏克蘭文（Russian Ukrainian）塞爾維亞文及布加利亞文皆爲此系之餘緒。再後，始有希臘的“小體字”或稱小楷通行。於是便採用一個同樣的體式，以適合斯拉夫系（包括息立爾系和格拉力司系）的舌音，直到17世紀哥羅西亞（Croatia）的宗教典籍中還存在着。如今猶可見於達爾馬提亞（Dalmatian）文和阿爾巴尼亞（Albanian）文中。

從猶太文孳乳而來的推羅系

現在我們再回來論到以色列諸王及耶路撒冷城之陷和巴比倫滅亡的時代。原來以色列人最初的文字是從出於埃及的官書字。然自以色列人出埃及後，於是巴力斯坦境内便很通行阿剌米亞文（Aramaic），其語音亦多有改變。如紀元前160年的《達尼爾書》（*Book of Daniel*），便是屬於這種文字的體式。其後當耶穌之世，這種體式又變而爲赫洛德（Herodian）文的體式，又約紀元後300年，此種文體已變做方形了。再由這種方形遂演進而爲今日希伯來文中的刺俾字。

然這時撒馬利亞文猶未脱去紀元前580年巴比倫陷滅之前的古文體，由是遞傳始爲今之撒馬利亞文，今日在巴力斯坦的一小宗教區域内還應用着。

從西頓系孳乳而來的回教系

當卡德馬斯系與基督教發生關係而普遍於世界的時候，推羅系亦正盛行於猶太民族，因此，西頓系得以遠及於回教。雖然，昔時西頓系的文字實是宗教的宣傳者，在文化上確佔了一個重要的位置。

當紀元前500年，大流士——“他是個波斯人，又是個波斯人的兒子；他是個雅利安人，又是雅利安人的王子”。——是一個虔篤的波斯教（Zoroaster）徒。他把波斯的版圖擴張得很大，——南北自印度河至黑海，東西自判查布至色雷斯（Thrace）。他到印度纔知道昔時由舍俾安支分化來的婆羅門哩比鞞，於是便製作卡爾甫斯替文（Kharvsti），——這是阿剌米亞文爲波斯帝國領土中官吏往來用的公文體。

自是大流士和後來的亞歷山大遂在判查布的交流地造成了另一種文明和學術中心的衝要地。

阿剌米亞文與《阿韋斯塔》（*Avesta*）譯者按：阿韋斯塔爲古代波斯教的聖經，後來曾經修訂。至今仍爲波斯和印度的帕栖教徒所信奉，稱爲阿韋斯塔語釋（Zendavesta）。的關係最爲重要，至今帕栖教徒猶習用不絕。後來有《阿韋斯塔》的《語釋》（*Zend*）纔把它翻譯成近今的帕雷維（Pahlavi）語文，由是遂演化而爲伊蘭(Iran)系的文字，——即今之波斯文、印度斯坦文與普士替文（Pushti）。

其後阿剌米亞文復演進而爲哈烏蘭（Haurantic）系，亞拉伯文和薩拉森文（Saracens）即由此蛻化而出。當紀元500年左右，又有兩種阿拉伯的古文體產生。其一爲那士啓（Nashki）即行書體，寫於紙草及皮紙上的；其一爲屈非（Kufic）即碑銘體，用於刻石貨幣和印信上的。前者即今土耳其文與亞拉伯文所從出，後者爲叙利亞文所從出。

涅斯托（Nestorian）是君士坦丁的總主教，紀元435年他在那里創設了一個基督教會，流風所及，基督教遂廣被於中亞細亞一帶。他們的文字叫做“伊斯特蘭基羅”（Estrangelo），直譯爲“福音文字”。這種文字如今在門得替（Mendaite）還存在着，——這兒是亞美尼亞基督教徒的一個小教區。這涅斯托教徒譯者按即景教徒他們在土爾哥曼族人（Turkomans）和蒙古人的文字中，還深深地植了一個基礎：回紇文（Uigur），滿洲文，蒙古文和高麗文，都從此脫胎而來。在伊斯特蘭基羅文轉變而爲那些亞洲文字的歷程中，我們曾在插圖上用虛線表示着這個有趣的文字演化。在中國文的書法，已不由右而左，便

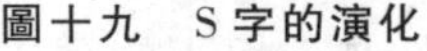

圖十九　S字的演化

這S字是埃及賽跑時的“SH”的象形，其後沿習既久，便成W的形狀了，在俄羅斯文、格拉哥力司文、科布替文、撒馬利亞文、希伯來文、緬甸文、辛加爾文、阿謨赫爾文、帕息文及亞拉伯文中，還保存着這個形式。在希臘文的第十八個字母（按Σσζ與英文字母S，s相同）則側倒寫着。拉丁文和愛爾蘭文的S便失掉了一劃而變着彎圓的去了。在蒙古文和滿洲文中則超過九十度而作Z字形。

直行寫下了，這大概是起初放置紙片的位置，已超過了 90 度，但有時爲適應這個新方向，便不免强字體而就之，所以久而久之，便約定成俗了。

又有個基督教徒叫做麥斯洛賓（Bishop Mesrobian）的，在紀元 1000 年左右傳教於今日的亞美尼亞，在那里他新創設了一種文字，説是“他在夢中悟得的”，但其實是波斯文或伊蘭文混合那士啓文與希臘文而成的，近今亞美尼亞文便從此蜕化而來，後復演而爲近今佐治亞文的變體。

舍俾安支的科布替系

科布替文算是最有趣的一種文字，從古流傳至今，它的形體都少有變化。那些字體中還有多少仍似由埃及象形字蜕變而來的古代官書字的模樣。這種字猶爲科布替人——埃及土人——所通用。科布替人雖曾受過薩拉森人的侵略，然而他們還是有基督教徒；雖曾經過了幾多變遷，然而他們還是保持着自有的習慣、語言和文字。

舍俾安支的愛西屋皮亞系

阿比亞尼亞人之從出於愛西屋皮亞人，正如科布替人之直接從出於古埃及人一樣。自從舍俾安王后的從臣輸入了最初的文字以後，到紀元前 100 年這半野蠻的愛西屋皮亞人便重新恢復了他們從麥洛特文（Meroitic。該文原於埃及官書字）借來的字體。從此又分化而爲阿謨赫爾文。

從波羅門系演進而來的佛教文字

舍俾安支的一大系，並不限於佛教及印度而已，還包括着其他宗教與國度哩。這一系在它的本身歷史上，在印度和南亞細亞的歷史上，呈現着一部最複雜而深妙的歷史。原來印度國境中有兩種人：一，是黝黑色的土人——達羅比荼人，一，是那膚色鮮麗的侵略者——雅利安人。這兩種人互相讎視，爭殺不絶，他們的戰場便是那喜馬拉雅山麓的判查布，這兒是印度半島出入的樞紐。

宛如後浪催前浪，雅利安人由西北各路進襲印度平原，盡逐其土人和以前的外來殖民而入於印度半島。每一度的侵略必有一度的新流血，那些詩人哲學者也必感受一度的新戟刺。大流士曾把《阿韋斯塔佛陀》及《摩訶外剌》(*Mahavira*) 宣揚於摩揭陀國 (Magahda)。至紀元前264與227年間，摩揭陀王阿輸迦極力宣揚佛教，亦如後來基督教在君士坦丁之所爲。阿輸迦廣佈其信仰，製下許多聖諭，如今在石柱上碑碣上巖壁上還可見得。這些刻石都足以證明阿輸迦王的宣傳力量。因爲其中有最古的波羅門哩比鞞文（寫時由左至右）。與新興的揆洛斯替文 (Kharosti)（寫時由右至左）。由這兩派遂演化而爲多種文字，通行於印度、錫蘭、緬甸、暹邏以及馬來群島。

在印度一境中，方言有147種，所以文字亦須適應於方言的本身，於是文字乃異音而用，互相假借，這樣一來，文字的形體便常常爲他們所修改，以求適合於一族或一方的裝飾的趨向。故有變得圓形的或方格的，簡單的或宛轉彎曲得很精緻的。

波羅門是古文，揆洛斯替文是外來的今文，所以前者非常重要，蓋由此可以考見印度文字的原形。但它們演進的歷程，則可於貴霜朝 (Kushan Dynasty) 時代的巖穴石刻上見之。這幾朝帝王與耶蘇同時不久，——繼着便是笈布多朝 (Capta Dynasty)，約歷三世紀，遞傳於以下各朝。印度文字中最簡單的種類，都是依着它們所受地理的支配。

第未拉加立 (Devanagari) 系發源於印度北部，復分化而爲巴利 (Pali) 文，此係單音語之文字，分佈最廣，遠及於西藏，暹邏；而判查布文則屬於孟加拉文，身毒 (Sindhi) 文瓜爾繆 (Ghurmuki) 文及其後之梵文 (Sanskrit)。梵文蓋爲混合多種不同之文字而成，其文亦包含英語。普通所謂“梵文”就是内加力 (Nagari) 文，或稱“城市書體” (Town Seript)，大多爲曾受教育的印度人所通曉，並且在歐美各國亦有梵語的印行。

涅巴達 (Nerbuddha or Transgangese) 系文字，發源於中印度、錫蘭、東印度及緬甸，其支派分化而爲羅森 (Laocian) 文，坦密耳 (Tamil) 文，提盧谷 (Telugu) 文，辛加爾 (Singalese) 文及緬甸文。

最後之揆立 (Kari or Oceanic) 系，其支派紛繁，遠及於邁阿蘭 (Mayalan) 群島：——爪哇，蘇門答臘，波羅洲，西里伯 (Celebes) 以及斐律賓群島。

文字的將來

短短的已把這篇文字的源流説完了。人類從一條迂滯而崎嶇的小徑向着那音標文字的去處行去，雖曾有天賜之緣，將這同樣的粗生的材料給與了各民族和國家，然而，他還不曾有一處達到了這個目的。但進步總是繼續不斷的，我們必須一步一步的掃除這種因襲的惰性，創造一種科學的文字：——每個音標應有一個單獨的字體，每個單獨的字體應有一個音標。

譯者按：此文見於本年八月美國心理學家 J. McKeen Cattell 主編的 *The Scientific Monthly* 中。著者爲聖佛蘭西斯科醫科大學教授 Ingo W. D. Hackh。我曾查訪了許久，還不曾知道他詳細的履歷，心中愧無以對著者。本文涉論既廣，篇幅有限，著者能提要鈎元，條理清晰，實爲難得。今日我國治文字學的人，大多只在古書中，窮搜冥索，而且跳不出一部《説文》的範圍，對於比較文字學多不留意。試問今日能通曉西藏、印度、緬甸、高麗與蒙古文字的究有幾人？譯者固淺學菲才，無以勝此重任，但他很期望能有三兩個這樣的人，從這一方面去開闢一條新路徑，便是他所馨香禱祝的了。

——昌群。一九二七，十二，二二日。

原載《民鐸雜誌》第九卷第三號
1928 年 3 月 1 日

敦煌取經記

（英）斯坦因

我（1907年）3月第一次匆匆來敦煌時，得見了許多研究佛教藝術的無上的好材料；可是另一方面還有更緊迫的工作把我的注意力牽制着了。

那是在敦煌從一個烏魯木齊（迪化）的土耳其商人薩赫貝（Zahid Beg）——他在這個由新疆來的回教徒的小殖民地，久已自行成家立業——第一次聽來的謠傳，説幾年前在千佛洞某窟偶然發見了一大批古寫本，這樁寶藏發見後，旋被官廳禁令，復行封閉，並責成一個道士看管，據薩赫貝説，這批古寫本中，有許多是非中文寫的，我當時急想探究這中間的底藴，經蔣師爺名孝婉，據斯氏説，印度政府後來獎賞了他一隻金表！——譯者密密的調查後，似乎把這個謠傳證實了。我和他秘密商量許久，問題是怎樣纔能得見這樁寶藏。

當我3月來千佛洞時，那道士不在，與他同住的，另外還有兩個從伴，來此遊方者。當時，向機而行，自爲上策。恰巧，此時只有一個唐古特即西夏——譯者注裔的和尚獨自住守這裏，他知道許多關於千佛洞的舊事，滔滔告訴了蔣師爺：據他説，古寫本發見的石室，是在接近北邊主要窟群的一個大佛龕内。此龕今已爲7年前來此的王道士糾工修補好了，如今壁面已塗滿世俗的繪畫，龕内過道的墻壁，在未補葺以前，原是用碎石和泥沙砌成，好像南邊巖壁下的幾個洞窟一樣。據他説，當修理工作正徐徐進行時，那地方即是現在的前龕，工人們察覺堊墁的壁上裂開了一條小隙痕，纔知這墻壁是連着兩間的。於是開發進去，在北面堊壁後的巖壁中發見了一個小石室。

手寫本的卷子，有中文及非中文寫的語言，據説，藏滿了這個石室，它們的全量，大約估計，可以裝載幾輛騾車，迨發見的消息傳到遠遠的蘭州之後，官府要求送呈樣本，卒後，大約是由甘肅巡撫下來的命令，叫把這些卷子仍舊全數歸還原藏的地方，所以現在這個貯藏古寫本的珍奇的書庫，便責成王道士守管，並築了一扇門扉，很慎密地鎖住。

王道士既出外去了，我若再作進一步的探詢，那是不可能，但我即刻趁着機會要求看看那發見處。很幸運，承這位青年和尚熱誠的提示，説另一個西藏喇嘛——這時亦在外遊方去了——曾借了一卷古寫本出來，説是可以爲他自己的小經堂增光，經堂原是進香人的休憩處，給他暫時下榻的；蔣師爺便慫恿和尚請把那卷子給我們拜覽。卷子是很悦目的紙捲筒，我們就在那裏展開，大約有十五呎長，紙是淡黃色，看去猶似嶄新，但因爲氣候的乾燥和深藏此秘室之故，很難以外表推斷它的年代，而觀其優美的纖維和細平的質地，我想一定是頗古的。

蔣師爺看上面的文字，異常清晰，筆姿優秀，亦有同樣的印象。無疑的是中國文字寫的中國語言。但我這位文士的書記，喃喃誦讀一過，卻竟愧謝懂不得那上面説的是什麽，正當他展轉誦念幾個術語時，我忽然明白了那幾個字的語音：“菩薩”與“婆羅蜜”，正是漢譯梵音的 Budhisattva 與 pāramitā。我知道中國佛典的語法，對於這種普通的文人是完全門外漢的，那末，這本卷子，不待蔣師爺説，固然是佛教的無疑，及至卷子展閲完時，纔見着有一個黑炭色的“經”（Sūtra）字。雖説匆促間只得見了這一本卷子，已可以證明石室所藏，大部分必屬於佛教的文獻。同時，我觀察這經卷的款式，並不是宋初（960 A. D.）[①] 活字板普及以後所流行的中國的“蝴蝶裝”（concertina），我於是起了一個有力的假定，以爲石室所藏，年代必甚古遠。但，頓時我把這一切的推想都拋開了，我想我應當得見這書庫的全部所藏，纔敢大膽決定它的淵源。

懷着探尋這些古寫本大寶藏的意念，好像一個無形的磁力吸引着我重返千佛洞，果然，及我再來時，時機是可能了，我深知敦煌本地的情形，當我初來欲求見這道士謹慎地典守着的寶藏，其所以十二分小心者，蓋頗有原因：事實固簡單，要知千佛洞的石窟，如今雖然殘敗了，而仍是民間熱誠的崇拜之地，一般人對於我在那裏考古的行爲，異常提心，防範綦嚴。同時，我那位明敏的書記，已知道這事情的梗概和將怎樣與這個負有典守之責的和尚周旋，預先爲我示意，起初須得加意小心，不可稍露急迫之狀，蔣師爺並託他轉達王道士，説我們現在即刻要動身離敦煌了，道士回來時，請他等我們一下；因爲他每年當此廟會節期終了時，須得照例出外募集捐款。此外還有一事使我放心的，便是敦煌縣的副知事王大老爺，我和他第一次蒙面，是在我領率工人正進行考古工作的時候，此人亦文士之流，對於我的工作，亦感興趣，因此，頗加青眼，於是我的爲學術的衷懷和考古的行動，漸漸地始爲敦煌人民所明白。

5 月 21 日，我重返千佛洞，便急急計劃進行步驟。同時令我異常快意的，是知道這裏已完全沒有他人，只有王道士和他的兩個從伴及一個襤褸的西藏喇嘛，而且都不識中國字，那更無礙事了。王道士走來歡迎我，不料這樣的一個聖地，竟在此人的看管之下，經了多年！其人似頗機警，狡猾而帶神經質，那一副包藏詭譎的面容，愈顯得毫無一點勇邁之氣，一望而知是很難馴範的人，我故意不多打量他，第二日清晨，便開始進行我要來千佛洞暫住的最大目的，聲言説便於測量各主要洞窟及許多名貴壁畫的攝影。終於移入了極北端的幾個窟内，距王道士所修復的那個大佛龕很近，我在那進口處，瞥了一下，眼見墻壁後就是那大批古寫本發見的地方，如今仍然保存在那裏。木立凝念中，我現在纔看見那書庫的狹窄的窗櫺似的門，高出龕内臺基約五呎，墻壁是完全新用磚砌成的，情形似有一種意外的戒備，提防我的探視的眼光，使我不禁猛然想起，普納教授（Prof. Bühler）同樣的事件，他在耶撒米耳（Jesalmir），被當地的和尚把古代貝葉經卷，統統藏入寺院的屋頂去，不給他看，前車之戒，我焉可蹈其覆轍！

開始第一件工作，便是要讓我確實知道這石室中所貯藏的全部寫本。爲此目的而向道士探詢，不能不出以一種使他坦然不疑的手段，見機行事，我曾遣蔣師爺到王道士所住的另一洞窟去過，蔣的機敏的外交手腕雖然高强，但事情仍是進行得很慢。隨後密許他一筆自由的捐款，作爲修理寺窟之用，纔微微發生了一點效力：他説石室的門之所以須磚砌者，爲要避免近日各地成千累萬的進香人的注意之故。可是，一談到關於古寫本的式樣，請他拿出來看看的話，他即刻便現出一種厭惡和猶疑之狀，規避任何密約。其實他似乎有許可將那貯藏的手寫本給我幾件閱覽的意思。隨後，他允我便中將幾卷樣本帶來看；而我的熱心的書記，此時卻對於我的操之過激的希望有所警惕，恐怕爲了求看一二種樣本而致令道士的心中突起難以挽救的疑竇，事情豈不馬上“一場空夢”嗎？

雖然，時日稍多，漸由與道士的談話中，露出一些消息來。我們在敦煌城已聽説，當這大批古寫本發見時，沙州道台曾以公文呈報甘肅巡撫，旋由巡撫衙門批令全部仍保存原處。很幸運有一次蔣和道士相談，從道士的話語中，知道那報告發見品的目録，已被道士銷毁，有些中文的卷子——自然是佛典，他確已進呈蘭州巡撫衙門去了；可是，官府對於此項發見品並不曾感到若何趣味，也不加深究，而王道士和那些當初發見石室的工人，經一時轟動之後，亦不甚在意了。一方面官府接到那粗略的報告時，説要七輛騾車方可載完這批古寫本，爲了吝省運輸費和憚於實地察視的麻煩，便仍舊將全部寫本留給王道士自行守管。

蔣之所以提示我的原因，是爲了道士的奇特的性情，恐怕於我的希望之實現發生劇大的障礙。金錢的誘致，未必能戰勝道士的狐疑，——這其間他有宗教的感情，有怕遭衆怒的顧慮，這點，我們雙方到都相同。所以最好我還得仔細觀察其爲人。於是我偕蔣師爺到王道士那裏作一度正式的訪問，並請他指示我那個爲他所修復的洞窟。從他到這聖地來，已經八年光景了，他的大部分的生活，便是料理這石窟佛寺。我的請求，承他欣然應諾。

他領着我繞過露臺，穿過高高的前龕，大抵都是木材和磚塊建造的，其彩畫之繁麗，真令人艷羡！我們一直走進過道，再登臺階，到了那石室右壁的外端，壁是有磚砌補的，異常拙陋，遮掩着石室的門扉，這地方實在難引起我的注意，當時我並不以其中所藏詢問道士，卻悠然想着那發見時的情形，四下巡視，窟中的雕塑壁飾，皆曾經道士修補過，窟是馬蹄形臺基，面積大約是 56 × 46 呎，窟式頗古，但大都重新粉飾過了，中間一組泥塑佛像，大小與人體相等，依我看來，較之任何窟内的塑像拙而且俗。

窟中壁畫以同一式樣的坐佛爲多，墁頂的繪畫則爲花狀，雖已殘褪，但大部分還保存的很好。可是，論其年代與藝術，較之其他大窟的，固然不可同日而語，那雕飾儘管華麗，而終帶粗鄙之氣，其他近代的修飾，亦類畫蛇添足，殊不足道。然而，這却不能令我因而蔑視道士的虔誠之心，他的修復此窟，蓋爲獻奉於神，是完全出於宗教的因果報應，在他，是毫無悖謬的。

距我造訪此地八年以前，他由陝西來這聖地時，正是一個舉目無親的遊方道士。從此他專力從事於修理這個破敗的大寺窟，想恢復其原狀。當初，灰塊落滿了前龕，入口的地方幾乎完全充塞，窟内各處全爲沙礫塵土所封被，我不禁想到這様一個愚頑脆弱的道士，竟有這麼大的熱忱、忍耐和毅力，能化募了如許捐款來雇用苦工，掃除窟内沙礫，重修堂宇，另外還建幾層殿閣，通是磚木築成，高聳巖頂，他所化募的捐款，據蔣師爺看那帳項用途，都是一筆一筆的整數，爲他幾年來苦心募集者，全用在修理寺窟的工程上去了。而他個人或私己的事，則一無所與，這是他的兩個從伴所言，蔣在敦煌所聞關於他的行事的話，也是如此。

據蔣師爺確鑿的論斷，王道士對於傳統的中國學問，實了無所知，所以我知道若與他談論我的考古的旨趣，必如“對牛彈琴”，不能得到什麼可供我參考的意見，但我常與其他受有教育的中國官吏談及關於古物和史料的采訪，往往獲得許多友誼的善意的幫助。可是，另外還有一樁可資我談助的題材，那便是玄奘的故事了。一提及他，上而士紳，下而愚夫愚婦，無有不知，與之相談，無有不應和的。這個頗有古風的道士，他胸中乾净的一無所知，只是燃燒着熱烈的信念，尤其是，對於那些古代由中國冒萬險備嘗艱苦而赴印度的佛教徒，則聞之肅然起敬。所以王道士一聽到我提起這位神聖般的大行脚僧——他，我認爲是我的中國的護身神——便不禁爲之傾耳。

正好這寺窟中供奉有玄奘像，我便進而告訴道士我對於玄奘的崇拜：我如何循他的踪跡由印度而來，經了許多杳無人煙的大山和水草不生的沙漠；如何巡拜他所曾去過的和記載的古跡聖地，等等。然而，可憐這人呵，我叙述這些故事時，虧了蔣師爺從旁把玄奘的遊記盡力爲他解説，我從他的眼光裏看着他定睛出神諦聽，雖然這人原帶着是一種狡黠之狀的，不久，那疑似的面容，似乎了解我説的是什麼了。

道士對於我所説的玄奘，纔明白就是他虔誠頂禮的唐僧。我們中間既把這個二而一的名詞溝通，他便頗自豪地領我到窟前的一道寬敞的回廊，那壁上畫着四幅這位大師的奇幻的冒險故事，畫尚古雅，可是隨意虚構的，蓋爲道士延請本地畫師所繪者②。畫的題材，全是幻想的神仙故事，把玄奘轉變爲一種遍中國民間信仰的聖神，其本事不見於法師的《大唐西域記》，與其傳記亦多不相符，可是，我聽道士逐一解説畫中的故事時，津津而談，那一番話，對於我事情的進行，價值非同小可。

其中特别有一幅畫，我看了極感興趣，不待我反復詢問它的寓意，已很明白了。真凑巧，當時這幅圖恰合我心中的機宜。那上邊畫着唐僧坐在一道急流的岸上，他旁邊立着一匹馴善忠實的白馬，背上載了許多成包的經卷。對岸一個大龜向着他浮來，意思是助他運載這許多寶貴的經卷渡過江去。這段故事與《三藏法師慈恩傳》中所記，他雇用馬二十四，滿載梵典由印度而還中國，長途中跋山涉水，艱險萬狀——其事實必然有關係[3]。然而，現在的問題是道士對於這圖畫的意義能不能明白了解，他願不願意與我以精神的酬勞，讓我將這些因時會而爲他所保管的古寫本攜還印度去。

二 石室藏書的開視

如上節末尾所示，實是關係全局的重大問題，當時如果貿然即向王道士提出，自屬不妥，所以我便留蔣師爺在後面和他作很要好的應酬，並促他早些將前約定的卷子樣本借與；但是，道士卻又露出畏怯躊躇之狀，虛以委蛇，終於隨後纔交出。我懸懸然直等到夜間，見蔣悄悄地得意洋洋地抱着一束中文卷子，踱進我的廬帳，説是道士剛纔秘密藏在他的寬大黑袍中遞來的，這便是第一次約定的“樣本”了。卷子的書法和紙的質地，與我 3 月初來此時那青年和尚給我們看的相仿，大概亦是佛經；但我的熱心的書記，他卻學者似的用了很久的時間去識別上面的文字。

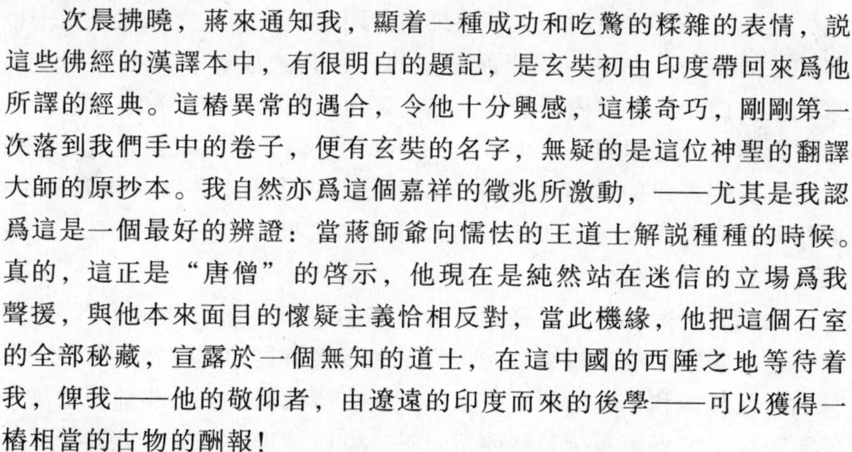

次晨拂曉，蔣來通知我，顯着一種成功和吃驚的糅雜的表情，説這些佛經的漢譯本中，有很明白的題記，是玄奘初由印度帶回來爲他所譯的經典。這樁異常的遇合，令他十分興感，這樣奇巧，剛剛第一次落到我們手中的卷子，便有玄奘的名字，無疑的是這位神聖的翻譯大師的原抄本。我自然亦爲這個嘉祥的徵兆所激動，——尤其是我認爲這是一個最好的辨證：當蔣師爺向懦怯的王道士解説種種的時候。真的，這正是“唐僧”的啓示，他現在是純然站在迷信的立場爲我聲援，與他本來面目的懷疑主義恰相反對，當此機緣，他把這個石室的全部秘藏，宣露於一個無知的道士，在這中國的西陲之地等待着我，俾我——他的敬仰者，由遼遠的印度而來的後學——可以獲得一樁相當的古物的酬報！

王道士，因其無識之故，當他檢出這些卷子的樣本時，也無從聯想到玄奘的聖名，蔣師爺立即以爲這個發見，對於可欺的道士，正可藉這位聖僧——我的“護身神”——之靈，做我這方一個特別的媒介，所以他趕緊便把這個消息傳給道士仗着以唐僧爲背景的有力的證據，於是進一步作請看全部藏本的要求。事情的效力，竟如我們二人的期望。俄而，蔣回來了，説這個啞謎正在暗中作怪。幾小時後，他復返道士的寺窟時，他看見過道側邊遮護石室的磚砌墻，已經折下，道士已把那門扉洞開了，他向石室的裹面一瞥，滿堆着一束一束的古寫本，直齊屋頂。

當日整個午前的時間，我故意一步也不涉足道士那邊去。可是，一接到這個消息，我實在再也不能忍耐了，急急去看這個大寶藏。那天很熱，我同蔣走到這寺窟來，一路上不見個人影，我看着王道士，顯然的還未盡釋其疑慮和神經的餘恐。然而，在此恍如神力的暗示之下，他現在振起精神爲我把那小門開了，門是接連狹窄的入口處，由過道的北邊而入石室。室内烏黑，使我的眼圈特别放得大。卷子是包捲着，緊緊地層積而上，但無次序，在道士所持閃爍着的幽暗燈光之下，赫然一堆，約莫十呎之高。隨後度量其體積，約在500立方呎左右。石室的面積，約9方呎，所餘隙地，至多只能容二人立足。

在這“黑漆的洞”中，對於這大批古寫本要加以任何正確的考究，那當然是不能可的；果使翻理出來審視其内容，則所須的時間和勞力，也就够多了。而且時機還早，如果當時便提議把卷子全數移至石室外的堂殿中，以便易於細閲的話，那不特於事無濟而反害之，因爲王道士現在仍然恐懼着失掉他的位置和施主，倘無意中偶然碰進了一個香客或遊人，將此事流傳出去，蜚語中傷，那末，他這幾年來苦心在千佛洞經營的成績，豈不盡付之東流嗎！雖説此時已過廟會節期，但時而仍有進香的人來，如果將寺門關閉以謝絶之，那於道士也非妥善的辦法。現在我們所能做到的，只有請他每一次抱一兩捆出來，讓我們在這寺窟内更静僻的地方趕速披閲其内容。很僥倖，恰好他修復的大前龕兩厢有間小屋，一單扉門可通，前有紙窗，真是好個附屬這古圖書館的“覽閲室”，這樣天成的設備，將我和蔣掩藏着，即使偶爾有香客來向着那拙俗的大佛像“磕頭”、撞鐘、焚香，一些也窺不見我們。

在未叙説對於這大秘藏中所搬出來的一捆一捆的“樣本”，作初次迅速的觀察之前，這裏且先報告一些石室發見的詳情及由石室中所見關於其起源和年代的記事。據王道士告訴我們：當八年前他初來千佛洞時，這個寺窟幾全爲沙礫所封被。當時情形，今據較此窟稍低的其他緊鄰諸窟觀之，大概在此窟入口的地方，即前龕一帶所堆積的破碎沙礫，想必有九或十呎之高。因爲初時所化募的功德捐款，實在少得可憐，只能雇用少數工人開掘，而且斷續不常，足足兩年多，纔把過道完全掘平，進深已在二十四呎以上，然後又將直通龕底路上的巨石塊除清。這項工作完竣之後，隨着便從事雕塑新佛像——這是王道士急欲興造的——工人們偶然察覺那入口右邊的堊壁上崩裂了一道小痕，在這堊壁的後面，現出了一磚壁，其狀好像石窟的開鑿即止於此的樣兒。於是破壁而入，得一小室，藏書於是乎發見。

當石室開發之後——無疑的第一便是尋找寶物——得見一通黑色的雲石碑，石質頗堅緻，寬約三呎，立於室内之西壁，其上刻有中文銘記。其後道士復移置於南邊即左側墻之較高處。碑文沙畹氏（M. Chavannes）有譯釋，良深感荷，下文將引用之。碑之年月當時經蔣師爺循誦之後，我明白適當於公元八五一年。這項重要的記事，使我忽然解悟石室藏書必在第 9 世紀之中葉以後開始。

除了藏書的内容記有各種年代而外，再也尋不到比這個年代更低下的；惟有窟内過道兩側壁畫的風格和式樣，可資參證而已。據道士明確的述説，石室四周圍的壁畫，與其外面磚墻上堊墁的壁畫，都尚未破損，兩者完全同一式樣，其右側壁所繪大小與人體相等之菩薩，作並行進獻之狀，畫法頗優美，道士發願修理寺窟時，幸此畫無恙，未遭波及，畫的風格和式樣，在其他的洞窟中，屢見不一見，如第七窟及第九窟（參看本書圖版 CCXIV，CCXXV）過道兩側壁畫，皆未經近代損壞者，這類壁畫若斷爲宋以後之物，似難憑信。但千佛洞全部壁畫爲古代所遺存者，固不可勝計，然經後世歷代相承爲當地藝匠激發其興感而從事修補者，亦屬不少，綜觀歷世間續增補之跡，大抵由唐而迄元。不過各畫所表現的風格，没有絶對的實證可斷定耳。

所以最初單由考古學上的推定，亦足以鼓勵我對於這大批古寫本的希望，知其價值必遠邁於現行漢譯經藏之上，因其所包括的年代，如上所示，範圍至爲廣大，蓋自漢唐以來，此甘肅西陲之地，久爲各民族薈萃之區，政治勢力亦頗複雜，而在當時各民族中，據我們所知，佛教最爲普遍，然爲我最感疑難者，便是對於這個鉅量的秘藏，是否能容我此時作系統的研究之可能。因我自己語言知識的限制，又能否容我在這汗牛充棟的中文寫本中匆促地選擇其具有特别意味的，重以無充分的時間，很難任我從容檢選那些夾雜於堆藏中的非中文（non-Chinese）的材料，尤可慮者，此懦怯而反變無常的道士，設或猛可裏有所畏懾於世俗的議責，與其靈感的不安，在我分毫未取得這些寶藏以前，突然省悟而拒閉一切於咫呎之外，則將奈何！所以我覺得須盡我可能的力量和速率進取，可是，一方面又得裝着從容不迫的態度，以免道士發生對於他的無價寶藏的認識。

這樁傳奇似的發見工作，在類乎我個人（quasi-personal）的諸發見報告中，是最具魔力最有趣味的，此固當時印象使然。至若所取得之石室藏經及古物的分類的概測，將於後章試論之。石室藏經之所以得保全者，蓋有賴於石室之特殊的環境，據王道士遞與我們的第一批經卷，皆係捲疊筒，其高約 9½至 10½吋，都是佛經的漢譯寫本或古文書，保藏狀態，大多甚好，而且捲疊的次序，毫不紊亂，各有年號，很平軟的黄色卷子，外裹以絲織物，甚爲柔韌，其狀如圖版 CLXVI—CLXVIII 各圖所示。卷中插以小木軸，間有施以雕飾者，軸端或繫以結，紙張之長度，各有不同，故卷軸之形式亦各異，大約每張之長自 15 至 20 吋[④]，書寫時，則每張連結而成一捲，至文字終結爲止，故展而閲之，延引頗長，測其情狀，皆顯然有久經持誦之跡，大概因爲這個原因，所以外層纏護卷子的絹帶，常見有破損的。

至於那些表裏完整的卷子，據蔣師爺識别，皆各題有經名及卷數等，我對於這些名稱，不知其所以然，無從得到些微聯想的提示。但，在道士最初交來的一批經卷目録中，我意揣石室所藏必大部分與近代流行的佛典多少必有差異，初時，我尚囑蔣草一個粗略的目録，殊知隨後道士放膽的搬了許多出來，就是最粗略的目録，亦勢所不能，迫着放棄了。

在迅急的披閲第一批卷子時，蔣已無論如何查明不着這些卷子寫成的正確年月的任何題記。而各捆卷子中所夾着的西藏文經卷，亦不能幫助我大概決定這個古代佛徒藏書室的成立年代。隨後又檢得一些藏文卷子，乃分行提段，作横行書的，蓋便於諷誦之故，雖皆屬經典，然略察其内容，在年代的考查上，亦不能給與任何線索。可是，觀其紙質，粗疏而帶灰色，其時代必後於中文經卷無疑，因爲我們有一個假定，便是當公元 759 至 850 年時，敦煌是在吐番即西藏——譯者的勢力範圍中，這些藏文經卷，未必不與此時代有關係，由此推論，那末中文經卷，其紙質之細緻，顯然的更爲較古，並可證其必屬於李唐之世。

但是，我曾檢得一古黄色的中文卷子，當係這批卷子中最古者，已殘破，尚存 3 呎餘，其背面寫着草體笈多文字（Cursive Gupta Script），我在和闐地方亦發掘得有這種古寫本，而且我仿佛認得其中還有古和闐語。繼續又檢得同樣三本更殘破的卷子，一端或兩端都有這種文字寫着。當時我意料這秘藏中既有印度文的寫本，那末，大概梵文亦必曾在這個地方的佛教界流行。而據中文卷子背面所寫的和闐語經文，可知當時本地的宗教事業與塔里木盆地的各佛教區域交往之頻繁。然而，我還未及等到一批貝葉（Pōthō）經卷到手時，那草體笈多文字的一種附屬文字，已經霍納博士（Dr. Hoernle）辨别是和闐語中的另一種醫藥的書體，其數有 71 葉之多。

雜伴着這些零亂的貝葉中，有中文及藏文的卷子，一部是藏文的大貝葉書，又有些是描在殘脱的中國紙上，棼亂地捲紮着。這一批古寫本的雜亂的狀態和隨意的捆紮，且多無絹布之類的外層纏護，很明顯地表示着這項史料是原存的狀態，未曾經受若何移動。可是，仔細觀察各張的保存狀態，又似乎曾經石室開發之後尋求珍寶的人折視過，但綜觀其内容之零亂次序，絶無此種摧殘之跡，而且我細察也没有絲毫潮濕的影響，紙質亦相當的不顯脆弱之狀。以上説明，已很明瞭了。可知在這種絶對燥瘠的山巖中所開鑿的石室，屏絶其周圍沙谷中一切潮濕的空氣，是再也没有地方比它更適宜於保存這樣古物的能耐。除了那進口狹窄的爲沙石所填塞的過道外，這石室的四周，都被層巖包圍，雖然經過幾多世紀，到底室内的空氣只能有極微弱的變更。要不是這麼極乾燥的地土，這個荒墟中所留存的古代遺跡，斷不能如此完全不遭些微的損害，有如當時的情狀。

這個大秘藏所享有的得天獨厚的優越環境，使我爲之震撼的還不止如上所云而已。當我啓視一强韌的無色蓬布所裹着的大包件時，我發見許多絹織的和縑素的畫卷，各種絲綢織物的碎錦一大批。最初得見者，以二至三呎的狹長的絹畫爲最多，其頂作三角形，結以流蘇，即刻我已辨認必爲寺院所用的幡招，其樣式如本書圖版 LXXVII、LXXX—LXXXIX 各圖所示，下文將詳細解説。這類幡招大多繫係於一種塗漆或着色的小木柄上，木柄又爲結流蘇之用；展視之，幡上則繪有佛菩薩像，其彩色猶極鮮麗調和。當然，如此細軟的織物，在種種情勢之下，自多破損的機會，不單是經了幾多世紀的庋藏所致，而且當時在佛龕前長久的供奉，亦必有所磨損，以其尚有縫補等痕跡可以證明。

然而，這類絲織物所遭的蹂躪，在我隨後啓視的一捲形式比較更大的絹畫，其損害尤爲顯著。當初裝置時，必曾經擁塞地雜亂壓疊着，如此壓搾了幾多世紀，深刻的縐痕，隨處都是，小心翼翼的方能理開，還可見上面滿繪着頗工緻的佛像，與别的一些大洞窟裏壁面所繪佛像相類，其式樣如本書圖版 LVI—LXIV 諸圖所示。此種絹畫理開複製時，須得極精細的手術，其事頗難，爲之整理裱背者，係不列顛博物館中精於此技的能手。如圖版 LXXVI 所示，即此種絹畫原狀之一，紮於一煙燻色之絲織物包皮中，壓損得幾乎不成形了。雖然，從一方面比較言之，這種絲織幢幡，固因其面積較大，且經當時久用與雜亂的積壓之故，是以損壞最烈，可是，另一方面言之，如果没有這樣優良的環境爲我們保藏，則這項美妙的佛教畫像藝術的遺物，我們也絶不能獲見了。

當此之時，蓋無暇專意檢尋畫中記題，或對於絹畫加以任何精細的研究。我最大的目的，便是急於設法想盡可能的數量，如何纔能把它們救拔出這幽暗的牢獄和它們現在的這個不經意的守管人之手。我觀察道士，他似乎也輕微地感覺得這些遺物的價值。可是，當我迅速的將那些最好的絹織、縑素及紙的畫卷，放置一邊，同他說“以待詳閱”時，他並無反對之意，於是我得下手將這第一批雜亂的包捆收拾了。真是美不勝收，令人炫目。不消説，那是很明白的，這時我並不顯着如獲重寶的神情，暫時收斂我的情感，便故意把剩餘的擱棄一邊，而同時是决心等待着作進一步的要求時，再將它們取轉來放在我的仔肩上。

我暫時收斂的外交手段，居然馬上見效了。道士似乎對於這一批全部畫卷的價值，看得低微得很，所以我反而犧牲了我對於那批道士似乎覺得很珍貴的中文經卷的注意，他猶疑地摩挲着那些經卷——這當然是他從殘篇斷簡中選出的——大有愛不忍釋之慨。既是這樣，事情便更有把握了；因爲我知道那批中文殘卷的紙張，有許多是很顯明的普通質料，與其他畫卷及經卷的紙張如印度笈多草書的那種紙，迥不相類。於是這第一天，蔣師爺和我不息的在這寺窟裏工作竟日，直到晚間纔停下。

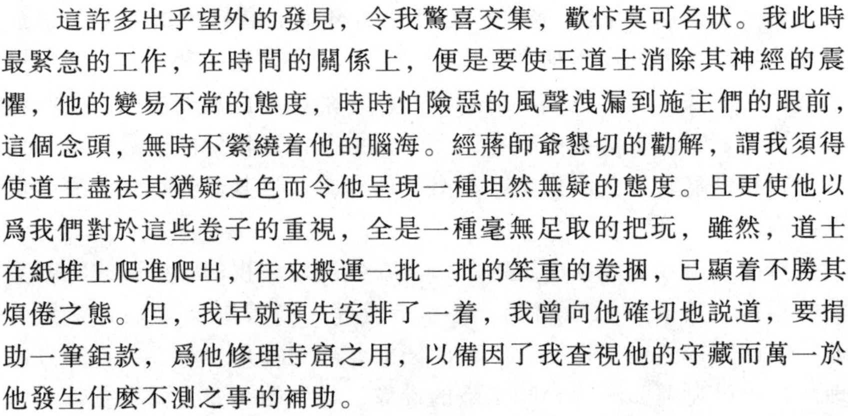

這許多出乎望外的發見，令我驚喜交集，歡忭莫可名狀。我此時最緊急的工作，在時間的關係上，便是要使王道士消除其神經的震懼，他的變易不常的態度，時時怕險惡的風聲洩漏到施主們的跟前，這個念頭，無時不縈繞着他的腦海。經蔣師爺懇切的勸解，謂我須得使道士盡祛其猶疑之色而令他呈現一種坦然無疑的態度。且更使他以爲我們對於這些卷子的重視，全是一種毫無足取的把玩，雖然，道士在紙堆上爬進爬出，往來搬運一批一批的笨重的卷捆，已顯着不勝其煩倦之態。但，我早就預先安排了一着，我曾向他確切地説道，要捐助一筆鉅款，爲他修理寺窟之用，以備因了我查視他的守藏而萬一於他發生什麼不測之事的補助。

當晚將入夜時，在我們的“閱覽室”內的一邊，已經積了一大堆選就的手寫本和絹畫，包紮着預備搬動，自然，我們的外交策略，仍是“以待詳閱”。然而，這裏還存着一個很大的問題，道士是否願意讓我們將這些東西搬去而眼看着危險當前呢？除了爲他懇切的解説我們真正的旨意而外，當時若向他説買賣或極秘的運去的話，那似乎很不妥當。可是，當我們將離開道士的寺窟時——這鎮日的工作，頗感疲勞，我便趁着和道士談我們常談的唐僧故事，頗久，我肯定的説，此事分明是聖僧指示的鐵證：試想，在這個爲一個虔誠的唐僧崇拜者所修復的佛洞中，有這麼多的佛經和其他供物的秘藏，或許其中必有一部分是聖僧往印度時攜來的，我亦是由印度而來的一個唐僧的崇拜者，也應當享有這個秘藏的權利。於是我們走近回廊，看道士請畫師繪的唐僧取經的壁畫，我更加緊的引他注意那幅玄奘由印度歸國，牽着一匹背馱經卷的白馬圖。這真是助成我要把這項王道士發見的貴重的史料轉運給西方學者，使它們得陳列於光天化日之下的强有力的辯喻。

蔣師爺便留在後邊，用盡他巧語花言的誘力，向道士百般勸解：不可將這項秘藏深錮在黑洞中，否則便非唐僧啓示他開發遺經之本意；而且在他自己既無能力研習它們，不如惠讓於印度及西方的佛學大師，這也是一樁功德無量的善事。若可慈悲的讓與，自必以一筆鉅大的捐款爲酬報，以恢宏這寺窟的佛事。這樣的爲他申説，没有一句話不深深的打中他的心。——又加以早曾奉送了他一項無條件的賄銀。然而，到底無從决定這一切的談話，在道士的心中作若何反應。他似乎猶躊躇於他的清名與艱難締造基業的恐懼之間。

無論怎樣，我仍舊讓蔣師爺單獨去應付這個問題，静悄地探取那些選出的寫本和畫卷，是最妥善的方法。因爲他的熱心，他的外交才能，我向來囑付他的，都不曾敗事。時已近午夜，我方將寢息，見他輕步而來，察視我帳幕四周毫無動静之後，他轉步即返，俄而，抱了一大捆來，説内中全是我“選出的”，我不禁雀躍大喜。原來道士畢竟鼓着勇氣跳入我們的圈套了。但和他約定的是除了我們三人經手此事而外，絶對不洩露於旁人，並且我無論在中國領土多久，這項“發見品”的來源，必須完全保守秘密。道士自己恐怕夜間出外被人遇見，所以蔣師爺便做了一個唯一的轉運人，這樣連着七八夜，他獨自往返於我的帳幕和那寺窟之間，漸積漸重，最後不得不雇賃車輛裝載了。這樁辛勤的工作，真難爲了我的這位文士的朋友，他那欣然爲我效勞的悃忱，如他對我一切熱情的幫助一樣，將永遠深深地印在我的記憶中。

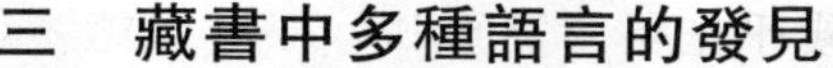

三　藏書中多種語言的發見

第一日便有這樣成功的收穫，更激起我對於以後的希望。我們所提心吊膽的種種謀計，雖在此棘手的情形之下，幸無多大變化，故以後類此的經過，當無逐日詳述之必要，而對於先後所得發見品的程序，亦擬少叙。那是很明白的，石室的内部已經不是原狀了。當開發之後，翻尋寶物和後來移置墻西那塊碑石的事，卷子原來的位置，必然被搗亂了。就是每捆卷子的類别，亦常錯雜不清，所憑者，惟從道士手中搬出之次序耳。

在這樣匆促的檢視中，經我過手的這些古物，勢難得正確的衡鑑，即就那些我檢選在一邊，認爲有特别意味而可加以系統的研究者，雖專家得之，亦須費幾許歲月。至若關於其中之各主要部分，經各方研究之結果，其大概情形，將待後章論之。然在當時，以我之力所能辨識關於此石室與千佛洞及敦煌的史料，亦有種種發見，經歐洲專門學者的研究，從這中間已獲得許多公認的結論了。一年後，伯希和（P. Pelliot）教授亦來王道士的“寶窟”，所獲甚豐，我打算將他所得關於考古的資料，也在這裏一併討論。我當初對於這些大大小小成包的中文或藏文的經卷⑤，雖已明瞭，但其性質及何以聚藏於此的原因等，在未從其中探究出確鑿的論證以前，還須待精博的語言學者長時之考訂。而據我第一日的經驗所啓示，對於那包頗不成形、緊擊着的“雜類的”卷捆，早已認識其特殊的價值。稍有可疑者，便是那些夾捲於中文與藏文卷子中的絹畫及紙畫卷，是道士從石室中收集的，隨後因無用處，便把它棄置一邊，擱在他堆積得如壁壘般的所謂“書庫卷子”的頂上，尚易探取，道士也一起交來了，這算是他打了一個特别的折扣。

在這批“雜類的”卷捆中，我檢得許多婆羅謎（Brāhmi）文的印度貝葉形的手寫經卷，其正面爲中文，背面全爲或一部分爲婆羅謎書，而霍納博士及鮑孫教授（Prof. De la Vallée Poussin）對於此種經卷苦心研究的結果，將於第二十四章以下論之，至其詳目及解説，可參看本書霍氏附録（Dr. Hoornle's Appendix F）。觀上所記，可見這種婆羅謎經卷中所寫的幾種語言，大部分是梵文和“未知的”（“unknown”）伊蘭系語，——此語現已經斯坦科諾教授（Prof. Sten Konow）及霍納氏考釋，暫稱之爲和闐語⑥，極爲允當。其他尚有一種“未知的”東土耳其斯坦即新疆——譯者的印度歐羅巴系語，曾流行於塔里木盆地之北一帶，經西爾文納韋教授（Prof. Sylvain Lévi）精審之考證，定爲龜茲語，其數共僅數葉。在這批“雜類的”卷捆中的梵文經卷，幾乎全是貝葉形式，保藏狀態甚好，其數共 69 葉，當初我對於其中《般若波羅蜜經》（Prajñna-Pñramita 參看本書圖版 CXLII）一卷，特别感趣味，此種卷子，很顯明的必係在印度所書，後經霍納博士考證，認爲是尼波羅 Nepala 譯名照《西域記》，即今尼泊爾——譯者注式的笈多文正楷，大概必直接由南部即經西藏傳來，從古文字學的觀點論之，蓋當公元 8、9 世紀，而這時敦煌正在吐番人的領轄之下，很可以證明這個假説。

至於其他梵文寫本（參看圖版 CXLIII），作斜體笈多書者，當爲中央亞細亞之古代語，可無疑義，大概亦同時由東土爾其斯坦傳入敦煌，决非本地所書。這個論斷之正確與否固有事實可以證明，蓋所見婆羅謎文，無論何處，均寫在中文經卷的背面，全爲草體笈多文的形式，至其語言如何，可參閲本書“附録F”的考釋。這類卷子，自其紙質及一般狀况觀之，很顯明的是爲本地古代僧徒藏經中的中文經卷，並且正面經文，書法亦極工整。據此，大抵可知此種婆羅謎經文，必爲較後一個時期所書，不過利用中文經卷背面的空白而權宜書寫之耳⑦。更可注意者，我當時見着這類卷子中，有些是寫着一排一排的字母，和習字簿一樣，看得頗爲有趣，那字母似乎與和闐語相類，又似乎與梵文相類。

這兩種附有和闐語經文的中亞細亞婆羅謎文正楷和草體的經卷，皆爲貝葉裝，爲《能斷金剛經》（*Vajracchedikā*，圖版CXLIX）的譯本，共44葉，其另一屬於醫藥的大抄本（圖版CL），共有71葉，各圖所示，都是其中最好的樣本。這兩種（正楷、草體）婆羅謎書的寫本，我在和闐一帶所發掘得的手寫經卷中，亦有這種語言。可是，這些貝葉經卷，是否即由和闐而傳至敦煌，或爲敦煌本地所寫的，則不能决斷。而在非中文的卷子中，還有一本最爲特異的碩大無朋的卷子，其長70餘呎，寬約一呎（圖版CXLLX）⑧，共1108行，完全無殘損，但亦不能考究其淵源所自；其内容固知爲梵文佛典，而文法甚不通順，間雜以和闐語，前者爲正楷，後者則爲草體笈多書。其式樣與紙質，則與石室藏書中時代較晚的許多中文典籍相同，我於是起了一個假定，以爲這本卷子，當出於本地的信徒之手，而此外的佐證是：卷子的絲織包皮上的繪畫圖案，與石室所藏絹畫絹綉的風格，頗多相同的。

當時，我對於這些婆羅謎書的經卷，固然頗感其語言學的趣味，而此外我對於它們在考古學上的價值，亦多少得到些線索，知道那時敦煌的佛教界，其中自以漢人爲主，必與塔里木盆地，尤其是和闐一帶的佛教界，有直接的交往，直至其後某一時期纔告中絶。我們知道，當唐時，中國與西域間主要的交通路綫，並不是由敦煌西進經羅布淖爾而至和闐，仍由哈密沿天山山脈；那末，石室所藏婆羅謎卷子中的這種和闐語經卷，似乎很難尋出一些敦煌與和闐間佛教流通的特別關係；然而，有的，我們看下文論千佛洞中其他的遺跡，便可知道。

可是，對於這許多藏文經卷，卻有明確的證據，可斷定在某一時期，南方的勢力北進，必曾一度控制敦煌的佛教，所幸歷史上確有這個事實可以印證。在那批第一次交來的藏文貝葉經卷，其數不下數百葉，次序很紊亂，大小亦不等，如圖版CLXXIII—CLXXIV所示，隨後大加整理，始克就緒，除這些散葉的卷子而外，則大多戳有線眼，但已無線連繫着，間或有一些夾着藏文的卷子，又畫有十字封號（如圖版 CLXXIV），於是我料定石室所藏，必還有這類大張的藏文經卷，其數可佔全部經卷很大的比率。

我不是一個藏文學者，所以無法决定這些藏文卷子究竟是否有異於現存藏文佛典之處，或至今仍有爲藏人所刊行者。不過這類藏文經卷的紙張，粗糙而帶白色，我們很容易辨别與其他的卷子及貝葉書不同。其他卷子的紙張，大抵薄而帶灰色，質地陋劣，如上所述的那些中文卷子然，可證其爲較晚一個時代的，反之，與上所述的那些紙質薄而細韌，帶黄色的中文卷子據其題記，我早已明白是唐代之物亦異。這兩種卷子，自其本身觀之，可知是居留敦煌的西藏佛徒所書。至於如貝葉經卷，其製法大多是非常奇特的，與我在恩特耳（Endere）、婼羌（Miran）[9]所發掘得的貝葉殘卷都不同，大概必是從西藏傳來的。

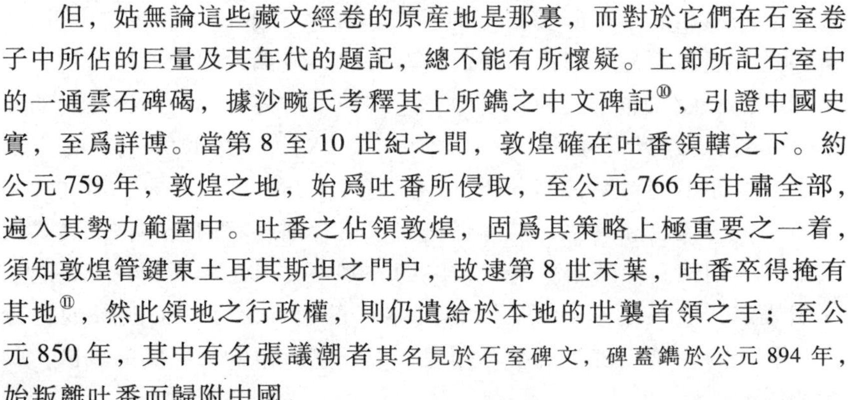

但，姑無論這些藏文經卷的原産地是那裏，而對於它們在石室卷子中所佔的巨量及其年代的題記，總不能有所懷疑。上節所記石室中的一通雲石碑碣，據沙畹氏考釋其上所鐫之中文碑記[10]，引證中國史實，至爲詳博。當第 8 至 10 世紀之間，敦煌確在吐番領轄之下。約公元 759 年，敦煌之地，始爲吐番所侵取，至公元 766 年甘肅全部，遍入其勢力範圍中。吐番之佔領敦煌，固爲其策略上極重要之一着，須知敦煌管鍵東土耳其斯坦之門户，故逮第 8 世末葉，吐番卒得掩有其地[11]，然此領地之行政權，則仍遺給於本地的世襲首領之手；至公元 850 年，其中有名張議潮者其名見於石室碑文，碑蓋鐫於公元 894 年，始叛離吐番而歸附中國。

上文曾提及石室中所保存的那塊石碑，其刻文在敦煌歷史上確是很重要的文獻，深荷沙畹氏慨然相助，爲之譯釋，見於本書“附録 A”。碑文是公元 851 年的兩通勅詔，内容所記，直接有關於當時敦煌在吐番勢力之下的佛教情形，這裏似乎可以簡略地論及一下。第一通勅文的年月，當公元 851 年 6 月 23 日按：碑文年月爲“大中五年五月二十一日”，大中爲唐宣宗年號，斯氏所謂 6 月 23 日者，蓋依太陽曆也。——譯者注詔爲勅賜沙州沙門洪䛒及其弟子悟真，文曰：

> 勅釋門河西都僧統攝沙州僧政法律三學教主洪䛒，入朝使沙州釋門義學都法師悟真等。蓋聞其先出自中土，頃因及瓜之戍，陷爲辮髮之宗，爾等誕質戎疆，棲心釋氏，能以空王之法，革其異類之心，獷狎皆除，忠貞是激，虔恭教旨，夙夜修行，或傾向天朝，已分其覺路，或奉使魏闕，頓出其迷津。心惟可嘉，跡頗

勞止。宜酬節義之效，或獎道途之勤，假内外臨壇之名，錫中華大德之號；仍榮紫服，以耀戎緇。洪䛒可京城内外臨壇供奉大德，悟真可京城臨壇大德，仍並賜紫。餘各如故。

第二通勅文曰：

> 勅洪䛒所遣弟子僧悟真上表事，具悉。師中華良裔，西土律儀，修行而不失戎誅，調御而深藏慧劍；而又遠懷故國，願被皇風，專遣僧徒，備申懇切。……今授師京城内外臨壇供奉大德，仍賜紫衣，依前充河西釋門都僧統知沙州僧政法律三學教主，兼賜勅牒。僧悟真亦授京城臨壇大德仍賜紫衣，兼給勅牒錫。……餘具所賜議潮勅書處，想當知悉（譯者按：斯氏原文，只述碑文大略，辭句亦欠明瞭，故索興節録於此，以資參考）。

勅文中明載有與張議潮書，據沙畹氏之考證，謂此二僧徒所組織之團體，必與當時議潮之降唐有直接關係。

沙畹氏尤注意於碑文中所謂“中華良裔”的此二敦煌佛徒，他們在吐番人勢力中，必曾佔很重要的地位。唐帝之所以遇以這樣的殊恩，馳詔褒揚，蓋爲其遣使朝廷，輸誠此久經喪失之邊徼而内附中國之故。更可以使我們玩味的，是勅文中備極嘉許這兩個佛僧生而淪陷於異族之中，猶能以佛法感化番人，故説他們“棲心釋氏，能以空王之法，革其異類之心，獷猂皆除，忠貞是激”。勅文中尤三致意於他們爲中華文化宣勞之力。然則，當時中國政府的政治目的，固已顯而易見。由這兩通勅文看來，我們可以相當的知道當時敦煌的這個中國佛教徒的集團與吐番的密切的關係了。

張議潮的降唐，致中國人得以在西陲之地重建設一種超乎吐番統轄之上的威力[12]，至公元894年，據千佛洞的碑文所記，當時猶保存着這個勢力。但至第10世紀之初，唐室崩潰入於五代混亂之時，敦煌復喪失而與東土隔絶。這層，沙畹氏曾引證公元838—842年蓋嘉惠出使和闐返國時之紀事[13]，謂嘉惠曾在凉州附近，得見一部族名黨項者，即其後第10世紀成立之西夏國或稱唐古特的部族；復沿南山麓西行，至甘州回鶻（Uigurs）牙帳，過肅州經玉門關，此地毗連吐番之邊境，於是至瓜州，即今安西，又至沙州，即今敦煌，他在這裏所見，大部分爲中國人，而本地的行政權，則操之於當地的望族曹氏之手。據此，可知唐代西部之地，已爲吐番、回鶻、黨項所間隔，且須經過二重吐番的屬地。

第8、9世紀之間，亞細亞大部分皆爲吐番的勢力所彌漫，由吐番之本部而東而西而北，版圖至爲廣袤，敦煌因其地理的關係，故爲吐番特別重視，此地自來即爲中亞細亞交通的孔道，無論自東徂西，自北至南，皆爲其樞紐。當公元766年往來敦煌的幹路，即陷入吐番之手，中國與東土耳其斯坦的交通，殆全爲之隔絶。至公元790年中國的駐戍軍遂完全傾覆，敦煌全部，卒爲吐番所佔領[14]。但至第9世紀中葉，吐番逐漸衰歇，東土耳其斯坦一帶之地，旋入於新興的回鶻人勢力範圍中，敦煌本地的首領，自然亦反而歸附中國求援。據上舉大中五年碑記的勅詔所示，可見當時唐的聲威已漸衰微，故勅文中只有勗勉之意，而無外交的膽略。吐番勢力與敦煌政治上的直接關係，綿延兩世紀之久，這是很明白的。因此，我對於石室藏經何以有如許的藏文經卷，亦不難明其故。推而言之，千佛洞佛教藝術遺跡中，關於西藏的事物，亦可明瞭了。

敦煌在政治上軍事上雖因吐番的西北侵略而與中國隔絶，然實際上民間的往來於中國本土、敦煌及其毗連的東土耳其斯坦一帶，仍是頻繁。自公元860年後，突厥部族的回鶻，沿東部天山兩面建設强有力的王國以來，佛教愈益隆盛，至第10世紀時，回鶻勢力逐漸向東南伸張，而掩有甘肅之西部[15]。然則，石室所藏回鶻文的寫本，固不難從中尋繹其關係。此種寫本，發現於那批“雜類的”卷捆中，除間有書於中文卷子之背面者外，尚有少數作書册式的經卷及散葉文書，其式樣如圖版CLXIII－CLXV所示。經卷上傍寫着中文小注，知其爲翻譯中文佛經的寫本。此種羼雜中文的回鶻文經卷，還有兩册小4開本大小的，保藏狀態甚好（圖版CLXIII CLXIV），係用薄紙摺疊而成，可斷爲中國印版書流行以後之物。下文關於這種經卷的年代及其來源之梗概，將特別有所論列。

我當初已注意到那一批我所揣測爲回鶻文寫的古突厥（Old Turki）經卷——雖然，亦明白它是一種由叙利亞文演變的文字——是另一種體制，其字微草而有定形。可是，及至我遄返歐洲後，我纔確實知道這類經卷的語言究竟是何種文字。它是粟特語（Sodgian），是烏滸河（Oxus Darya）流域中部的一種古伊蘭語（Irānian）。此種古代佛經的翻譯殘卷，最初發現於吐魯番（Turfan），而爲之創通者，始於米勒（F. W. Müller）教授。爲之演其緒而集其大成者，爲已故的哥地奥（R. Gauthiot）氏，其學精博，不幸中道而逝。如今尚未能考訂此種粟特語經卷的正確年代，及何時始流通於東土耳其斯坦的佛教界。不過千佛洞石室中所藏的這種粟特語經卷，其文字皆書於唐寫本經卷的背面，則明是在本地利用原有經卷重新書寫的，並可證伊蘭的佛教徒，必曾侵入敦煌。這層，伯希和教授已經完全證明，他的論證，一部分是根據我從敦煌取得的中文經卷，論及第 7 世紀之中頃，曾有一部由撒馬耳干（Samarkand）而來的粟特殖民，在一酋長統屬之下，徙居於羅布淖爾一帶之地[16]。

我在第三日的檢閱中，從這類“雜類的”卷捆裹，發現一卷很特異的寫本，又是一種中亞細亞流行的叙利亞文的變體。此種寫本，曾一度在吐魯番掘得，已證明是摩尼教（Manichaean）的文獻。卷子狹長約十五呎（圖版 CLXII 所示，爲其一部分之式樣），保藏狀態甚佳，書法優美，勒柯克教授（Prof. A. Von Lecoq）曾認爲是摩尼教祈禱文的突厥語譯本[17]。在這些中文的佛經中，發現此種摩尼教的遺文，誠然是很有趣的，然而，不能不爲之驚詫；因爲在吐魯番所掘得的這種寫本，已經非常明白的使我們知道中亞細亞的摩尼（Mani）教派，也能够在這個全爲佛教所把持的聖神區域中佔得一席，而且又加以基督教亦在此流行，它與這兩種宗教，幾多世紀以來是水火不相容的。

敦煌石室所藏除此突厥語的摩尼教經卷而外，接着又獲得一件重要的發見品，便是那本古（runic）突厥文的頗完整的小書，即圖版 CLX 所示[18]。但此書當時並未明白，直至大批中文經卷由石室運到倫敦後纔檢得的。當我在留千佛洞時，也曾檢得一些古突厥文的殘卷（圖版 CLXI）[19]，可證此種最古的突厥文字，在石室未封閉以前，那些來此聖地的人中，必有知道的。

四　寫本與書卷的貪求

嗡味着這項令人迷醉的發見品，各方面皆有其特異的顯示。它們在語言學上的價值，是可以留待將來考證的，所以我當時並不希望從這方面得到若何助力以解决石室封閉的年代問題，最重要的還是在考古學的方面。我當初便認定了這個目的，料定那些零雜的中文記載，如僧徒的文書、函札、隨録及帳簿等，成捆成捆的充塞着，其中必有很多有用的資料。依着蔣師爺的指點，他迅速地把它們的内容檢視過，同時，並觀察其紙張及形式的異同參看圖版 CLXIII 所示各種式樣，少刻，我亦能分辨得出了，便將它們從中文佛經的卷捆中一一提檢出來。這類材料的確大有助於考據，不特可以明瞭石室未封閉以前幾多世紀中本地僧徒的組織及佛教宏布的情形，而且當地的各種社會情况與私人生活，皆可由此考見。

當時最引我注意的，便是其中關於年月的題記。從我的手裹經過，眼裏溜過的，大多明記有年月。有許多是半官式的文件，大約在石室封閉以前，便已雜置於藏書中了。根據這些材料，大可以得到石室封閉的大概年代。其中十之七八是屬於第十世紀的，其餘二三皆不在宋初淳化之下，當公元 990—994 年。於是我推測石室封閉年代大概在 11 世紀的初年。這裏，我且將它們最晚的年代標記出來，即公元 980 年與 983 年譯者按：即宋太宗太平興國五年與八年。

此外尚有一個反證，可爲估定這個近似年代的資助。就是在所有經前後檢閱過的寫本中，絲毫不曾發見一點西夏文的痕跡。我們知道西夏佔領敦煌是在公元 1034 與 1037 年之間[20]，統治敦煌將近兩世紀之久。然而，我細看千佛洞的壁畫，上面寫着許多中文的題記，西藏文、蒙古文、回鶻文都有，此外則還寫着許多西夏文字。

於是思路便自然的引到唐古特即西夏人之入寇，敦煌必首罹兵燹，藏書之所以封閉於石室，殆恐規避蹂躪之故。但，另又有種啓示，令人忖思這個很謹秘的爲小室，或許原是專爲貯藏佛事應用之物，但隨後都棄置不復用了。關於這層，我可特別爲之申說一下：石室中有許多小布包，很小心地緘裹着，而其中別無長物，通是中文殘經的碎紙片，顯然是拾集起來的，這與現在中國社會“敬惜字紙”的迷信正同。此外還有無數的大卷捆，其中大多爲經卷，兩端已破損，中襯以小軸；又有絲帶、布套及其類此的“廢物”。至如殘破的零片絹畫、漆繪旛桿等，均緊紮成包，與雕板佛畫卷及絲織流蘇等同置於一起。

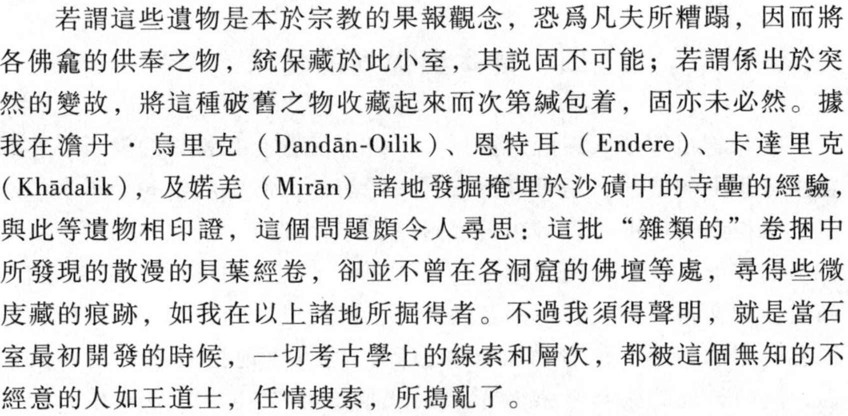

若謂這些遺物是本於宗教的果報觀念，恐爲凡夫所糟蹋，因而將各佛龕的供奉之物，統保藏於此小室，其說固不可能；若謂係出於突然的變故，將這種破舊之物收藏起來而次第緘包着，固亦未必然。據我在濟丹·烏里克（Dandān-Oilik）、恩特耳（Endere）、卡達里克（Khādalik），及婼羌（Mirān）諸地發掘掩埋於沙磧中的寺壘的經驗，與此等遺物相印證，這個問題頗令人尋思：這批“雜類的”卷捆中所發現的散漫的貝葉經卷，卻並不曾在各洞窟的佛壇等處，尋得些微皮藏的痕跡，如我在以上諸地所掘得者。不過我須得聲明，就是當石室最初開發的時候，一切考古學上的線索和層次，都被這個無知的不經意的人如王道士，任情搜索，所搗亂了。

關於石室的構造，我曾在一短時間內把它全部測量過，這裏宜報告一下。室内地面，自東至西，正確的度量爲九呎，南北爲八呎八吋。正對入口處即北面墻壁前，有一堊墁臺基，長五呎，闊二呎，高一呎八吋，就其形式與地位觀之，當爲一塑像的壇座，其上杳無粉堊雕飾或背光等痕跡。惟室内北面壁畫上部尚存有花紋，色相已殘褪。

因爲入口處的門扉甚窄——只三呎寬——室内光綫至爲微弱，因此，令我很奇怪那通上刻褒獎洪晉勅文的碑石，原來何以會豎立在那裏。同時，我亦不以爲是因突然之變故，而倉卒移植於此石室之西壁的。其原因大概是當某一時間，本地佛事漸形衰窳，即如西夏勢力在那幾十年中，頻頻蔓延，當地的佛教，或即蒙其影響而漸呈彫敝之象，於是有些虔誠的僧徒，遂以爲此處是一個最好保藏這塊勅賜"統攝沙州僧政法律三學教主"的碑石之所。至於碑石的移植，究竟在石室卷子及其他遺物已收藏於室内之後或在其前，這是不久可以證明的。

我當初便已料定石室所藏，在它最後封閉的時候，必有許多更爲較古的事物。其後未及一年，我請蔣師爺只將千佛洞取來的一部分中文經卷草一個簡目，纔得時間把這些經卷等完全展開，檢查其各種題記。欣幸得很，我接到了其中一大批有正確年代的題記，遠遡至第5世紀之初葉（參看圖版CLXVI，CLXVIII）其中有一記敦煌户口的文獻（圖版CLXI），其年代當公元416年譯者按：即晉安帝義熙十二年，經格爾士博士（L. Giles）詳細的考證，已成定論[21]雖然，在這大批采集品中，還有較這個年代尤古的，已經證實了[22]，即使從現在譯者按：斯氏執筆時爲1921年再過9年，雖歐洲學者精勤的研究，也難料可以把這項學問完成。

我們不知道利用王道士的愚蒙還有多久，所以開始的幾日，我盡力在他的寺窟中極快的翻閱各卷捆的内容，新資料如江流一樣不斷地向着我貫注來，使我簡直没有機會仔細披閱，即使是那些藝術遺品和非中文的亦非藏文的古文書、經卷等，皆無從細審，但，總而言之，我自信能充分認識其意味。我當時所能做到的，便是將它們檢出擱置一邊，用我們慣常的外交用語説"以待詳閲"。而我最感刺心的悔憾者，就是我全然没有"支那學"的素養，爲莫大的障害。在這堆浩如烟海的佛典中，雖有蔣師爺熱心的幫助，仍不能盡量揀選其具有歷史與文學意味的中文經卷而無遺，即使在那些我們所能檢閲的卷子中。

在這種"財多爲累"（embarras de richesses）的煩擾中，誠不遑探求智識，只要多少能窺見一些啓示，已就够我滿意了。故當初檢得一本公元925年譯者按：即五代唐莊宗同光三年的卷子，其上有"三界寺"印記，在經卷中屢見不一，我纔知道這必是千佛洞的古名，則此藏書石室，自亦在此名稱之内，但如今本地已不如此稱呼了，初時我尚懷疑，不久我即明白千佛洞諸寺窟，現在通稱爲上寺、中寺、下寺，則與古稱三界之名，似不無關係。

再，中文經卷中，尚夾着許多雕板的佛像或佛傳畫（其式樣參看圖版 XCI－CI)，就是那些很優美的印板殘經中也有，見圖版 XC。故不待專家的智識，我亦能認識其藝術的價值及其相當於何時代。大都在第 10 世紀後半期。但，最感興味的，是我發現一卷保藏狀態甚好的佛經，卷頭有一雕板引首插畫（圖版 C)，經文亦完全印出，其刻造年代，當公元 868 年譯者按：Dersert Cathay 作公元 864 年，當唐懿宗咸通五年。這是宋以前雕板久已流行的一個鐵證，可知在第 9 世紀印刷術早已達於相當的進程了。

接連五日，黽勉從事，很快的將各類有特殊意味的經卷畫卷及其他我所亟欲先行拯拔出來的殘篇斷簡，揀選就緒。恰好，這類卷捆的包裝，不如那些牢牢緊紮的中文與藏文卷子的整齊，是王道士先搬了出來，後又塞入石室中，多數擲在書堆頂上，高低不一。但仍有遺留在外的，對着石室的外壁堆着。我自然很想攫入手中，並且急速將它們檢閱一遍，可是，在某種意味上，這時頗感覺得難於下手，原來我們以前進行得很順利之故，是因爲我們以秘密的外交策略，下了一劑銀貨的藥，將道士畏怯和猶疑的心理消除了。然而，現在是煩重的工作當前——要他把石室所藏都搬了出來，而且風聲洩露的危險愈大，那是很顯明的，道士遂一變而爲拗强的態度。

於是繼續磋商和重新協定是必然的步驟。事情都安排周密了，然後將寺窟的大門鎖閉了，道士遂開始從事這樁偉大的勞役。他的體力尫羸，單獨固不能勝此繁劇，於是他自己另雇了一位道士模樣的下手來幫助，此人謹言，道士當然是相信的。中間雖然又起些新的波折，但二人仍是安穩的做下去了。5 月 28 日的黄昏後，終於將石室全部完善的卷子都搬出，很整齊的分行排列着，把這寺窟内佛龕的隙地幾乎都佔去了。其中中文卷子，大約 1050 卷，每列平均估計，約有一打以上的單本卷子。此外尚有 80 多包藏文經卷，11 大包西藏貝葉書，約 2 呎 5 吋長，8 吋寬，高約 1 $\frac{1}{2}$呎，次序均甚整齊。

所有的卷捆，幾乎都是用蓬布很緊紮地緘縫着，其情狀見之於 Desert Cathay 第二册 194 圖中尚未開視者。這類包裹究竟爲原狀或係石室發見後纔加上的，我還不能斷然決定，王道士肯定爲前者。包裹的末端，都被開折。故當王一捆一捆的從石室門扉裏遞出時我和蔣很快的瀏覽普通中文卷子中是否夾有貝葉書，或其他非中文的經卷，以及摺疊着的小畫卷等，我們儘時間所能容許的速度中，盡力揀出放置一傍；可是，到底來不及一一折開看它們的背面是否還多少寫有印度或中亞細亞的各種文字。

回頭看道士的抗變之情，已形於色，到這個地步，要是再要求從容的檢閱，無論如何是不相容了。但草率之間，檢揀到最後一批大卷捆的底蘊時，卻發見一樁可喜的酬勞。這類卷捆是王道士從石室北面墻壁的地上即那座墾墁的臺基兩側拾起的，其中包藏着許多絶精美的絹畫，有幾件異常之大，有些是很美的縑素，與上述的那些曾經補苴的幢幡不同（見圖版 CVII CVIII），其式樣見於圖版 CLV，兩側爲薩菩像，中央爲釋迦彌陀，大小與人身等。因爲這類卷捆積壓於下層之故，所以檢取時，必須異常小心。直到第二日的下半天，還使我忙迫着。

同時，與道士從長的密議。不知他是懷着風聲將擴大的危險呢，還是他對於這些珍貴的中文經卷——他似乎獨於此感覺得特别有價值——有所悔惜而不肯放棄呢。故他這時想着有其悔之於後，不如拒絶於前，雖經我們墾説爲他的寺窟捐助鉅資，而他仍是堅持着任何"經書"——其間他包括所有的中文手寫卷本，無論其内容若何，一本都不能帶走。可是，他的態度，卻並不顯着决絶的樣兒，我心中暗暗叫快，明白這道士是在和我談"生意經"；這樁事件，我深知是我的責任所在，無論如何，須得盡我的能力，拯救這全部藏書於散佚與淪亡之虞，像現在這樣的典守，真是可慮得很。然而，我亦深知這中間的經過，必遭重重困難與反對；而我自己對於這石室中所藏的中文經卷，在語言上是没有資格估定其價值的，它們的内容，固全在中國佛典的三藏（Tripitaka）中，高麗及日本都有印行。至於我若從這類經卷中大略揀選其具有考古與文學意味的，亦非我所能置辨。並且，這汗牛充棟的全部藏書，一經移動，則轉運的行徑，勢必昭彰於外，這樣一來，那以後我無論在何處工作的機會，豈不就此斷送了麽？論到敦煌本地，第一件最緊要的事，無論如何須避免激動民衆的宗教感情的憤怒，否則，結局將不堪設想；更有進者，我知道本地一般上級社會的人，亦必將這樁公案繩以國法——果然，在我離開後不及一月，事情劇烈的爆發了——所以在我不能不事前綢繆。

最後，我决意甘冒這種種危險，救出全部藏書。而蔣師爺復詳細的告訴我許多本地情形，他很忠勤的出力勸説王道士讓這批遺籍轉運到印度的"經堂"去，那兒是佛法的策源地，德功當無量。我於是賦蔣以全權交涉，如果藏書能讓與，便以一項鉅款 40 塊馬蹄銀，合印度幣 5000 盧比，如必要時，還可加倍與之，作爲贈與的條件，這是蔣去交涉的一個最有力的後援。如果敦煌不能容王的話，這筆款項，可以使他回到家鄉（陝西省）安然的過此一世。或是他將此款在寺窟的附近重建新宇。

然而，一切的解説，終歸於無效。以前他已經閉着眼讓我儘量揀

選那些我認爲具有藝術和考古意味的材料了，如今道士是顯然恐怕失掉了他所有寶貴的“經書”。他的執拗無常的性情，自開始以來，我們彼此間的關係，已不絕如縷，好容易百般遷就，纔得維繫住未曾破裂。道士顯着誠摯的焦急，堅謂這些經卷都是吸引他的施主們的，他們爲他捐資修理寺窟，捐款均一一有報銷，如此八年的經營，他纔得在此地立足；要是他們知道此事，那他的地位和一切，都將破壞無餘。於是以前的猶疑和恐懼，重新兜上他的心來，他最後説，如果要把這些神聖的遺物搬去，必須先和他的施主們商量——這是他們有全權處理的——然後纔來説别的話。

雖然，一方面和他這樣的商量，一方面我卻乘機進言交涉讓我搬去那些新折開的雜類的卷捆；至翌日晚間，纔完全説妥。但，當我第二日清晨去那裏，打算將那中文卷捆仔細檢查一下，其中或許夾有中亞語文的經卷或其他具有特别意味的事物，當時，我頗吃一驚，那知道士喪心病狂，竟徹夜將全部藏書，仍舊搬入石室去了。但各種畫卷及非中文的卷子等，則留給我們，這層，在道士確是很精明的打算，在他想來，這便可以換取一筆鉅款了，最後我熟思，非得仍舊拿銀子去交涉，不會成功。雙方這纔妥協，條件是除了“雜類的”卷捆中，曾經我手揀選出的而外，我可再得 50 包中文的及 5 包藏文的經卷，我當付與的款項是 4 塊馬蹄銀，約 500 盧比。我以這個數目换取這麼宏富的古籍，如今想來，這樁買賣似乎自己都很不相信了。

本我對於道士的畏怯和反變無常的經驗，使我不能不趕急設法移運這些繁重的中文與藏文的卷捆。我的那位忠實的中國書記，他已經連夜掙扎着攜帶我在晝間揀選的卷捆，往來我的帳幕。這番新的勞役，他的精力確已不能勝任了，於是我纔另約了兩個我信任的老同伴伊伯拉哈貝（Ibrāhim Bēg）與忒喇貝（Tila Bai）襄助此事。接連兩個午夜，他們隨着蔣到寺窟去，沿着斜峭的河岸而行，以掩蔽行跡，纔將這巨量的大批包裹搬到我的堆棧裏——我曾叮嚀不許任何人來此，即使是我自己的屬員。

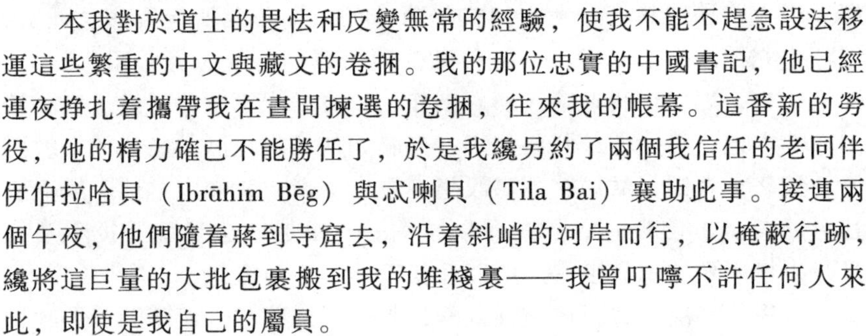

王道士因爲許久不曾去拜候他的施主們，他心中更懷着這樁心事，神經的震恐似愈猛烈，所以當我們的交代一經完結，他便馬上動身到縣中各地照例收募捐款去了。

爲了要減輕道士的懷疑，所以我對於我的“護身神”，不可不有顯明的表示以爲紀念，故我曾與道士商量，在南邊窟群的一個廢窟中，新塑了一尊玄奘的造像。此像既出於敦煌本地工匠之手，時間又匆促，其藝術當然是很淺陋的，但道士卻廣爲宣揚，其用意蓋爲消除一般人對於我久留此地的嫌疑。一星期後，他回來了，知道這秘密並未洩漏，於是稍爲安心。我便乘機再要求他與我20餘捆中文卷子及補充一些“雜類的”卷捆中所揀出的寫本，又另給了一些捐款。隨後，我即開始包裝，所得的寫本估量騾馬可能馱載的共有7箱，其餘畫卷、綉花織物及他種美術品裝了5箱多。惟絲織畫卷的裝包，極爲費事，所以我整天的忙着，又當這幾日狂風捲沙，往各洞攝影的工作，更不可能了。倘使這許多箱件，驟然堆積一起，那自會引起旁人的疑猜，故我預先將一些空箱放在洞窟内，然後分作幾次裝包，毫不動聲色的運去了。

爲了此事，使得這守管人的心中多麽提心吊膽，我自己於心滿意足之餘，看着狡猾而自有其誠意的王道士，這纔輕鬆地出了幾口自由之氣。臆揣他似乎認識了讓我將這些古佛典帶給西方的學術界，那兒有適宜的環境保藏它們，以免因本地人的無知而任其放置於此，漫不加意，或終於散佚，在他，也許認爲是一樁陰德。至我臨别千佛洞時，他的頑固而尖削的面容，始恢復了那原來怯懦而自得的狀態。我們彼此充滿了依依之情。何以見得道士有此心呢，那是我遄返安西後四個月，蔣師爺留在後面又和王道士秘密的交涉，復得到230包中文與西藏文的卷捆，其詳情已見於我的“個人記述”（Personal Narrative）[23]中。於是總共由道士手中所取得的寫本有24箱，畫卷及其他美術品共5箱多。終於平平安安的存放在不列顛博物院，我的心纔覺得如釋重擔！

本文譯自 A. Stein, Serindia 第二十一章第三節至第二十二章第三節。譯者附誌。

注釋

①據格爾士（L. Giles）博士語我，在大英博物館中的最古的宋刻本都是蝴蝶裝。

②壁畫是兩個長幅，横斷爲四小幅，每小幅所繪故事各不同，參看 *Desert Cathay* 第二册第189、190兩圖。

③參閲 S. Julien, Histoire de la vie de Hiouen-Thsang et de ses voyages dans l'inde pp. 263，275，296；S. Beal, Life of Hiuen Tsang, pp. 192，200，214. 這類故事，也許胚胎於玄奘傳中，例如上述壁畫所繪，頗與玄奘在烏鐸迦漢荼（Udabhānda，即今 Ūnd）渡信印河，舟覆，淹失了50部經論之事有關，他又過 Tangi-tar 谷時，亦嘗遇險，淹溺一象。

④這類紙張的大小，與古代中國普通的紙作業相同。參看本書上文頁671以下。

⑤參看 *Desert Cathay ii*，194圖所示，爲此類卷捆一排之攝影，大多爲中文經卷，均係原包狀態。

⑥采用這個名稱的理由和論證，最初爲克斯特教授（Pro. J. Kiste），參看霍納氏 *Mauuscripts Remains found in E. Turkestān*，第 1 册，頁 10 以下。

⑦圖版 OXLV 所示，即爲此種卷子之一，其正面末端爲中文佛經，背面爲草體笈多文字。如欲詳究，可參看 *Journal Royal Asiatic Society*，1911，pp. 452 以下，霍納博士論文。

⑧圖版 OXLVI 所示，爲此寫本之一部，復製時顛倒錯亂，因當時我不在印度，故這個錯誤，至今未曾改正。

⑨參看 *Ancient Khotan*，i，pp. 425 以下。

⑩參看 Chavannes，Dix inscriptions，pp. 12 以下。

⑪參看 *Ancient Khotan*，i，pp. 534 以下所引沙畹氏對於此項記事之考證。

⑫參看 Chavannes，Dix inscriptions，p. 12.

⑬關於蓋嘉惠的記行，可參看 Rémusat，Ville de Khotan，pp. 75 以下；又 *Ancient Khotan*，i. p. 178.

⑭參看 *Ancient Khotan*，i. p. 534. note 2. p. 555 以下所引沙畹氏考各條點证。

⑮參看 *Journal Asiatique*，jan－févr，1990，pp. 28 以下 Grenard 的論文。

⑯參看 *Journal Asiat*，jav－févr，1916. pp. 120 以下 Pelliot 的論文。

⑰此種經卷的譯釋，參看勒柯克的 Dr. Stein's Turkish，Khuastuanift from Tun-huang，J. R. A. S.，1911，pp. 277－314.

⑱參看 Prof. V. Thomsen 的論文 J. R. A. S.，1912，pp. 190 以下。

⑲參看 Prof. Thomsen 關於這些殘卷的考證，J. R. A. S.，1912，pp. 215 以下。

⑳參看 Chavannes，Dix inscriptions，P. 14. 西夏國至 1227 年爲蒙古所灭。

㉑參看 L. Giles，A Census of Tun-huang，T'oung-pao（《通報》），1915，pp. 468 以下。

㉒格爾士博士覩又得見一本毗奈耶（Vinaya 戒律）的卷子，其記題爲公元 406 年。

㉓參看 *Desert Cathay*，ii，p. 339.

原載《小說月報》第二十二卷第五期

1931 年 5 月

喜馬拉雅山脈史前的先民住窟

（美）特剌氏

本篇譯自《美國人類學者雜誌》（*American Anthropologist*）1931年1月—3月合刊。作者特剌氏（H. de Terra），爲耶魯大學地質學教授。本文的重要點，很可以爲研究我國民族起源和史前文化的有力的證據。輓近安特生在甘肅、山西、河南、奉天一帶發見的所謂仰韶文化的陶器遺物，各家對於仰韶文化期的時代的計算，尚無大體的結論，我們若從本篇所示崑崙窟石刻畫的刻紋與仰韶期陶器的花紋詳細比較，不難尋得其共同之點，如作者文中所論；然後據此兩窟在地質和地理上所表現的情狀，計算其時期，則於仰韶文化期的時代問題，未必不是一個重要的論證。

——譯者附誌，二十年三月。

當1927—1928年之間，我旅行中亞細亞西部時，曾得見先民住窟兩處，其一在崑崙山脈西段葉城（Karghalik）之南，其一在喀喇崑崙山中，接近喀什米爾與新疆那條有名的駱駝道。這兩處洞穴，不特存有奇特的古代石刻的文字畫，而且充塞着黄土似（loess like）的黏泥，其年代必接近當地黄土層構成的時期。據我在崑崙山、喀喇崑崙及西藏一帶專門調查地質的經驗，我敢確切地説，這兩處住窟在地質上決不相同；因爲它們在地質上所表現的特殊情狀既極爲顯著，所以我即刻能認識它們在上古人類文化的研究上必是很重要的憑證。這帶地方，直到現在還没有人發見與此同樣的事物，也没有考古學者夢想到在這裏來探尋上古人類住居的遺跡。喀喇崑崙窟的所在，大約拔海13000 呎，崑崙窟拔海 9000 呎，兩者都在崇山峻嶺中，即在今日看來，亦還是地上最多山最艱險的處所。兹就作者所觀察，分别詳述之，並特别注重其地質的和地理的情狀。

崑崙窟

此窟是我的一個鄉導告訴的。他家住科克扎兒（Kök-jar），爲一小村市，由葉城南行，約兩日程（參看地圖）。1928 年 4 月 4 日我領着我的小組駱駝隊由科克扎兒啓程，經過駐阿坦蘇（Otun-su）的中國税關，取道東行，捨駱駝道從間道逕抵一小村落名帕沙爾（P′sar 英人所繪地圖，誤作 Pussa）。由帕沙爾行半哩，入一山谷，谷與鄰近之雅黑爾（Yaghaile）幾爲平行，過此，則爲通喀什米爾的行商大道。我則由土人前導，沿科爾哈什（Köllkask）行約四齣鐘，所過皆沃野，宜於耕種之地，是夜，幕宿於“bashtek-an”（義云五河）。次日，復由此谷南行三哩半，始出谷口，此地牧人俗稱爲塞奇斯扎兒（Sekis-jar 八谷）。至此，谷遂分爲二，中有小流兩道，我們沿着東流的一條溪澗上行，溪道峻嶒，亂石參差，跋涉頗爲艱險，但時時卻經過一段一段的黄土層的小堆積（remnants）。由塞奇斯扎兒步行一小

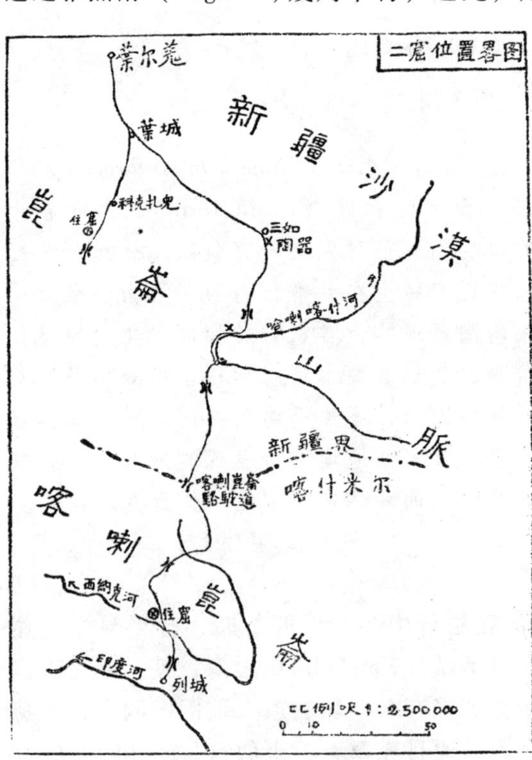

時後穆罕默德·阿干（Mohamed Akkon）——從我由科克扎兒來的鄉導——纔指示我那住窟的所在。現在我可以把它詳細的描述一下。

洞窟的位置，在溪流的右邊（溪水流下塞奇斯扎兒），入口處距現在的河床高約五呎，圖一所示，爲住窟的天然狀態，甚爲清晰，窟身顯爲水所侵蝕而成，因其位置正當此谿谷中之一小壑的盡頭處，窟口由河床之沙石處而上，不數呎即至一黃色黏泥雜沙石的小積層，窟口巖石峭削如壁壘，成一弧形小壑，這裏，泥沙遂轉變而成黃土似的土層，構成此小壑的底面。再前進，小壑轉向東北偏北，壑身更狹了，壑底遂現一狹窄的洞穴，此處當年必有一個瀑布，因巖壁上隨處都是流水侵蝕的痕跡，當年瀑布下瀉入壑中時，洞口當即泉水瀉出之處，窟的全長三十三呎，其上雕飾、刻文甚多。除此而外，石壁上現有一種褐色的久經挨擦的形跡，當初我還認爲是巖石表層感受氣候的作用，但一經細察，卻是一種骯髒得來類乎油膩的結殼，此種痕跡，我們在西藏一帶的石屋或史前洞窟中有時都可以見到，原來是人或野獸與石壁相擦的現象。最可注意的是這雕飾的、附有黯色油殼的窟壁，埋入黃土有二呎之深，幾乎還不能達到它的底磐。我將黃土層略略挖掘，卻不曾發見一些用具或可提示我對於這先民住窟的本來面目的任何形跡。但我深信，我如果掘到石壁的底磐，當可發見些零碎的用具或原人家用之物，——可是，不幸事實不可能，因爲當時中國官吏對於我們的工作限制極嚴。但在我，亦不無自慰之處，蓋從窟内的石刻及其他雕飾看來，我們至少可以斷定在文化的觀點上，此窟必是先民的穴居。爲十分謹慎起見，我們固不敢驟下結論，但我們知道近

圖一

科爾哈什上谷的崑崙窟。所標黑點線的上端，爲住窟上部所存留的黃土，下端爲石刻畫的窟壁。

代遊牧部落（如帕米爾的撻德喜克人 Tadshiks）[①]，亦常在石壁上刻畫着他們的行獵故事，與此正同爲初民的表現。然而最重要的，還須得明白這種石刻畫是用何工具刻成的：第一，住窟的石壁是很堅緻的矽質的石灰巖，極不易雕刻。石壁上所刻的文字、形象及雕飾（參看圖二），都是小的圓圈連結而成，圈深 0.5—1 粍，直徑 4—5 粍。在圖二 g 形内之小方，刻畫較深，而與其他刻法不同。從這些各式各樣形象的雕刻的手法看來，誰也敢說那刻畫的工具一定是很堅硬很粗鈍的石鑿之屬，而圓圈的形式，又都規律一致，則其用具的堅硬必過於石壁，較之石壁的硬度大約爲 $6\frac{1}{2}$之比。我在喀爾波（Kharboo）附近的喜馬拉雅山及剌達克（Ladaku）的坦克斯（Trnkse）附近一帶，所見時代更近的（約公元 900 年）石刻畫，其手法與此絶不相同，那些刻痕都是直畫綫，刻在風化石的表層上的，而且亦不如此窟之表現着一種裝飾的格調。——這層又引我們到别的結論上去了：就是崑崙窟本是一種住民的穴居，這種住民的藝術感覺一定很豐富，纔能刻畫形象以裝飾他們的住居。如圖一所示刻畫並不限於一處，在相當的高度之下，遍東面石壁都是，所以石壁下部如寬大的花邊一樣，很顯得生動而美觀。但至又一段時，這種花邊似的刻畫，便爲另一種形象所中斷了，即其中有兩個好像動物反掉其頭的地方（圖二 rt）。圖二的 p 爲像人體之狀，最有趣的是它左邊（即 a）的卧十字形，很像佛家所謂“功德圓滿”的卍字；然而，假如我們承認了這種解釋，那末，同樣的，圖二的 I. K 兩個十字形，也可以說是基督教的十字架了，這種解說，當然是想入非非的曲解。至於這些刻畫最易於辨識的，只有那幾個動物的形象，即圖二 f 爲一匹馬或驢，圖二 m 爲一隻犬或如犬之類的動物。其他各畫，我卻不敢妄作解事了。但無論如何都是很不易決定的。當讓讀者自己去理會，最多只有説它們是一種藝術的石刻畫和古代石刻的文字畫而已。

我在上文論這種石刻畫所用的原始方法，以爲考察住窟時代的論據，可是，最重要的，還是它們的地質的情狀。石窟之高，至少三分之二是黄土堆積層，但並不是純粹的黄土層，如我在崑崙山脈北斜段所見到的中生代（Mesozoic）與第三系（Tertiary）的土層一樣，其中多含沙質，與吉良河（Kilian R. Or Sandshu）的狹谷的黄土形質相同，大概十之八九是最後洪積期（Pleistocene）的土質。洪積期黄土的土質，我們常見雜有沙質和細石爲其底層，原是從厚大的原始黄土層演化而成，此種原始黄土層曾一度淹蓋崑崙山極北的斜段。我在上邊嘗提及這個谷中有少數的黄土堆積，則此谷從前必完全是洪積的黄

圖二　崑崙窟岩壁上石刻畫的各種形象

土層無疑。其後經青年侵蝕期（Younger erosion）遂形成此谷，故溪流之右邊亦被侵蝕而成一深的小壑。那是很顯明的，當時有人據此壑口爲他們的住居以前，此小壑的地質的變化已完成，而且流水亦乾涸了。他們居於此小壑前的乾壑中，隨後小溪的河床逐漸下落，以前的黄土層便亦隨之大爲消蝕了。然穴居的人終於離棄此窟的原因，下述事實似乎是最好的解釋，就是洞窟被周圍黄土層流下的雨水和溶雪的侵洗，窟内便逐漸充塞着含沙的黄土，如今在窟壁上還有黄土的餘痕（參看圖一）。所以住窟及其石刻都被青年黄土掩蓋了，土厚在四五呎之間。不過我們不能具體的説明這黄土堆積的時代，但據崑崙山脈一帶谿谷黄土的各種形質推測，此窟的黄土必在古冲積期或青年洪積期的起始。

莫爾吉斯坦谷的喀喇崑崙窟

1914年福蘭克氏（A. H. Franke）[②]由葉爾羌到剌達克所屬雷（Leh）的地方，經過努布剌（Nubra）谷的附近，他曾得見一窟，僅提及那里有石刻。我不知道我現在將叙述的這個住窟，是否即他所説的那個石窟。此窟在莫爾吉斯坦谷（Murgistang Valley）的下部，在沙舍爾剌（Sasser-la）與努布剌的岔路側，路是一直通到谷底的，窟距路高不多呎（圖三），一望而知這是狹谷上斜段的一個古水旋，但是否爲最後冰河時代莫爾吉斯坦與努布剌的冰河匯流時所構成，或在最後一時期爲激流所侵蝕而成，卻很難斷定。——總之，這個窟是部局的充滿着黄土似的黏泥。據丹萊里（Y. Dainelli）[③]之説，黄土的堆積是只限於冰河時代，此時代緊接青年洪積期，那末，無疑的，此窟的構成，當甚古遠。

窟口向南，直徑六呎，巖石爲花剛巖，巖面如圖三所示，帶一層風化的褐色巖殼，在窟的内部尤爲顯著。這點，與我在喜馬拉雅山一帶河床所見的水旋洞窟極相似，都現着漆狀褐色巖殼。巖殼上刻畫頗爲整削（圖三），所刻大多爲獵羊者或騎者，每一符號都畫有圓狀或如月宫門之形，後者的刻畫手法極爲殊異，亦是小圓圈連結而成，如崑崙窟的刻畫一樣，誰也可以即刻認識是頗具藝術涵養的畋獵畫。尤其是那獵羊者身佩弓箭，羊（類西伯利亞的山羊 Gapra Sibirica）的頭上畫着長長的彎角，最爲得體。這些刻畫，較之崑崙窟的手法還要技巧些，不過崑崙窟的頗帶神秘的意義。舉其一例，如喀喇崑崙的刻畫，有一半已埋入窟内黄沙土層，也有刻畫於洞窟中央的大石上的。我仔細探索在這些刻畫中是否還有别的文字存在，但我的探索終於無

圖三　莫爾吉斯坦下谷的喀喇崑崙窟

效。窟中黃土似的堆積土層，亦易於挖掘，離土面 $\frac{11}{2}$ 呎之深，我發見了一塊火石碎片，一端是削尖的，有孔。我知道這當是一種用具，而且在這一帶地方，無論何處都沒有火石，這東西又明明是人工削尖的。

四圍的古代住民與此兩窟之可能的時代

兩窟地質的情形以及那奇特的石刻畫的技術，都可以使我們得斷定二者皆曾經在原始的情態之下爲古人類居留過的。現在我們且試一探索這個問題，看在此地或接近的地域曾有與此種相同或關係的住民存在否。

據我們所知，最有名的石刻畫是在俄屬帕米爾（Russian Parnir)，據斯卡慈（A. V. Schultz）所記，謂其時代甚爲晚近，爲伊蘭種族之撻德喜克人的祖先所爲，即在今日，撻德喜克人亦常以弓箭獵山羊。那種刻畫，雖也是行獵畫，也是少數的字體，但絕對與圖一的刻畫不同。刻畫的技術亦異，帕米爾的刻法爲浮雕，整齊而尖削，而且窟内無黃土掩蔽。據德國人種學者倫斯博士（Dr. Lenz 的《德俄阿賴帕米探險記》）(*German-Russian Alai-Pamir Expedition*, 1928)，謂現在的撻德喜克人對於此種石刻畫的本意，已全不知道。在接近佛爾罕那(Ferghana 即我國古代大宛之地——譯者）盆地阿西（Osh）的阿賴帕米爾，據福蘭克氏[④]所記，那裹的石刻畫與剌達克所見的相比較，似乎形式較古。同氏又記在喀喇哈什河（參看地圖在河灣有×處者）谷，近駱駝道的地方名 Pigle-tagash，亦有石刻畫；但他因在此地與阿西之間，不曾見其他石刻畫遺跡，他於是便斷定 Pigle-tagash 的是出於西藏，故在中國土耳其斯坦一帶無古代住民遺跡，或這類住窟的存在。這個結論，顯然靠不住。現在我們可以證實崑崙窟與剌達克小西藏的，根本上絶不相同。我在上文曾説過，西藏的石刻的手法與此迥異，而且那石刻的文字，分明是一種古代語——粟特語——我們現在還能解釋那上面所刻的是公元 800 年時景教徒移住的事[⑤]。其爲唯一的可與此兩窟以資比較的石刻，只有西北喜馬拉雅山喀爾波（Kharboo）地方所刻的獵羊石畫，此地由德剌斯（Dras）去，不過一日程[⑥]，這裏的石刻畫也是行獵像與喀喇崑崙的相類，但不是黄土掩蓋的洞窟，是在到剌達克的駱駝古道上的一塊大石上，而刻畫的手法，時代亦甚晚近，大概是用尖利的器具刻成的。

覺得非常遺憾，我那時不能到喀喇哈什河谷去考察福蘭克氏所記的石刻畫，所以我不能决定的説究竟它們與崑崙窟的石刻畫，是否爲同一格調，但據我從個人的談話與文字的稽考所得，在科爾哈什谷的住窟即崑崙窟——譯者及鄰近努布剌的住窟即喀喇崑崙窟——譯者，確都具有一種特殊的形式，除此兩窟而外，在那一帶地方，都不曾有所見聞，可是，如果更進而往崑崙山以東與新疆毗連的甘肅省境内，我們卻可見到很古的極其重要的而且爲黄土層掩蓋的古代人類的住居，如今安特生氏（Andersson）[⑦]已在這裏發見許多史前的遺物，其中如先民所用陶器的花紋，所表現的格調異常清晰，使我們與圖一相比較，不難尋繹其共同之點[⑧]。總之，事實上我們對於崑崙窟與喀喇崑崙窟已知的證據，我們或許敢下一個結論説：新疆西部有古文化的遺跡，這些遺跡，分散在新疆境内各處，正須待科學的探檢家去發見。説到這裏，我又不能不提及福蘭克氏在葉爾羌東南三如（Sanju 參看地圖）所發見的古代黄土層的陶器了，這個發見，也許可以給將來考查中亞腹地古代人類文化遺跡的探險家或旅行者一個更進一步的提示。

注釋

① A. v. Schultz：Die Parmirtadschik（《帕米爾的達德喜克人》），1914.

② 參看他的 Durch Central Asian in die indische Gefangenschaft（《印度屬中央亞細亞》），1921.

③ Studi sul Glacial：（《冰河研究》）見 Records of the Italian de Filidpi Expedition，V. 3，No. 2.

④ A. H. Franke：Felsinschriften in Ladakh.（《剌達克石刻》），Sitz. Ber. d.

preuss, AK. d. Wiss. Phil. －hist. , Kl. 31：132.

⑤ A. H. Franke：Felsinschriften in Ladakh（Sitz. Ber. d. Preuss AK. d. Wiss. Phil. -hist. , Kl. 31：366）及 F. W. K. Mueller, Eine Soghdische Inschrift in Ladakh.（《剌達克的粟特語石刻》）。

⑥ 丹萊里（Dainelli）與畢沙提（Biasutti）亦曾有幾種這類石刻（見 I. Tipi Umani Sped. Italian de Filippi, ser. 11, vol. 9, table 16, 19, fig. 2 and table 16, fig 1.）。

⑦ 見《甘肅考古記》,《地質專報甲種》第五號。1925 年北京地質調查所出版。

⑧ 同書圖版三圖二的陶器花紋動物圖樣，及圖版七圖二的陶器裝飾花紋。

原載《東方雜誌》第二十八卷十四號
1931 年 3 月

編後記

賀昌群先生（1903—1973 年），四川省馬邊彝族自治縣人，是我國著名的歷史學家、文學史家、教育家。先生自幼家境貧窘，早年靠母親養蠶喂豬和親友資助求學。1921 年受“五四”新文化運動的影響，抱着滿腔的愛國熱忱奔赴上海，進入滬江大學攻讀英語，後因經濟困難輟學，考入商務印書館編譯所。在商務期間，先生刻苦勤奮、連昏接晨地書不釋手，在書海中耳濡目染地接觸大量學術的前沿動態，開始了他的譯著生涯。1930 年先生東渡日本，潛心閱讀了“東洋文庫”的豐富藏書。同時對日本學術界的漢學研究狀况做了深入的考察研究。回國後，他對西北考古、中西交通史、簡牘學、敦煌學及漢唐間的政治文化史産生了極大興趣。從此潛精積思地走上了終身治史的學術道路。1931 年先生北上至北平圖書館任編纂委員會委員。期間與馬衡先生等對西北出土運抵北圖的一批漢簡做了部分考釋。這批珍藏了半個多世紀的十六册手稿，2004 年已由國家圖書館出版社影印出版。在北圖的幾年，他還負責選購外國學者研究漢學的書籍，並主編《大公報・圖書副刊》。抗日戰争爆發後，舉家南遷，先後任浙江大學教授，中央大學歷史系教授、系主任。新中國成立後，曾任南京圖書館館長、中國科學院圖書館副館長、中國社會科學院歷史研究所研究員等職。

昌群先生治學精勤嚴謹，思辨敏鋭深澈。對漢代繪畫、敦煌佛教藝術、唐代邊塞詩等衆多領域的研究，都是具有開創性的。他也是我國簡牘學研究的早期開拓者之一。《烽燧

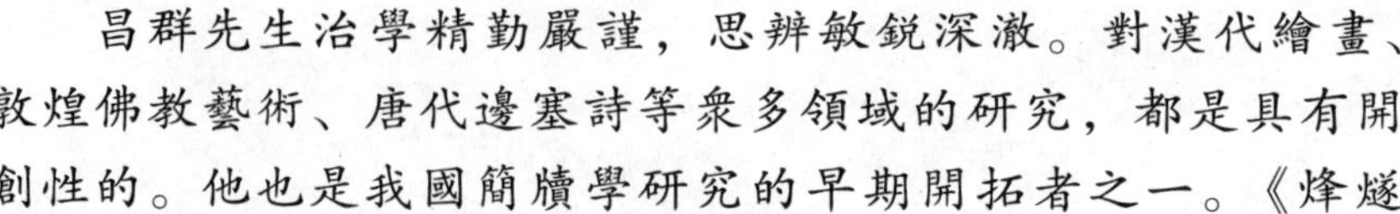

考》即是據漢簡考釋参以史籍文獻研究的力作。他長期從事漢唐間政治制度及思想文化史的研究。《漢唐精神》、《兩漢政治制度論》、《魏晉清談思想初論》等都是這一研究領域的卓著。《古代西域交通與法顯印度巡禮》、《偉大的旅行家、偉大的文化史者》等編著，凝聚了他在中西交通史上的長期研究成果。他在唐代詩歌特别是杜詩的研究上也有獨到的見解。"詩中覓史、以史明詩"是他研究杜詩和治史的特點。幾十年來，對唐代詩歌和杜詩的研究，貫穿於他的史學研究之中，《詩中之史》即這一研究領域具有代表性的文論。他將對中國古代詩歌研究的精深功力糅合於史學研究之中，也爲他的史學論著，增添了詩的意境和清新。20 世紀 50 年代，在中國封建社會土地所有制形式這一史學界長期存有争議的重大課題上，他也鍥而不舍地潛心竭力地下過極大苦功。1964 年出版的《漢唐間封建土地所有制形式研究》專著，受到了國内外史學界的重視。

昌群先生治史近半個世紀，一生都在學術前沿研究探索，把畢生的精力獻給了學術事業。他學貫中西，治學領域寬闊，學術成就是多方面的。我們研究他所留下的學術軌跡不難發現，他的學術啓步和知識積累的堅實步幅，竟是從商務印書館編譯所，如王雲五、蔡元培主編的《少年史地叢書》和《新時代史地叢書》翻譯和撰述一些外國史通俗讀物開始的。當時他正值二十出頭，白天埋頭繁重的譯事，晚上還要啃背英文單詞、閱讀英文資料。然而，這祁寒溽暑的雙重重擔非但未能壓倒他，卻更激起了他極强的狂热求知慾和極努力讀書和廣泛涉獵的頑强奮博精神，使他在商務近十年之久的大部分時間都是在書庫裏渡過的。也因繁重的譯事，大量接觸了晚近發展起來的日本和歐洲的漢學研究，催生了他對中西交通史和敦煌學等衆多領域的興趣。日後，漸趨進入了研究的程序。他對哲學、文學、戲曲、心理學、語言學、美術考古等學科都進行了研究探索。又因譯事的需要，攻讀了大量的外國史，深入研究了西方資本主義國家發展鼎盛時期的歷史。這一時期，他的文章涵蓋了廣雜的領域，如：《漢唐間外國音樂的輸入》、《語言的缺陷》、《上古哲學史上的名家與所謂“別墨”》等專題論文，爲《新時代史地叢書》撰寫的《英國現代史》，以及爲《少年史地叢書》由英文本譯述的《新波斯》、《丹麥一瞥》、《荷蘭一瞥》等譯書，都反映了他廣雜的研究興趣和艱辛的學術功力的積澱過程。其中翻譯瑞典著名漢學家高本漢（Berahard Karlgren）的《中國語言學研究》一書，更是歷盡艱辛，他爲此甚至潛心涉足了語言學的研究。原稿譯於1928年，其間經“一·二八”之難，商務印書館總廠被日寇炸毁，譯稿及已將完工的紙版亦同罹刧。五年後整理殘稿重印，譯本始得重見於世。此書以通俗的白話文，譯出了在我國語言學界有影響的西方學者對中國語言學的研究成果，受到了學術界的重視。日本學者羽溪了諦所著《西域之佛教》一書，是近百年間古代西域史研究浪潮中的產物，自1929年經昌群先生漢譯至今，已數次再版。對於研究古代西域史、中亚史和佛教藝術等方面，也是具有諸多影響的。

昌群先生生前的著作《賀昌群文集》三卷本，2003年已由商務印書館出版。此次，承國家圖書館出版社的鼎力支持，昌群先生早年的譯文亦得以結集出版。譯文以《賀昌群譯文五種》（影印本）及《賀昌群譯文集》分別刊行。譯稿的重新搜集出版，除了寄托我們的紀念和追思，更重要的是企望通過這些譯著，有助於我們更深地瞭解一位歷史學家的學術軌跡和昌群先生學術人生積微致著的艱辛歷程。

譯著的出版得到了國家圖書館出版社賈貴榮、耿素麗二位先生的真誠幫助，我們也在此致以由衷的感謝！

賀齡華

2009年10月